本书受深圳市社会科学基金
"深圳城市更新改造和历史遗留建筑问题研究"(SZ2019B017)资助

深圳生长

土地与城市更新

唐 杰 张致鹏 戴 欣 白燕飞 李 珏 著

北京大学出版社

图书在版编目(CIP)数据

深圳生长:土地与城市更新/唐杰等著. —北京:北京大学出版社,2020.12
ISBN 978-7-301-31909-3

Ⅰ.①深… Ⅱ.①唐… Ⅲ.①土地利用—关系—城市经济—经济发展—研究—深圳 Ⅳ.①F321.1 ②F299.276.53

中国版本图书馆 CIP 数据核字(2020)第 251170 号

书　　　名	深圳生长：土地与城市更新 SHENZHEN SHENGZHANG：TUDI YU CHENGSHI GENGXIN
著作责任者	唐　杰　等著
责任编辑	徐　音　姚沁钰
标准书号	ISBN 978-7-301-31909-3
出版发行	北京大学出版社
地　　　址	北京市海淀区成府路 205 号　100871
网　　　址	http://www.pup.cn　新浪微博：@北京大学出版社
电子信箱	sdyy_2005@126.com
电　　　话	邮购部 010-62752015　发行部 010-62750672　编辑部 021-62071998
印刷者	天津中印联印务有限公司
经销者	新华书店
	730 毫米×980 毫米　16 开本　16.75 印张　236 千字 2020 年 12 月第 1 版　2022 年 7 月第 2 次印刷
定　　　价	68.00 元

未经许可，不得以任何方式复制或抄袭本书之部分或全部内容。
版权所有，侵权必究
举报电话：010-62752024　电子信箱：fd@pup.pku.edu.cn
图书如有印装质量问题，请与出版部联系，电话：010-62756370

作者简介

唐 杰 南开大学经济学博士、研究员、博士生导师,深圳市原副市长,现为哈尔滨工业大学(深圳)经管学院教授、北京大学汇丰商学院课程教授、香港中文大学(深圳)高等金融研究院理事,主要研究领域为空间经济、创新经济、低碳经济。

张致鹏 美国印第安纳伯明顿大学公共管理学硕士,哈尔滨工业大学(深圳)在读博士,主要研究领域为公共政策、环境政策。

戴 欣 哈尔滨工业大学(深圳)在读博士,主要研究领域为空间经济学、创新经济学。

白燕飞 哈尔滨工业大学(深圳)在读博士,主要研究领域为区域经济学。

李 珏 哈尔滨工业大学(深圳)在读博士,主要研究领域为空间经济学。

摘 要

回顾历史,改革开放的伟大成就与我国城市化进程息息相关。1987年,全国开始土地使用权商品化探寻,开启土地财政为城市发展快速融资的新篇章。凡益之道,与时偕行。深圳作为全国第一个经济特区,率先探索了包括首次有偿转让国有土地使用权、建成全国首个商品房小区、最早完成全市域城市化等一系列改革创新,有效促进了土地流转,为城市快速发展提供便利。

第一,土地制度变革与深圳城市发展呈现交织深化的脉络框架,其背后是城市发展需求与土地结构调整的相互匹配。

深圳土地制度改革始终围绕城市发展需求,在市场化的道路上不断深耕。从土地使用权商品化尝试探索到土地商品化完善,再到土地动态定价机制的完善,其背后是城市从经济快速发展转至全面、可持续发展的目标的变化,本质上是城市发展与土地供应、土地需求结构调整的相互适应。深圳城市发展的指导思想由早期快速发展到当前高质量发展,土地制度也在最初的满足城市空间发展需求、支撑产业发展体系、提供城市建设资本等方面进一步提出更高层次的需求,要求提高土地利用效率,满足深度城市化下的居住、产业、公共服务等具体要求。深圳在高质量城市发展阶段,需将土地供应与土地利用方式作为调控城市系统运行方向的"节点开关",通过对城市空间资源的重新配置,来撬动产业结构、就业人口乃至社会结构的整体联动转型,进而实现经济增长与用地、人口、环境、资源的协调。

第二,深圳合法外建筑源自土地使用权的商品化探寻,蔓延于土地使用权商品化的制度性缺陷。

土地是经济发展的基本要素,土地的稀缺性与不可流动性是城市发展的制约因素,城市人口与经济的增长是土地价格持续上升的基础。40年来,深圳地区生产总值(GDP)年均增速28.3%,GDP总量增幅超过1万倍,人均GDP增幅超过300倍。① 每平方千米土地开发投入超过50亿元,城市土地开发建设总规模超过800平方千米,土地的边际收益上升速度明显高于GDP的增长速度。原村民对土地增值的收益要求持续提高。

传统国有化征地制度是我国土地商品化探寻的基础。过去40年,经济高速增长与国有化征地低补偿是深圳经济社会发展面对的主要矛盾之一。征(转)地的统一赔偿标准无法满足原村民②对于土地增值的预期,加上部分土地补偿返还手续不健全等因素,造成了原村集体和原村民在应征(转)未征(转)土地上不断抢建的现象,出现了大量"法外用地",并且在相当长时间内伴随着快速城市化过程不断蔓延。"法外用地"总规模达到300多平方千米,超过全市建设用地的30%,构成了一定规模的非规范土地市场,它与国有土地市场相对独立却又互相影响。"两个土地市场"现象不仅出现在深圳,也是全国城市化过程中的重要现象。

深圳土地资源紧缺,存量土地开发已成为土地供应的主要来源。推动土地资源二次开发,从"做大增量"转向"盘活存量",不断提高土地利用效

---

① 1978—2018年数据整理自深圳市历年统计年鉴,2019年数据整理自《深圳市2019年国民经济和社会发展统计公报》,http://tjj.sz.gov.cn/zwgk/zfxxgkml/tjsj/tjgb/content/post_7294577.html,2020年7月23日访问。

② 根据2006年6月19日发布的《深圳市原村民非商品住宅建设暂行办法》等规定,原村民是指公安机关登记在册(原特区内截至1993年1月1日、原特区外截至2003年10月29日)并参加本村劳动分红的农村集体经济组织成员。

根据《〈深圳市人民代表大会常务委员会关于农村城市化历史遗留违法建筑的处理决定〉试点实施办法》,华侨及港、澳、台同胞,或者原符合原村民的规定,因升学、就业、婚嫁、服兵役等原因户籍已迁国内其他地方的,对位于其原籍所在原农村集体经济组织范围内所建历史遗留违法建筑进行处理时,仍适用原村民相关规定。

率,是进入 21 世纪以来深圳城市发展的重要特征,也是深圳产业持续升级的内在制度性基础。存量用地开发需要深化土地制度改革,处理好土地产权与实际使用权分离问题,有效处置事实上存在的"两个土地市场"问题,循序渐进地、在不断提升城市质量和进行功能调整过程中解决历史遗留的大规模合法外建筑问题。

第三,深化土地制度改革的关键是建立完善的市场机制和有效的政府管制体系。

市场机制的有效性在于实现资源的合理配置,重点解决土地补偿(土地价格)与土地收益的矛盾。中国经济改革源起于农村家庭联产承包责任制,以"交足国家的,留够集体的,剩下都是自己的"为核心理念,充分调动农民生产积极性,促进经济发展。城市土地补偿机制与农村家庭联产承包责任制的相同之处在于,都是国家(城市)、集体(村股份公司)与原村民之间的利益平衡;不同之处在于,城市比农村经济增长更快,土地稀缺性与收益增长的动态性更强,在城市发展中,土地功能调整的不确定性更突出,土地收益预期的难度更大。在现实中一般表现为,原村民、原村集体、更广义的土地使用者或合法外建筑的拥有人对传统的、以政府部门为主导确定的补偿标准提出质疑,并且在得不到合理解释后,或使合法外建筑蔓延或使城市改造推进受阻。总之,不断探索建立完善的市场机制是合理配置资源、提高土地资源利用效率的制度基础。

深圳在高质量城市发展阶段面临着提升土地利用效率、消除合法外建筑及重新配置城市空间资源等诸多难题与挑战。本书继承和借鉴了既有的研究成果,深入研究土地制度变革与深圳城市发展历程,梳理了深圳土地市场化与其对应的城市发展阶段的探索、现状及成效,深入分析了土地使用权定价机制、合法外建筑演变、制度配套与城市经济发展关系,探究了高房价下新的改革方向,围绕土地资源、合法外建筑、制度变革、城市发展、房屋价格及政策演变等问题讨论了可行的政策建议,主要结论如下:

(1)深圳土地制度变革在突破与规范中相互交织。深圳推进土地制度改革的历程具有明显的、目标导向的强制性制度变迁特征,且是分步实施的。改革的推进在核心制度和配套制度安排上有一定的先后顺序,能通过循序渐进的强制性制度突破以及后期不断地完善修补,实现城市发展目标。深圳土地制度变革是服务城市全面、全方位发展的制度突破及修补完善过程,随着土地利用方式的不断完善和深化而补充和调整,是制度供给和需求两种力量平衡的结果。

(2) 合法外建筑从形成到蔓延到平缓再到减量,是深圳土地制度改革不断深化的标志性成果。深圳的合法外建筑历经了形成、蔓延(2004—2009年)、平缓(2009—2014年)与减量(2014年至今)四个阶段。① 在形成与蔓延阶段,尽管拆建赔偿标准不断提高,但同期的房价也在不断上升,拆迁赔偿标准与商品房价的剪刀差持续上升,合法外建筑大量涌现。在此期间,当面对没有获得"合理"收益补偿,大规模建设合法外建筑的原村民时,不完善的监管行为是无能为力的。深圳进入合法外建筑平缓与减量阶段的重要标志是,合法外建筑面积收缩与拆建赔偿接近合理市场价的趋势高度一致。2014年深圳的合法外建筑面积达到了峰值,2016年实现新增违建零增量、存量违建负增长,顺利从平缓迈向减量阶段。

(3) 解决历史遗留问题的核心是完善市场动态补偿价格机制。传统的以政府行政干预为代表的国有化的土地补偿价格机制造成了合法外建筑蔓延。以城市更新政策为代表的新机制在实践中通过利用城市再开发的市场机会,在存量土地二次开发过程中合理分配土地增值收益,实现了原村民、开发商和政府所代表的社会公共利益的三方共赢。通过规范市场主体行为、适当改变土地功能、合理提升开发强度等手段,持续探索土地细分化动态定价机制,充分发挥市场作用有效配置资源,深化土地制度改革,为解决历史遗留问题提供有效路径。

(4) 遏制合法外建筑增长需要有效市场和有为政府的有机结合。深圳市政府不仅大力推动市场化定价的土地制度改革,而且持续提升政府土

---

① 因2009年、2014年是非常重要的年份,在年中出现拐点,无法准确地将其分割,故不同阶段的年份有重合。

地公共管理的能力。例如,政府确定了更加清晰的网格化法定图则体系、动态合理法治化功能分区调整制度、规范的公共利益保障体系等多项配套制度。针对这一问题政府要做到:首先,实事求是地对不同时期产生的违建进行区分处理,承认早期合法外建筑产生的历史客观性,严禁立法后进行的违法建设。其次,通过不断提升管制水平与技术,严格执行有关条例,大幅度提高违法建设的边际成本,控制合法外建筑的增量。再次,在市场化过程中保持城市公共空间及功能。在承认市场主体逐利改造的合法性和合理性的同时,以"20-15"准则保障城市发展所需的公共空间,避免过度市场化对公共服务用地的挤压。最后,以不断完善的动态定价机制逐步满足利益相关方对法外土地的预期收益。通过谈判、广泛参与、信息公开等方式实现土地合理定价,通过功能细分的土地基准价格机制落实级差改造赔偿标准。

(5) 深圳持续探索与实践有关的制度配套,推动土地市场化改革。有效市场和有为政府有机结合的核心是,通过顶层设计规划、存量土地二次开发和土地功能属性细分化动态调整等手段不断推进深圳土地制度的规范化,不断减少土地使用的随意性,土地收益从不确定和不可预期走向透明公开,为城市更新改造奠定了良好的法治基础。

以法定图则为代表的顶层设计规划对土地功能属性进行了初步确认,为深圳土地商品属性标准化的确立提供了重要支撑;以城市更新为代表的存量土地二次开发改造对完善土地商品化定价机制进行了探究,为土地功能属性变更提供了市场化、规范化、系统化的途径;以"M1-M0"旧工业区改造为代表的土地功能属性细分化对城市产业转型升级中的土地政策开展了探寻,为进一步提升土地利用效率提供了创新改革路径。

(6) 深圳土地供给受限与房地产需求不受控是房地产价格高企的核心。房地产价格决定于多重因素。房地产作为一种资产,具有投资品属性,受货币供给的影响显著。过去十五年我国房地产价格上升中约50%的量可由货币量供给增长解释,这也是世界范围内房地产市场繁荣、价格上涨时的重要特点。但是,本书认为,即使剔除货币因素引发的房地产泡沫后，我国京沪穗深四个一线城市房价也必然明显高于全国平均房价，这不是城市更新改造中致力于消除简单的行政干预的市场化改革出了什么问题，更不意味着市场化的土地制度改革不可持续。

广泛的国际经验表明，土地依市场化原则配置，一定会出现房地产价格的"高地"，可持续的高地价和高房价决定于可持续的高土地收益。简单地采取行政手段配置土地也一定会产生土地的滥用。从我国现有情况看，京沪穗深等一线城市高于全国平均房价的比例，与美英日等主要发达国家核心大城市高于本国平均房价的比例大致相当。核心大城市房价高于该国平均价格的根源是：有更高的集聚收益效应。通俗地说，每平方千米6500人的城市，房价一定高于每平方千米3000人的城市；每平方千米生产十几亿元GDP和四五亿元税收的城市，土地价格一定要高于土地收益低的城市。城市人口和经济集聚提高了资本收益和劳动生产率。城市土地数量不变，经济持续集聚引起土地不断升值。只要土地稀缺性造成的房地产价格上升还没有遏制一线城市集聚收益的更快增长，一线城市就会以更高的效率扩张。这一现象被表述为规模报酬递增定理，也可以表达为以下细分化的逻辑结论：首先，人口和经济活动在城市高度集聚，人均、地均产出效率高，经济发展水平与房价呈正向关系。其次，高度集聚的城市土地稀缺性突出，房屋供给量短缺，人口密集程度高，对房屋的需求更加强烈，供少需多结构引起房价上升。最后，预期房价与现实房价呈现交错式变化，高度集聚城市持续上涨的房价与乐观预期会进一步推高房价。在四个一线城市中，深圳土地面积最小，人口和经济密度仅次于香港，集聚程度已经位于世界前列。深圳以立法方式划定生态保护红线，开启了我国城市土地供给自我设限的先河，未开发土地供给已经接近极限。本书课题组所作的实证检验有结论如下：若深圳土地供给能够达到京沪穗的水平，深圳的房地产价格会与三市均值大致相等；若深圳能够有效调控房地产需求，深圳的房地产价格也将趋近三市的均值。在现实中，深圳积极探索有效市场与有为政府结合的发展模式，确保房地产价格处于合理的、与人口密度和经济密度相匹配的区间内，以可持续的市场化方式推动二次开发与解决历史遗留问题。

(7) 继续顺势而为，多元化实践探索，为深圳可持续发展提供创新思路。在改造规划中，重申综合整治类更新改造模式的重要性，充分发挥"因地制宜"的理念，通过强化城中村更新统筹，梳理多种存量开发实施手段，建立协调互促的存量开发机制，规范引导推进住房规模化统租改造；在提升城市质量的目标下，通过探索实践闲置土地处理方式保障发展空间；在实践中，积极探索存量用地盘活新机制，通过"先租后让"等模式促进企业转型升级。

基于本次研究，本书尝试提出以下政策建议：

(1) 保留并继续完善"两个市场"的基本结构。过去40年，深圳致力于建立完善政府土地管理制度和提升分区规划水平，大胆地采用市场化方式建立有效的动态补偿机制，成功地遏制了合法外建筑的蔓延，开始了合法外建筑动态归零的新阶段。传统思维下的合法外建筑归零条件是建立单一的国有土地市场。但是，当存量合法外建筑规模过于巨大时，以单一国有土地市场为基准的城市二次开发改造的成本高、周期长、效率低，能够释放的供给量无法满足城市化需要，也无法满足城市功能调整的需要。深圳目前的"两个市场"相对分离、相互影响，廉价房租赁与商品房销售共同支撑了深圳人口的多样化需求。本书建议，深化土地制度改革需维持"两个市场"租售分离结构。在逐渐消除合法外建筑的过程中，维持更新改造后的"租售并举"的城市房屋结构并严格区分"两个市场"。

(2) 以高质量城市发展为导向调整土地利用。高质量城市发展（深度城市化）是深圳下一阶段的主要发展目标，应通过土地供给调控城市系统运行方向，对城市空间资源重新配置，撬动产业结构、就业人口乃至社会结构的整体联动转型，进而实现经济增长与用地、人口、环境、资源的协调。本书建议，应根据城市土地需求，通过进一步提高保障性住房比例、分区推进"先租后让"机制、构建并完善低效产业用地清退机制等方式调整城市土地利用，以达成深度城市化发展目标。

(3) 探索改革土地拓展、管控的制度创新。实行精细调查、精明利用、精准整治和智能管控是城市土地资源管理的必然要求,需要运用不断发展完善的规划、工程等手段来助力深度城市化。本书建议,应进一步在城市空间管控和拓展上不断深入创新,探索完善社会主义先行示范区的区域协同新模式,积极完善"飞地经济"发展模式,创新区域间协作治理方式;探索具有动态适应性的控制性详细规划,创新规划决策方式。

深圳40年来不断深化改革,秉持市场化方向不动摇,坚持市场作用和政府作用的相辅相成,推动创新发展与转型升级。改革的本质是在创新的过程中不断试错,深圳在土地制度改革与城市发展方面探索实践、承认历史、遏制蔓延、顺势而为、循序渐进、多元改造,逐渐实现了规范化、市场化的改革制度架构,形成了租售市场统一的雏形。在未来,深圳将继续在这条道路上深入探寻,顺应全国改革转型的趋势,发挥创新探索引领作用,建设突出后工业化城市文明色彩的、以人为本的多元化城市。

目 录

一、深圳土地制度改革历程与新挑战 001
  （一）城市土地制度改革的"中国之窗" 004
  （二）深圳土地制度变革的突破与规范 005
  （三）深圳城市发展与土地利用历程 017
  （四）资源限制下的深圳土地现状 027

二、土地制度改革分析思考与展望 031
  （一）站在已有高度上继续向前 033
  （二）土地制度变革与城市发展理论分析 039
  （三）合法外建筑演变历程解析 055

三、探索中不断规范完善的进展结果 061
  （一）政策规划变革历程 063
  （二）高房价下的土地制度变革 089
  （三）政策实施案例分析 095

四、土地制度改革未来探索新方向　103

(一) 国内外土地制度先进经验　105

(二) 土地改革新一轮实践探索　115

(三) 持续探索下的政策建议　123

结语　137

附录　141

专题报告一　香港住房问题：深、港、新住房政策比较视角　143

专题报告二　一线城市房价与影响因素分析　148

专题报告三　福田区下沙村功能演进历程　162

专题报告四　城中村的历史价值　174

专题报告五　粤港澳大湾区深圳城市定位与改造发展研究　184

访谈记录一　历史遗留建筑法理访谈　194

访谈记录二　历史遗留建筑改造项目访谈　210

访谈记录三　北京大学国家发展研究院访谈记录　222

访谈记录四　历史遗留建筑改造发展　231

致谢　253

一
深圳土地制度改革历程与新挑战

作为中国改革开放的先行者,深圳用不到40年的时间实现了地区生产总值(GDP)从亿元级到万亿元级的奇迹跨越,深圳腾飞已经引发了世界性关注。2019年,深圳GDP接近2.7万亿元,同比增长6.7%,经济总量超越香港跻身亚洲城市前五;全市规模以上工业增加值增长4.7%,其中,先进制造业增加值增长5.5%,高技术制造业增加值增长5.9%。从主要行业看,计算机、通信和其他电子设备制造业增长5.5%,电气机械和器材制造业增长7.1%,专用设备制造业增长8.9%,通用设备制造业增长7.2%,医药制造业增长10.2%。[①] 迄今为止,深圳这片土地实现了特大城市经济可持续增长,兼容了高技术和强制造,开放创新推动经济转型,实现了由农业经济向知识信息经济的转型升级。

深圳在发展历程中坚持市场化方向,率先探索土地商品化,通过土地财政为城市发展快速融资开启了新篇章。深圳城市化过程与土地制度改革相互促进,推进完善改革创新,通过土地细分化动态定价机制与利益分配机制的探索释放土地资源,提高城市发展效率。改革开放40年以来,深圳在一系列土地制度变革下不断适应社会经济发展需求,开启了以土地为核心的快速城市化之路。作为我国土地制度改革实验的先行区,深圳主要从土地管理制度与土地供给制度两方面进行探索,形成了包括土地产权管制、用途管制和交易管制在内的一系列管制规则。在推进土地制度改革过程中,在二元管理体制下,深圳还建立了城乡一体化的土地管制格局,率先设立了国有土地使用权有偿使用制度和经营性用地以招标、拍卖、挂牌(以

---

① 参见深圳市统计局:《2019年深圳经济运行情况》,http://www.sz.gov.cn/cn/xxgk/zfxxgj/tjsj/tjfx/content/post_7063373.html,2020年7月23日访问。

下简称"招拍挂")方式出让,从用途、产权等角度较早地探索构建城市土地市场体系,包括坚持"统一规划、统一征地、统一开发、统一出让、统一管理",建立国土资源三级垂直管理架构,实现土地管理从二元制向一元制的转变等。当前,深圳步入城市化成熟阶段,追求质量、结构和效益并重的内涵增长。解决快速城市化中累积的历史遗留用地问题以及通过优化产业结构促进城市土地利用结构与布局调整、改善人居环境、保障城市生态安全等要求,成为深圳发展中必须解决的问题。近年来,深圳通过顶层设计规划、存量土地开发改造、"M1-M0"等土地制度改革,从标准化界定、土地收益分配、土地功能属性细分与转换等方面进一步完善了土地定价机制,不断深化土地制度改革。

(一)
城市土地制度改革的"中国之窗"

作为改革前沿,深圳是中国城市土地制度改革的"前哨站",是中国土地制度改革的缩影。从全国城镇化发展过程中不难发现,城市土地制度改革的重点是围绕市场化方向,逐步完善土地价格发现机制,凸显土地价值,实现以地生财,为城市基础设施提供建设资金,提高城市承载能力。

1979年7月1日,五届全国人大二次会议通过《中华人民共和国中外合资经营企业法》,规定可以对外资企业征收土地使用费。这一法规拉开了我国城镇土地使用制度改革的序幕,改变了计划经济体制下土地无偿使用的制度。1982年,深圳开始按城市土地等级收取不同标准的土地使用费。1986年6月颁布的《中华人民共和国土地管理法》(以下简称《土地管理法》)明确了行政划拨和有偿出让两种形式并行的土地使用模式。1987年9月、11月和12月,深圳分别以协议、招标和公开拍卖三种形式有偿出让国有土地使用权,率先开放了土地市场。土地拍卖为地方政府提供了建设资金,深圳经验获得了巨大的效益。1988年4月12日,七届全国人大一次会议通过《中华人民共和国宪法修正案》(以下简称《宪法修正案》),增加了"土地的使用权可以依照法律的规定转让"的规定。1990年,国务院发布《中华人民共和国城镇国有土地使用权出让和转让暂行条例》(国务院令第 55 号,以下简称《城镇国有土地使用权出让和转让暂行条例》)、《外商投资开发经营成片土地暂行管理办法》(国务院令第 56 号)及相关文件,这标志着中国的土地市场化改革走上了有法可依的道路,土地使用制度改革在全国推开。

1992 年,邓小平南方谈话和党的十四大确立了经济体制改革和土地市场培育的进程。党的十四届三中全会决定把土地使用制度的改革作为整个经济体制改革的重要组成部分,并且明确了规范和发展土地市场的内容和要求。通过市场配置土地的范围不断扩大,实行土地使用权有偿、有限期出让已扩展到全国各地。凭借南方谈话的"东风",深圳在 1992 年完成了土地统征,特区内基本实现了土地市场的资源配置。

1998 年开始,为遏制耕地大规模流失,防止土地出让领域的寻租行为,强化国有土地资产管理,中央政府出台了一系列文件,大力推行土地招拍挂制度,进一步推进土地市场的规范化、透明化。全国土地市场不断推进完善。2004 年,深圳的土地统转实现了全市域范围的土地市场体系管理。2004 年 10 月,国务院下发的《国务院关于深化改革严格土地管理的决定》(国发〔2004〕28 号)首次提出,"经营性基础设施用地要逐步实行有偿使用""工业用地也要创造条件逐步实行招标、拍卖、挂牌出让"。2006 年,国务院出台了《国务院关于加强土地调控有关问题的通知》(国发〔2006〕31 号),规定工业用地必须采有招拍挂方式出让,从此我国城市土地市场进入了以招拍挂出让为基本形式、以市场形成价格为核心的典型土地资源市场配置阶段。不难看出,深圳成了全国土地市场体系的"试验田"。在之前的土地改革中深圳经验无疑是值得借鉴的,然而在下阶段深度城市化过程中,深圳应如何保持自身土地制度的先进性、朝着哪个方向改革前行仍需深入讨论。

(二)
深圳土地制度变革的突破与规范

深圳推进土地制度改革的历程具有明显的、目标导向下的强制性制度变迁特征,且是分步实施的。改革的推进在核心制度和配套制度安排上有一定的先后顺序,它通过循序渐进的强制性制度突破以及后期不断地完善修补实现制度累增,服务于城市发展目标(自上而下的动力)。政府主导的强制性制度变迁在分步快速推进的同时,也隐含了另一条线,规模不断扩大的"法外用地"对既定土地管制体系造成了较大挑战,即以集体经济组织和以原村民为代表的集体土地权益相关者,以合法外土地利用行为的持续存在倒逼土地制度调整。这可被视为自下而上的制度需求动力。总的来看,深圳土地制度改革是服务城市全面、全方位发展的制度突破、修补和完善的过程,是制度供给和需求两种力量平衡的结果。

土地制度[①]随着土地利用的不断完善和深化而补充和调整,是一个动态调整和自我修复的建设过程,是一个突破变革和规范完善相互交织的过程。按照实现进程,深圳土地城市化改革的重要突破与规范的主要表现如图 1-1 所示。

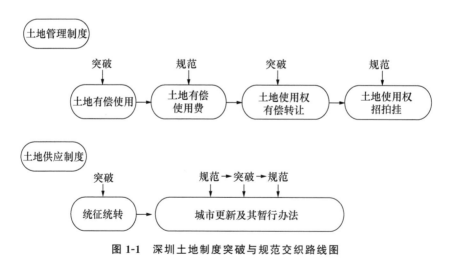

图 1-1　深圳土地制度突破与规范交织路线图

---

① 本书中土地制度主要指土地管理制度与土地供给制度。

1. 土地管理制度：土地商品化路径

(1) 突破——土地有偿使用探索

改革开放前，深圳使用国有土地的形式与全国各地相同，仅有行政划拨、无偿无限期使用一种。深圳建市及经济特区建立后，各项建设及城市运营对资金的巨大需求与中央赋予深圳改革试验的特殊政策和缺少中央财政资金支持的现实形成了一定的矛盾。在经济特区建立伊始，国家投资特区建设的资金仅为3300万元，深圳迫切需要原始资本来撬动整体改革。在城市土地所有权与使用权无法分离的法理基础上，深圳经济特区突破性地开始了土地有偿使用的探索，即以出租土地使用权的方式获取资金，主要通过出租土地、委托成片开发以及合作开发等形式进行有偿使用土地的探索。

在出租土地方面，1979年3月5日，深圳批租蛇口半岛1000亩土地给香港招商局建设蛇口工业区，租地期限15年（免所得税3年），每年每亩交地租4000港元。在之后的1980—1981年年间，深圳房地产公司（国有）先后与香港德兴公司签订了10余项租赁土地协议，总计租地4.54万平方米，规划建筑面积34万平方米，共投资9亿港元，深圳得2亿多港元。在委托成片开发方面，采取行政划拨土地或土地估价入股的形式进行，如早期的蛇口工业区、南油工业区、科技工业园、八卦岭工业区、上步轻工业区等都是采取这种方式。① 在合作开发方面，1979年12月31日，深圳建设委员会与香港妙丽集团共同建成了国内第一个商品房小区，深圳通过"土地入股"的方式最终获得净利400余万元人民币。

上述有偿使用国有土地的各项试验客观上产生了如下作用：一是，拉开了对以往无偿、无期限使用土地制度改革的序幕；二是，一定程度上缓解了经济特区建设初期土地开发和城市建设的资金压力；三是，此类试验对

---

① 参见付莹：《深圳经济特区有偿使用土地制度变迁及其影响》，载《深圳大学学报（人文社会科学版）》2016年第4期。

同期广东省及全国的相关土地政策的改变产生了一定影响,只不过后者并没有将土地所体现的价值以"租金""股份"等形式表述,而是称之为"土地使用费"。1981年,广东省通过了《深圳经济特区土地管理暂行规定》,明确了在深圳开征土地使用费,确定了土地作用及其使用年限,在全国率先实行土地有偿使用制度。尽管收费额度不高,但"用地应付钱"的观念开始逐渐被人们接受。土地有偿使用是在初步市场经济改革情况下的初次探索,在向市场经济过渡的阶段发挥了重要作用。

(2)规范——土地有偿使用费细化

土地有偿使用的创举引发了更重要、更持久的制度性问题,即如何建立起规范完善的、体现土地动态边际收益变化的土地有偿使用制度。最初的1981年《深圳经济特区土地管理暂行规定》就提出了土地使用费三年一调的规定,充分体现了当局者对于当时深圳发展速度的敏锐嗅觉。1984年《深圳经济特区土地使用费调整及优惠减免办法》进一步细化和完善了土地使用费的相关规定,对工业、仓储、商业、宾馆、商品住宅、露天停车场、旅游建筑用地、露天游乐场等多种用途土地按照原特区内①位置进行分类,②开始了土地使用权功能属性的异质探寻。这一手段不仅是对土地有偿使用的规范完善,同时也显露出市场经济下的级差地租概念。

但是,当时的土地使用费仍解决不了城市建设资金匮乏的问题。截至1986年年底,深圳市政府划拨土地达82平方千米,基础设施花费13亿元,其中向银行贷款累计6.7亿元,每年付利息5000多万元,而收缴土地使用费的面积仅为17平方千米,累计收费为3848万元,仅占同期政府财政收入的1.5%,占同期政府基础设施投资的3.9%,尚不够偿还政府一年应付

---

① 为便于管理,1982年,在特区与非特区之间修筑了一道管理线,将深圳分为特区内与特区外,俗称"关内"和"关外"。非深圳户籍人员需办理"边防证",接受广东边防官兵检查后方可通过。2018年1月6日,国务院同意撤销深圳经济特区管理线。本书中,"原特区内""原关内"是指南山区、福田区、罗湖区、盐田区四个区,"原特区外""原关外"是指原宝安、龙岗两区,现为龙岗区、龙华区、宝安区、光明区、坪山区、大鹏新区。

② 一类地区:罗湖区、上步区、蛇口区、沙头角镇,二类地区:南头区、沙河工业区,三类地区:一类、二类以外的地区。

的利息。[1] 1987年土地制度改革前深圳历年拨地和土地使用费收取情况见表1-1。由此可见,在土地制度改革初期,深圳并没有因其成功地进行了有偿使用土地试验而使土地价值得以充分反映;相反,政府开发土地越多,负担越重。"由于土地的使用权不能作为商品进入流通,其分配依然是行政划拨,排斥了市场机制的作用,土地使用价值的商品化未能得到发挥……这就要求特区土地管理体制的改革,需向更深一层突破。"[2]

表1-1 1979—1986年深圳拨地和土地使用费情况

年份	拨地数（万平方米）	累计拨地数（万平方米）	收缴土地使用费（万元）	收缴土地使用费占财政收入比(%)
1979	178.6	—	—	—
1980	219.9	398.5	—	—
1981	727.1	1125.6	—	—
1982	2439.1	3564.7	280	1.75
1983	1825.9	5390.0	480	1.60
1984	2025.9	7415.9	680	1.30
1985	284.3	7700.2	1027	1.10
1986	515.0	8215.2	1381	1.58

资料来源:付莹:《深圳经济特区有偿使用土地制度变迁及其影响》,载《深圳大学学报(人文社会科学版)》2016年第4期。

(3) 突破——土地使用权有偿转让探索

早期的土地有偿使用主要采用租让的方式。尽管初步体现了土地资源的价值,但这项改革尚未从根本上触动旧体制,土地有偿使用只是象征性的。[3] 简单来说,土地资源配置仍然以政府主导的行政划拨为主,深圳有偿使用土地的探索基本上仍是与市场分离的。1986年2月国家土地管

---

[1] 参见付莹:《深圳经济特区有偿使用土地制度变迁及其影响》,载《深圳大学学报(人文社会科学版)》2016年第4期。
[2] 《深圳房地产年鉴》编辑委员会编:《1991深圳房地产年鉴》,海天出版社1991年版,第20—21页。
[3] 同上。

理局成立,城市土地使用制度改革开始了新的探索。新探索的矛头直指过去土地供给方法单一、土地无流动的僵化模式。于是,建立城市土地单一国有制与市场经济相兼容的模式便成了改革的新方向。

深圳在坚持土地国家所有的前提下探索所有权与使用权分离,建立土地所有者与土地使用者的租赁关系,通过招标、协议、拍卖三种土地使用权转移方式(即批租)确立,政府凭借土地所有权向承租方一次性收取地价款,对所出租土地的年限、用途、房屋建造周期等作出明确规定,用于约束承租方。土地使用者在租期内拥有对土地的占有、收益、抵押的权利,并允许土地使用权转让。1986年12月,草拟的《深圳经济特区土地管理体制改革方案》(以下简称《方案》)被报送市政府。深圳房地产改革领导小组对《方案》的思路和做法给予充分肯定,认为实行土地所有权与使用权相分离是可行的,按照商品经济原则,实行土地使用权有偿转让并不存在理论障碍;而且从现行的法律、政策上看,与改革方案并无根本性的冲突,国家仍然是城市土地的所有者,有偿转让的是土地的使用权。[①] 经修改后的《方案》于1987年7月通过,其核心是实行"土地所有权和使用权分离,所有权为国家所有,不准以任何方式转移(集体所有制土地可根据国家建设需要依法征地);土地的使用权可以有偿有期出让"。

土地的使用权可以有偿有期出让的设想,可以从马克思主义经典作品的相关论述中找到理论支撑。它突破了当时的《中华人民共和国宪法》(以下简称《宪法》)和《中华人民共和国土地管理法》(以下简称《土地管理法》)关于土地不能转让的硬性规定,承认土地使用权的商品价值,提出土地作为生产要素需要遵循价值规律。《方案》提出所有用地实行有偿使用,协议、招标、公开竞投各设立一个试点,先易后难。

深圳于1987年下半年先后以协议、招标和公开竞投(即拍卖)三种方式进行了土地使用权有偿出让的实践探索:

[①] 参见付莹:《深圳经济特区有偿使用土地制度变迁及其影响》,载《深圳大学学报(人文社会科学版)》2016年第4期。

第一,1987年9月10日,深圳首次以协议方式售出编号为B211-1、面积约5321.8平方米的土地,土地使用年限为50年,协议地价为106.436万元。

第二,1987年11月25日,深圳首次以公开招标方式售出编号为H118-1、面积为46355平方米的地块,地价为1705.88万元,使用期限为50年。此次招标采用综合评标法,综合评分由三个部分组成,即标价分占总分的50%、规划设计方案分占总分的40%、企业业绩资信分占总分的10%。三项均采取百分制,按比例计算后,相加得总分。

第三,1987年12月1日,深圳首次以公开竞投(拍卖)方式售出编号H409-4、面积为8588平方米的地块。此次拍卖土地,44家在深圳有法人资格的企业参加角逐,最终深圳经济特区房地产公司以525万元的最高价得到该块土地50年的使用权(此次土地拍卖被称为新中国土地"第一拍")。①

这三个尝试起到了投石问路的功效。1988年以后,土地使用权有偿有期出让在特区全面推广。

地方性法规探索呼唤全国性法规出台。1988年,全国人大通过《中华人民共和国宪法修正案》,删除《宪法》中不得出租土地的规定,将其改为"土地的使用权可以依照法律的规定转让",这为土地使用制度改革的全面展开和深入发展扫清了障碍,并促使了几项重要法律法规的制定和颁布。在土地使用税费方面,1988年,国务院公布《中华人民共和国城镇土地使用税暂行条例》,正式在全国范围内征收土地使用税;1993年,国务院公布《中华人民共和国土地增值税暂行条例》,对转让土地收益征收增值税。在土地使用权获得程序方面,1990年,国务院公布《中华人民共和国城镇国有土地使用权出让和转让暂行条例》,对土地使用权出让、转让、出租、抵押、种植及划拨等作出明确规定。1994年,全国人大通过《中华人民共和

---

① 参见付莹:《深圳经济特区有偿使用土地制度变迁及其影响》,载《深圳大学学报(人文社会科学版)》2016年第4期。

国城市房地产管理法》,对土地使用权出让和转让作了法律规定。至此,城市土地管理制度的改革进一步走上系统化、法制化轨道。

城市国有土地使用权有偿出让模式确立了土地所有权与使用权分离,完成了土地制度变革的第二次重大突破。在整个中国土地制度变革过程中,深圳起到了"领头羊"的积极作用。客观来说,较之早期的租赁等有偿使用土地模式,以协议、招标、拍卖等方式进行的土地使用权有偿出让更能体现出土地的价值。但是,囿于社会环境的复杂性,1998年以前,在深圳的土地一级市场中,以招标、拍卖这类市场化方式出让土地的比例并不高,协议出让这种非市场化方式是政府供应土地的主要形式。土地出让虽然得到了法理的认可,但在与市场的衔接上,仍然存在较大的缺陷。

(4) 规范——土地使用权招拍挂

深圳经济特区率先进行了土地有偿出让和转让的试点,在真正意义上实现了对计划经济下行政划拨土地的突破。从1979年至1986年,深圳不断完善土地有偿使用和转让的法制化探索,由初期的试行开始形成了一套规范化、贴近市场的制度配套体系。深圳经济特区于2000年前后进行了一轮土地制度完善、规范与改革,并产生了三个方面的重要影响:第一,1998年2月6日颁布实施的《深圳经济特区土地使用权招标、拍卖规定》,在全国首次确定所有特区内的居住用地、商业用地、加油站用地等经营性用地的土地使用权出让一律按招标、拍卖这种市场化方式进行,同时将适用协议出让方式的土地范围严格限制在工业用地以及财政全额投资的公益性、非营利性用地方面。第二,其创新的土地使用权公开出让方式——挂牌出让,为2002年国土资源部发布的《招标拍卖挂牌出让国有土地使用权规定》所肯定,从而使得该项制度得以在全国广泛推开。这说明,以挂牌形式转让土地使用权的比例迅速提高。第三,为了遏制土地使用权出让及转让环节的投机行为,深圳于2000年设立了专门的土地交易市场,并于2001年3月6日颁布实施《深圳市土地交易市场管理规定》,其中明确:经营性土地出让和转让必须在专门的土地交易场所进行;房地产管理部门不再审批合作建房事项,土地转让、受让须进入土地交易市场;以协议方式取得的土地,在补交市场地价后也须进场交易。

随着经营性用地使用权有偿出让方式的进一步完善,特别是在国土资源部于2006年5月31日发布《招标拍卖挂牌出让国有土地使用权规范(试行)》和《协议出让国有土地使用权规范(试行)》对招拍挂和协议出让国有土地使用权从程序、技术标准和操作规范上进行细化之后,更加规范了国有土地有偿出让程序,进一步承认了土地的商品属性。

2. 土地供应制度:土地功能转变路径

(1) 突破——统一征(转)地

随着深圳土地商品化探索,特区经济高速发展,国有土地已不能满足城市发展需要。深圳确立了通过土地所有权一体化实现管制系统一体化的推进路径,基本思路是循序渐进、逐步推进,消除农村建制,以特区为起点逐渐铺开,先统征,后统转,为城市快速发展奠定了良好的基础(详见专栏1-1)。统征的主要表现为政府通过低价征用集体土地,满足城市快速发展对土地的需求,并最大限度地从现金、土地返还、社区经济发展和社会保障等多方面保证村民利益,村民也通过自身土地和物业的升值分享到城市化发展的红利,从而有效化解了社会矛盾。统转过程是消除城乡差异、实施一体化发展的过程,在不断动摇和突破"城乡分治"体制中推进城市化。尽管统征和统转均是由政府作为制度设计者推动实施,制度变迁的需求动力均来自政府,但两者所处的制度环境显然是不同的,这也导致后续实施效果的差异。相对于统转而言,1992年开始实施的原特区内土地统征,由于当时深圳土地价值较低、经济发展处于起步期、土地制度尚处于建构期等原因,实施成本较低,加上完善并及时跟进的配套措施,保障了实施的有效性。统转始于2004年,涉及原特区外所有区域。深圳通过统转实现了全市域土地所有权一体化,名义上全部归国家所有,为深圳快速城市化奠定了基础。但二元所有制下的历史惯性很难在短期内消除,尤其是土地资产价值不断提升进一步强化了农民的守土意识。土地所有权国有化以后,随之衍生的土地法外控制权增加了产权一体化管制的难度,客观上在原农村集体土地上形成了国有土地所有权和农民集体法外控制权并存的两难局面。这种控制权实际上包括了除土地所有权以外的占有权、使用权、收益权、处分权,且游离在国家承认的法律框架之外。至此,深圳土地产权包括了纯粹的国有土地、政府认可的原农村集体非农建设用地(包括非农建设用地、征地返还用地、历史遗留合法外建筑确权处理的用地等类型)及农村掌控的合法外原集体用地。尽管纯粹的国有土地产权内涵相对稳定,但产权期限、产权转让与分割等仍延续既定逻辑,在高度城市化发展要求下,仍须进一步完善。对于政府认可的原农村集体非农建设用地,因其具有福利保障意义,且处于国有土地语境之下,因此在实际操作中类似于划拨用地管理。

统转实现了名义上的土地国有化,但存在遗留问题。除部分未建空地被纳入储备外,原属于统转但不予补偿的四类用地实际仍由原村集体经济组织掌控。统转主要在以下方面影响城市发展建设成本:一是,一次性成建制统转具有典型的运动式特征,产生了大量历史遗留问题,如非农建设用地指标落地、补偿资金未落实等问题。二是,统转本身的定性不明确,存在争议,统转后大量原农村区域用地仍掌控在村集体经济组织手中,客观上形成了新的二元结构。政府除了针对在统转过程中划定的非农建设用地探索交易流转、产权管制、项目报建等管制措施外,已纳入储备的土地按国有土地管理,其余则掌握在集体经济组织手中。三是,统转属于由政府主导的单方行为,统转顶层制度设计及方案制订过程中缺少农民参与,忽略了农民利益诉求。一些统转规则延续了统征的做法,具有明显的路径依赖特征。深圳统转后,集体经济发展形态、村民生活状态及思想意识等并没有发生根本性变化,尽管村域范围内的土地已名义上转为国有,且纳入城市规划区,但由于村集体仍实际占用村域范围内的土地,拥有实际的控制权和法外处分权,政府主导下的土地用途管制、产权管制和交易管制并没有起到预期效果,甚至被架空。

专栏 1-1　征地制度理论分析

改革开放以来,在土地公有这一宪法秩序框架下,中国的城市化进程形成了特色的土地制度。它的基础部分是征地制度。征地制度顺利解决了城市扩张和郊区农村土地集体所有之间的矛盾,把城市建立在国有土地上。这为政府主导城市综合开发和运用市场机制形成"土地财政"提供了产权基础,从而为城市的现代化转型提供了基本条件。

没有征地制度,城市不可能如此快速扩张。城市快速扩张面临的基本矛盾是城市建设和私人占有土地之间的矛盾,土地所有者有可能以垄断性的地位要求高额土地补偿,妨碍城市建设。中国则通过社会主义革命取消了土地的私人所有权,也就是把土地转为纯粹的生产资料投入经济建设中,形成中国土地制度的宪法秩序。"中国土地公有,地利共享,消灭土地食利者的规范和实践,可以称作中国土地制度中的宪法秩序。这是中国20世纪资产阶级革命和社会主义革命的重要成果,这一成果在当前中国现实中的表现就是,土地特权利益集团已经作为一个阶级被彻底消灭了,没有人再可以声称自己是特定土地的所有者,从而要求这块土地上的超出个人劳动的特殊利益。"[①]

征地制度就是这一宪法秩序的制度实现路径。按照宪法对土地制度原则的规定,1998年《土地管理法》第2条第1款规定:"中华人民共和国实行土地的社会主义公有制,即全民所有制和劳动群众集体所有制。"第3款规定:"任何单位和个人不得侵占、买卖或者以其他形式非法转让土地。土地使用权可以依法转让。"第4款规定:"国家为公共利益的需要,可以依法对集体所有的土地实行征用。"[②]依据该法的相关规定,只需要满足公共利益、程序合法和足额补偿三个条件,地方政府就可以实施征地,农民集体无权妨碍。从性质来看,国家征收集体土地是行政行为,征地补偿不包括任

[①] 贺雪峰:《中国土地制度的宪法秩序》,https://www.sohu.com/a/202164328_714292, 2020年7月23日访问。

[②] 征用指临时性的占用。

何市场交易的成分。1998年《土地管理法》第47条规定了征地补偿的方式。"征收土地的,按照被征收土地的原用途给予补偿。征用耕地的补偿费用包括土地补偿费、安置补助费以及地上附着物和青苗的补偿费。"这一条非常重要,是把城市建立在国有土地上。通过征地制度,地方政府只需要按照原用途补偿就能够合法地获得成片土地,从而能够以土地调控宏观经济和社会建设,体现土地管理领域国家强大的基础性能力。这种能力表现在两个方面:一是地方政府作为城市一级土地市场唯一的供地主体,有能力按照城市规划需要供给土地,为政府主导的城市综合开发提供条件;二是政府运用市场机制激活土地资源价值,形成了支撑城市经济崛起的"土地财政"。

(2) 突破与规范——存量土地二次开发

在完成名义上全市域城市化后,受制于土地资源禀赋与历史遗留问题,政府可控的增量土地已捉襟见肘,城市发展重点转为提高土地利用效率和存量土地的再开发。深圳市政府出台《深圳市城市更新办法》,遵循"政府引导、市场运作"的模式,通过引入市场主体的方式,以市场化手段分配土地增值收益,合理进行存量土地二次开发改造。同时,在之后不断地完善规范中,深圳将以往的"先确权,再开发"的思路转变为"先开发,再确权",避免了由于土地确权推进缓慢而影响城市更新项目开展的困局。例如,允许"合法土地占70%,合法外土地占30%"的城市更新项目开发;"20-15"准则规定申报主体只要同意把20%的"合法外"土地无偿交给政府,就从余下可开发的土地中,拿出15%作为公共设施的配套用地,这部分土地便获得参与城市更新的资格,这促进了原农村非农建设用地和征地返还用地的土地使用权交易。深圳于2011年印发了《深圳市原农村集体经济组织非农建设用地和征地返还用地土地使用权交易若干规定》,旨在规范原农村非农建设用地和征地返还用地交易秩序,明确交易方式、地价补交、进入市场途径等事项。

此后,原农村集体土地入市[①]并进行了以下创新:一是具有合法权属并由集体经济组织掌控的符合规划的未建工业用地(如非农建设用地、征地返还用地等)由原农村集体经济组织提出申请,通过政府指定的公开交易平台,以挂牌方式公开出(转)让上述土地使用权,所得收益归原农村集体经济组织所有;二是因历史原因未完善征(转)地补偿手续且符合规划的工业用地,原农村集体经济组织先行理清经济关系,完成青苗、建筑物及附着物的清理、补偿和拆除后提出申请,通过政府指定的公开交易平台,以挂牌方式公开出(转)让土地使用权。原农村集体土地上的土地整备成了政府主导下的诸多传统土地收储方式。[②] 从实际操作看,土地利用主要以房屋征收和征(转)地历史遗留问题处理为主,在核心处理逻辑上仍延续统转模式。由于补偿标准偏低和补偿方式刚性,土地整备在二次开发各方式中面临较难推进的局面。在统转后出现"新二元结构"的情况下,探索通过利益共享方式解决原农村集体土地利用问题成为制度设计的目标和重点。

(三)
深圳城市发展与土地利用历程

深圳的快速城市化发展不仅与土地制度变革息息相关,同时也与该发展阶段所匹配的土地利用情况密切相连。深圳的发展是城市化与深圳各时期土地制度及土地利用特征交织、深化的过程,在剖析深圳快速城市化发展历程的同时,也需要对当期土地利用特征、发展趋势及未来规划进行归纳性总结。

---

① 2013年1月7日,深圳出台了《深圳市人民政府关于优化空间资源配置促进产业转型升级的意见》及7个配套文件。其中,《深圳市完善产业用地供应机制拓展产业用地空间办法(试行)》提出政府鼓励原农村集体经济组织掌控的尚未进行开发建设且符合规划的工业用地进入市场。

② 根据2011年《深圳市人民政府关于推进土地整备工作的若干意见》,土地整备的目的是通过政府主导,采用房屋征收、土地收购、填海(填江)、征转转历史遗留问题处理等方式拓展土地储备来源,满足公共基础设施、重大项目等建设需要,在制度设计上形成与城市更新的互补态势。

1. 深圳城市发展历程

（1）第一阶段（1979—1992年）

1978年，党的十一届三中全会作出改革开放的伟大历史抉择，开启了我国经济社会发展的新篇章，深圳是此次转折的重要标志之一。1979年3月，撤县设市，改名深圳市，开始进行基础设施建设；1980年，全国人大常委会批准设立经济特区，发展开始逐步走向正轨；1981年，深圳市升格为副省级市。随着深圳经济特区的建立，来自国内外的大批资源不断地在深圳汇聚，并迅速组合成强大的生产力，奠定了深圳经济发展的基础。处于改革开放初期的深圳市坚持经济体制改革、发展外向型经济，迸发了巨大活力，生产力得到巨大释放，经济高速增长。深圳市统计局数据显示，深圳GDP由1979年的约两亿元提升至1992年的317.32亿元，13年间，深圳GDP年均增长37.4%，远高于同期全国9.5%和全省14.1%的平均水平。随着经济社会发展，大量外来人口和劳动力大量涌入深圳，1979年深圳市年末常住人口31.41万，至1992年常住人口增至260.9万人。

深圳经济第一次重大转型大致发生在1985年。结束了兴办经济特区前几年获取计划经济和市场经济价格差的套利年代的高速增长，深圳开始了快速工业化和城市化过程。"以外商投资为主、生产以加工装配为主、产品以出口为主"成为深圳加入全球分工体系最简明扼要的政策主张。深圳重点发展劳动密集型产业，如电子、缝纫、纺织、机械等重点行业，生产的产品多出口外销，初步形成外向型的工业发展格局，重工业地位也逐步提升。廉价土地和劳动力与香港形成前店后厂的中心—外围关系，以代工生产为代表的深圳加工贸易企业成为支持深圳重回高速增长的核心力量。产业结构也发生了深刻变化，工业快速发展、服务业稳步提升，三个产业结构由1979年的37.0∶20.5∶42.5调整为1992年的3.3∶48.0∶48.7。[①] 深圳

[①] 参见深圳市统计局：《深圳统计年鉴2019》，http://tjj.sz.gov.cn/nj2019/nianjian.html?2019，2020年7月23日访问。

工业大力外引内联,实现跨越式发展,工业增加值从 1979 年的 0.23 亿元提高到 1992 年的 117.61 亿元。① 这是深圳全面突破传统计划经济体制,推动市场导向改革的时代。这一时期深圳尝试创设了系统的市场经济制度,创设了深圳证券市场,引领了利率信贷改革、土地拍卖制度改革,采取多元化投资方式进行港口、机场、高速公路等城市基础设施建设。

(2) 第二阶段(1993—2012 年)

1993—2012 年,深圳处于建立社会主义市场经济体制和支柱产业较快发展阶段。从 1992 年邓小平南方谈话起,深圳逐步开始建立社会主义市场经济体制,调整优化产业结构,特别是将发展高新技术产业作为经济发展新的突破口。2000 年以来,深圳重点确立并大力发展高新技术、金融、物流、文化四大支柱产业,深圳高新技术产业实现了快速发展,金融业稳居全国第三,以供应链、物流、电子商务等为代表的现代物流业蓬勃发展,文化产业异军突起。2008 年全球金融危机后,深圳开始谋划布局战略性新兴产业,先后出台生物、互联网、新能源、新材料、文化创意、新一代信息技术产业振兴发展政策,经济实现跨越式发展。②

深圳第二次转型从 1995 年开始,持续了大约 10 年。伴随着当年的特区优惠政策普惠为沿海开放政策,1995 年包括深圳在内的中国经济特区实质上成为没有特殊政策支撑的经济特区。在重大体制机制性变化之余,港、深、莞、穗高速铁路建成,深圳机场开始规模化运营也成为企业重新寻找新的合理区位的驱动因素。深圳经济从加工贸易转向模仿性创新时代,凭借模仿形成大规模生产能力初级工业化,并逐步走向模仿性创新的生产制造。

深圳第三次转型几乎是与第二次转型穿插交替进行的。2003 年前后,深圳以人口红利获得全球化红利的先行优势,在沿海地区迅速普及推

---

① 参见深圳市统计局:《高新技术产业支撑起工业"龙头"——打造以先进制造业为主的工业体系》,http://www.sohu.com/a/281808043_120040259,2020 年 7 月 23 日访问。
② 参见深圳市统计局:《潮起东方 历史巨变——1979 年以来深圳经济社会发展的巨大变化》,载《深圳特区报》2018 年 12 月 13 日第 A6 版。

广和发扬。深圳加快从"深圳装配"向"深圳制造"的转变,建立研究开发体系,华为、中兴以及具有核心技术且居产业链关键环节的新中小企业群体崛起,专业化分工和协同创新体系初步形成,实现新的更高水平的创新增长。时至2012年,深圳第二、第三产业从业人员数量接近1∶1,总产值占比基本接近100%,其中第三产业略高。至2012年,深圳工业增速从超高速转入高速增长,工业总产值达到22308.98亿元,经济增长较快且平稳,地区生产总值年均增长率约16.8%,高于同期全国10.2%和全省13.0%的平均水平。

表1-2 深圳三次产业产值结构与劳动力结构变化趋势   单位:%

年份	劳动就业所占比重			产值所占比重		
	第一产业	第二产业	第三产业	第一产业	第二产业	第三产业
1990	6.10	69.80	24.10	4.09	44.81	51.10
1995	1.50	66.00	32.50	1.47	50.11	48.42
1996	1.30	64.60	34.10	1.42	48.32	50.26
1997	1.30	61.60	37.10	1.14	47.59	51.27
1998	1.20	59.80	39.00	0.99	48.44	50.57
1999	1.00	58.00	41.00	0.83	49.92	49.25
2000	0.80	57.00	42.20	0.71	49.65	49.64
2001	0.70	55.70	43.60	0.65	49.54	49.81
2002	0.80	55.80	43.40	0.56	49.33	50.11
2003	0.80	57.00	42.20	0.40	50.68	48.92
2004	0.50	57.60	41.90	0.29	51.64	48.07
2005	0.50	57.70	41.80	0.20	53.19	46.61
2006	0.30	57.40	42.30	0.10	52.50	47.40
2007	0.10	54.10	45.80	0.10	50.20	49.70
2008	0.10	54.10	45.80	0.10	49.60	50.30
2009	0.10	53.90	46.00	0.10	46.70	53.20
2010	—	51.50	48.50	0.10	47.20	52.70
2011	—	50.10	49.90	0.10	46.40	53.50

资料来源:深圳市统计局:《深圳统计年鉴2019》,http://tjj.sz.gov.cn/nj2019/nianjian.html? 2019,2020年7月23日访问。

(3) 第三阶段(2013年至今)

自党的十八大以来,深圳进入创新发展和高质量发展阶段。深圳坚持转型升级、创新驱动、质量引领、绿色低碳发展方向,全力推动有质量的稳定增长和可持续的全面发展,加快建设现代化、国际化、创新型城市和国际科技、产业创新中心,加快建设社会主义现代化先行区。这一时期,先进制造业和现代服务业"双轮驱动",战略性新兴产业成为经济发展新引擎,经济发展的创新性和内生动力明显增强。深圳制定战略性新兴产业发展规划,有力促进了经济稳定增长,2013—2017年深圳GDP年均增长9.2%,高于同期全国7.1%和全省7.9%的平均增速。至2017年,深圳重工业占比已超过90%,工业增速从高速转入中高速平稳运行;战略性新兴产业增加值占GDP比重由2012年的近30%提升到2017年的40.9%;高新技术产业增加值为7359.69亿元,占GDP比重为32.8%。

2010年前后,深圳开始了新的创新驱动转型。公共研究开发平台、公共信息平台、公共创新服务平台等有效公共产品供给快速增长,与日益强大的企业创新能力相结合,深圳开始走向全球创新的前沿。进入创新时代,深圳形成了以市场需求为导向、"产学研"一体化的自主创新模式,利用互联网平台、云计算、大数据模型等新技术,依托科技型龙头企业,组建了45个"产学研"联盟,培育了70家集基础研究、应用研究和产业化于一体的新型研发机构。在新一代无线通信技术、基因测序分析、装备制造、新材料、新能源汽车、显示技术等领域形成了较强的自主创新能力,依靠大规模产业技术创新过程,逐步缩小与国际产业技术前沿的差距。

2. 深圳土地利用情况

城市土地利用情况是研究城市土地制度变革中最为直观的观测变量之一,通过对深圳城市发展各阶段对应的土地利用情况进行归纳总结,可以深入地了解城市发展中的土地需要,针对性地提出深圳未来发展方向的有关建议。同时,土地需求分析不仅是城市规划前期工作的重点,也关乎城市规划能否指导城市发展、引导土地开发,使城市的发展沿着经济上有效率、环境上可持续、文化上有特色的轨道前进。土地需求总量不仅与城市发展规模有关,同时还受城市经济活动强度(土地利用强度或资本密度)的影响。城市土地利用应以土地的合理配置和高效利用为目标,实现社会、经济、生态与环境效益协调化与综合效益最大化。城市土地利用高效率的前提之一是拥有活跃的房地产市场。城市土地利用效率又取决于土地与资本之间的相对价格、城市土地开发中土地投入与资本投入的相互替代。

(1) 第一阶段(1979—1996年)[①]

20世纪80年代初到90年代末,深圳的土地利用变迁及发展趋势主要表现为城市建设用地增长迅速,农业用地不断减少,土地开发由外延式扩张逐步向内涵式增长过渡。根据《深圳市(1997—2010)土地利用总体规划》,1982年全市建成区面积为6100万平方米,到1996年年末增加到32531万平方米,增长了约5.3倍。其中,特区增长更快,同期由870万平方米增长为10092.43万平方米,增长了约11.6倍。受城市建设迅速扩张压力的影响,深圳农业用地[②]持续减少。据统计,农业用地1982年为67000万平方米,到1996年减少至29000万平方米,减少了38000万平方米。除因建设占用外,耕地还受农业内部结构调整的影响而大量减少。据统计,耕地面积由1979年的35473.33万平方米迅速减少至1996年的6464.51万平方米,减少了29008.82万平方米,减少量几乎为1996年已有面积的4.5倍。20世纪90年代末期土地整理、闲置土地消化利用等工作日益得到重视,滩涂等后备资源逐步得到保护或保护性利用。

20世纪80年代初期到90年代末,深圳的土地利用特点为:第一,特区内外的土地利用结构明显不同。根据《深圳市(1997—2010)土地利用总体

---

① 由于历史数据的局限性,土地利用的第一阶段与城市发展的第一阶段跨度并非完全重合,后文情况相同。

② 指耕地、果园、水产养殖用地三类。

规划》，各类农用地主要分布在特区外，其中91.27%的耕地位于特区外，79.40%的园地、83.34%的林地亦集中在特区之外。牧草地和坑塘水面主要集中于宝安，分别占各自总面积的84.73%和75.07%。建设用地总量在特区、宝安、龙岗三区分布相对平均，但就内部结构而言特区内外不尽相同。其中，特区内结构较为合理，各类用地比例协调，公园绿地、商业用地、政府（团体、社区）用地、道路广场用地等公共设施和基础设施用地的人均指标明显高于特区外；特区外则呈现低度城市化的城市形态，建设水平较低，各项配套设施缺乏，城市建设用地结构单一，主要由居住用地、工业用地和交通用地构成。第二，土地利用的经济效益较高，而区域差异显著。深圳城市土地总体生产率为39.40万元/万平方米，单位农业用地总产值为3.89万元/万平方米，远高于广东省的平均水平（分别为3.06万元/万平方米和0.95万元/万平方米）。就分区而言，特区内土地利用的经济效益远高于特区外，宝安、龙岗的城市建成区面积和特区相当，但提供的国内生产总值仅相当于特区的1/8和1/10，提供的工业总产值仅相当于特区的1/5和1/10。第三，人口密度与人均建设用地区域差异显著。特区内人口密度为4490人/平方千米，人均建设用地为63平方米/人；而特区外的宝安、龙岗两区的人口密度分别仅为1360人/平方千米和910人/平方千米，人均建设用地为102平方米/人和92平方米/人。第四，闲置土地较多。受房地产过热等因素影响，特区外土地开发在20世纪90年代初曾一度出现失控，造成了大量闲置土地。虽经过积极的消化利用，但1996年全市闲置土地仍有8759.02万平方米，既造成了土地和资金的浪费，又破坏了生态环境，导致了较大面积的水土流失。

20世纪80年代初到90年代末深圳城市建设和土地开发速度过快，不可避免地引发了许多土地利用中的问题：一是各项事业对土地需求的矛盾较多，城市建设与农业生产、水土保持、生态环境保护对土地需求的矛盾尤其突出。二是特区外土地开发较为混乱。特区外土地基本上为农村集体所有，因权属关系，规划和管理难度较大，土地盲目扩张、无序开发的现象比较普遍。三是农业用地不足,且布局与城市建设用地冲突较大。受城市建设压力影响,现存耕地、果园和水产养殖用地不断减少,同时农业用地的后备资源有限,因此保护农业用地迫在眉睫。四是生态系统结构发生较大变化,造成一定程度的生态环境破坏。城市建设、挖山采石等活动占用了大面积的生物性地表,农业和自然植被用地减少,城市建设用地增加,生态系统结构发生较大变化,引发一系列生态环境问题。1994年,深圳全市水土流失面积达到16960万平方米,主要河流年淤积总量达256万吨,所造成的直接和间接损失较大。

(2) 第二阶段(1997—2012年)

随着城市发展和建设需求增加,深圳建设用地持续增加,农用地持续减少。深圳土地二次调查和变更调查数据显示(见表1-4),2012年全市耕地3019万平方米,比二次调查时减少141万平方米。深圳2012年耕地保有量已超过国家下达任务,但综合考虑耕地数量、质量和人口增长、发展用地需求等因素,深圳耕地保护形势仍然十分严峻,优质耕地资源和人均耕地面积仍面临减少趋势。因此,必须始终坚持"十分珍惜、合理利用土地和切实保护耕地"的基本国策,将耕地保护作为土地管理的首要任务坚决落实。严守耕地红线,确保耕地实有面积基本稳定,质量不下降。

《深圳市土地利用总体规划(2006—2020年)》显示,2005年全市建设用地面积约为93864万平方米,占全市面积的近48%。二次调查和变更调查数据显示,2009年全市建设用地面积为89385万平方米,比一次调查时的54654万平方米增加了34731万平方米;2012年全市建设用地面积为94167万平方米,比二次调查时增加了4782万平方米。建设用地增加与城市经济社会发展要求是相适应的,但部分地区建设用地利用粗放、效率不高的情况依然存在。二次调查和2012年变更调查的全市建设用地总量与《广东省土地利用总体规划(2006—2020年)》下达的深圳2020年的建设用地规模比较,分别还有8215万平方米、3433万平方米净增建设用地空间,但部分地区建设用地总量已接近或超过2020年规划控制目标数。

表1-3 1990—2005年深圳土地利用结构变化趋势

地类		1990年		1995年		2000年		2003年		2005年	
		面积（万平方米）	占比（%）	面积（万平方米）	占比（%）	面积（万平方米）	占比（%）	面积（万平方米）	占比（%）	面积（万平方米）	占比（%）
建设用地		34679.73	17.80	55479.36	28.47	69316.21	35.57	77396.82	39.72	93864.00	48.00
农用地	耕地	10355.82	5.31	7862.35	4.03	6687.42	3.43	6146.43	3.15	97060.00	50.00
	园地	29045.06	14.90	24952.39	12.80	29176.96	14.97	30990.49	15.90		
	林地	101677.40	52.18	78474.65	40.27	65588.43	33.66	61617.83	31.62		
	草地	5459.35	2.80	7920.13	4.06	4543.94	2.33	1603.14	0.82		
	水域	12705.43	6.52	19233.93	9.87	18609.83	9.55	16168.08	8.30		
其他用地				—						4360.00	2.00

资料来源：《深圳市规划和国土资源委员会、深圳市统计局关于深圳市第二次土地调查及2010—2012年度变更调查主要数据成果的公报》（深规土[2014]538号）。

深圳在保障经济社会发展对增量用地需求的同时,进一步加大盘活存量土地力度,加强节约集约用地,推进城市更新、土地整备、建设用地清退工作,促进经济转型发展和质量提升。

表 1-4　深圳第二次土地调查及 2010—2013、2016 年度变更调查地类汇总

单位:万平方米

地类	2009年（二次调查）	2010年（变更调查）	2011年（变更调查）	2012年（变更调查）	2013年（变更调查）	2016年（变更调查）
耕地	3160	3057	3022	3019	4096	3837
园地	23650	23182	22730	22498	21064	20544
林地	58578	57974	57987	58228	58215	57873
草地	3283	3105	2975	2858	2648	2378
城镇村及工矿用地	76363	78342	79579	80425	82046	84543
交通运输用地	8831	9321	9578	10031	9961	10161
水域及水利设施用地	16732	16372	16616	16119	15819	15472

资料来源:《深圳市(1997—2010)土地利用总体规划》。

(3) 第三阶段(2013年至今)

随着城市化进程的加深,深圳建设用地面积已接近控制目标上限。2015年,全市建设用地面积已经达到 97550 万平方米,距离《深圳市土地利用总体规划(2006—2020 年)》中要求的 2020 年规划控制目标 97600 万平方米仅剩 50 万平方米的净增建设用地指标,且部分地区建设用地总量已接近或超过 2020 年规划控制目标。2017 年 5 月,深圳市规划和国土资源委员会调整 2020 年规划控制目标。调整后,规划建设用地控制目标增加 2800 万平方米,总量达到 100400 万平方米,耕地保有量由 4288 万平方米缩减至 2688 万平方米。

从供应建设用地规模看,除 2014 年供地较 2013 年建设用地供地总量微增40万平方米以外,其他年份供地总量呈逐渐下降趋势,2016年规划供应总量为1350万平方米,仅占2010年(2670万平方米)的50.56%。深圳市土地利用总体规划(2006—2010年)中提出"建设用地减量增长规划目标",通过严格控制新增建设用地供应、大力推进城市更新改造、积极开展建设用地清退三种途径实现建设用地总规模增长速度的下降。2010—2016年,深圳建设用地平均供应实际实施率仅为规划的八成左右,受限于土地资源紧缺,新增建设用地供应难以完全落实;另一方面则是城市更新项目受市场因素主导,存在拆迁难、开发周期长等问题。

从短期来看,建设用地控制目标调增,有助于缓解净增建设用地严重不足的困境,但在总土地资源硬约束以及耕地严格保护的背景下,牺牲农用地增加建设用地规模的做法将逐渐受到严格控制。从长期来看,深圳建设用地规模受限的问题将一直存在,加快土地二次开发利用、改善土地利用效率、提高单位土地产出已经成为深圳土地利用亟待解决的问题。

(四)
资源限制下的深圳土地现状

历史遗留问题是深圳未来长期发展的"绊脚石",连同土地资源禀赋限制,共同导致了土地资源高度稀缺等问题。据统计,深圳全市面积为1997平方千米,同为一线城市,面积大致相当于北京的八分之一,上海、广州的三分之一。[①] 2005年深圳出台《深圳市基本生态控制线管理规定》,划定了974.5平方千米的基本生态控制线。2018年,深圳建成区面积已达927.96平方千米,[②]剩余可开发用地仅约95平方千米。[③] 近年来,深圳规

---

① 截至2019年,北京、上海、广州的面积分别约为16410平方千米、6340平方千米、7434平方千米。

② 不含在建。

③ 参见深圳市统计局、国家统计局深圳调查队:《深圳市2018年国民经济和社会发展统计公报》,http://www.sz.gov.cn/cn/xxgk/zfxxgj/tjsj/tjgb/content/post_1333661.html,2020年7月23日访问。

划建设用地由 2010 年的 2670 万平方米下降至 2017 年的 1350 万平方米（见图 1-2）。其中，2012 年至 2017 年规划新增建设用地在总规划供应中的占比呈下降趋势，由 800 万平方米降至 400 万平方米，绝对供应量水平仍处于低位，总面积增长仅为 31 平方千米。深圳国土开发强度接近 50%，已基本没有可供成片开发的土地。

图 1-2　2010—2017 年深圳土地供应情况
资料来源：数据整理自深圳市历年土地整备计划。

深圳的土地稀缺为城市发展带来诸多不便。在资源禀赋的约束下，深圳面临着建设用地即将耗尽、部分地区建设用地过度开发、新增居住用地供给不足等问题，破解土地空间约束迫在眉睫。受限于土地资源紧缺，近年供地计划开始逐步推动低效利用土地资源的二次开发，实现从"做大增量"到"盘活存量"的转变。

深圳存量土地开发已成为供应用地的主要来源。2012 年，深圳存量建设用地供应首次超过新增建设用地，占总规划供应比例超过五成，2017 年已达 70%（见图 1-3）。其中，城市更新与土地整备是存量土地开发的主要方式。城市更新供地占比由 2014 年的 18% 上升到 2017 年的 29%，在土地供应中的地位持续上升，逐渐成为全市商品房、人才住房和保障性住房供地用地的重要来源。

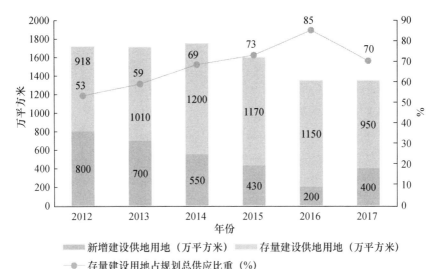

图 1-3　2012—2017 年深圳新增土地与存量土地供应情况
资料来源：数据整理自深圳市历年土地整备计划。

深圳通过土地二次开发获得更多的产业空间和居住空间，有效供应土地并高质量利用土地，推动了大规模的旧城改造。2018 年，深圳全市整备完成任务不少于 11 平方千米；2018 年棚户区改造，计划开工筹集人才住房 7636 套，实际开工筹集人才住房 7890 套；至 2020 年，全市更新潜力用地规模达 308.8 平方千米。深圳已经进入全面土地二次开发时代。①

在以市场为主导的持续改造中，大规模城市更新不仅拓展了城市增长空间，也提高了土地价值。但是，土地增值也意味着开发成本增加，对新建房屋价格有着潜在影响。目前，深圳新增居住用地不足，常住人口数量急速上升，供需矛盾凸显，房价不断上升。2007 年至 2017 年，深圳商品房平均价格由每平方米 1.4 万元上涨至 4.8 万元左右，增幅为 341%，是同期工

---

① 参见《土地二次开发新趋势及市场机会》，http://www.gofiner.com/news_view.aspx?id=681，2020 年 7 月 23 日访问。

资增幅的 1.3 倍(见图 1-4)。

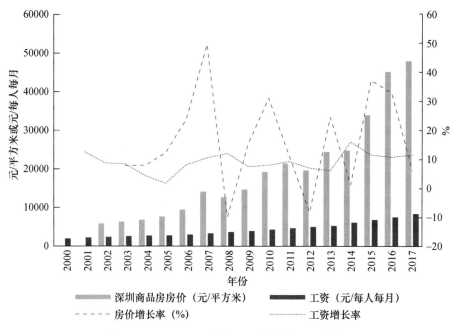

图 1-4　2000—2017 年深圳工资与房价上涨情况

资料来源:数据整理自国家统计局网站,http://www.stats.gov.cn,2020 年 7 月 23 日访问。

秉承对深圳土地制度改革与城市发展进行全方位研究的精神,继承和借鉴专家们的成果与观点,本书梳理了深圳土地制度改革过程中土地市场化的探索、现状及成效,分析了土地使用权定价机制、合法外建筑演变与城市经济发展关系,探究了高房价下的新改革方向,围绕土地资源、城市发展、房屋价格及政策演变讨论并提出了可行的政策建议。

二
土地制度改革分析思考与展望

城市产生源于区域范围内的集聚经济,当既定的空间边界不能支撑城市规模报酬递增时,需重新配置资源推动下一轮经济增长,不同类型的土地配置方式会孕育出不同的城市经济发展特征。城市土地制度中的利益分配关系是制度改革的核心。几乎每一次土地制度的重大调整均是对土地相关利益分配严重倾斜的纠偏,还原城市土地制度各层次的委托代理关系、确立激励约束相容的利益分配关系是城市土地制度改革成功的关键。

(一)
站在已有高度上继续向前

深圳土地制度改革有着诸多相关优秀研究成果,我们从现有研究的基础出发,深入深圳土地制度改革研究。我们对北京大学国家发展研究院(以下简称北大国发院)报告以及赵燕菁、刘宪法、黄伟文等几位较有影响力的专家就深圳土地制度的分析和看法进行了系统整理,充分提炼出现有成果与观点,在此基础上进一步深化对深圳土地改革研究。

1. 深圳土地市场化改革的评价[①]

北大国发院报告肯定了土地市场化改革是深圳取得非凡成就的一大支柱,它引领了我国土地商品化改革的方向。深圳是我国第一个也是唯一一个通过统征统转实现全域土地国有化的城市,最早承认土地的商品属

---

① 本部分内容整理自北京大学国家发展研究院综合课题组:《深圳土地制度改革研究报告》,https://www.nsd.pku.edu.cn/cbw/yjbgxl/250859.htm,2020年7月23日访问。

性。这一做法成功为城市发展融资,为深圳高速发展奠定基础。

在土地商品化尝试初期和城市高速发展聚合时期,管制水平的不足与价格补偿机制的不完善,产生了合法外建筑等问题。实际上,土地商品化的实现是土地价格发现的过程,其内在的经济学逻辑在于:土地是稀缺资源,在市场条件下土地价格是动态变化的,在城市范围不断扩大时,原特区内的超高速发展让人们看到土地存在巨大增值利益。当人们得到的土地补偿不能反映土地实际价格,或者说未来收益不能得到期望贴现时,就会出现"种房保地"行为,导致合法外建筑数量暴涨。在深圳原特区内外制度一体化过程中,人们预期收益激增,补偿差异及管制水平限制致使合法外建筑逐渐在特区内外蔓延。

历史遗留问题需要依靠逐渐完善的市场化机制来解决。深圳在房价高涨阶段解决低成本时蔓延起来的合法外建筑问题,本身就是一个巨大的矛盾。解决这一矛盾的关键是顺应经济规律,承认原村民、原村集体的合理利益并给予补偿,通过市场化手段有序确权。通过采取灵活的行政管理措施,把土地的合法性与空间承载的经济活动合法性区分开来,在充分确权前,先将绝大多数人的经济活动纳入合法框架。

北大国发院报告深入探讨了深圳土地补偿价格机制的实施政策,指出《深圳市城市更新办法》充分利用了城市再开发的市场机会,合理分配城市更新带来的增值收益。在城市范围无法平面扩张的约束下,积极进行内部改造,是深圳能够真正释放更多土地资源与发展潜力的途径。在"20-15"[①]的思路下,进一步拓宽城市更新准入标准,降低城市更新的合法门槛,容许更高比例的"合法外资源"经由城市更新转化为合法。在推行过程中,引进市场开发主体,鼓励权利主体自行与市场主体合作实施,由市场决定土地

---

① "20-15"具体指的是:"由原农村集体经济组织继受单位自行理清处置土地关系,政府不再另行支付补偿费用;政府将处置土地的80%交由继受单位进行城市更新,其余20%纳入政府土地储备,在交由继受单位进行城市更新的土地中,将不少于15%的土地无偿移交给政府纳入土地储备。"即项目申请同意把20%的"合法外"土地无偿交给政府的这部分土地就获得了参与城市更新的资格。然后,从余下可开发的土地中,再拿出15%来作为公共设施的配套用地。只要满足了"20-15"准则,政府就不再计较是否"合法",全部项目用地都进入城市更新,并在更新后全部可以合法颁证。

的价格与功能。依照循序渐进和市场导向的原则,实现政府、开发商、村民三方共赢的局面;遵循分步、分区的确权路径,拓宽城市更新内容,深化更新内涵;坚持急不得、拖不得的态度,促进动态非均衡的城市更新释放发展力量,建设更紧凑、更立体、更便利、更适宜的创新创业之城。

深圳土地二次开发利用机制创新推进了存量土地开发的实现,切实的确权政策成为摆脱历史问题纠缠的手段,北大国发院报告对深圳历史遗留问题及政策的建议给本书的撰写提供了重要启示。深圳城市更新中确权的难点在于土地交易价格标准的确定,土地价格和商品房价格的飙升加大改造难度,走高的房价成为改造的"绊脚石"。也就是说,市场价格的动态变化提出了分地区、不同功能土地市场深化改革的要求。这既能保证城市升级需要,又能更好地保障城市功能供给的土地制度成为深圳城市增长及竞争中领先的关键。

2. 城市规划与功能分区[①]

刘宪法的观点主要体现在规划、功能细化和城中村改造三个方面。政府要强化土地利用规划对城市土地利用的控制作用,同时,要强化以人均建设用地指标对城市规划中建设用地规模的控制。建立和完善城市规划编制的公共参与机制,使公众能够更加广泛参与。

深圳坚持克服"等级性、大尺度、单一功能分区"的城市规划理念。破除对城市规划的垄断,提高规划层级,缩小规划范围。在更小尺度和单元规划上,给予人们更多的选择和参与决策的空间,破除简单化的功能分区规划,实现每个单元的多样性,更好地满足人们的多样性需求。在《深圳市城市更新办法》中,政府允许划小更新单元,允许涉及城市更新单元的利益主体自行进行改造,并放松对城市更新单元的规划管制,允许对政府制定的法定控制性详细规划进行调整。在实际操作中,规划调整主要包括:规

---

① 本部分内容整理自刘宪法《城市规划中的政府行为》《台湾农地重划制度及其对中国大陆的启示》《"南海模式"的形成、演变与结局》及刘宪法访谈记录。

划参数如容积率、退红线距离等，用地功能调整如工业用地改为商业用地、住宅用地，特别是对原村民自建的违法违规建筑"网开一面"，默认其权属现状。刘宪法认为这实际上是在规划上对纳入"三旧改造"地区开了"天窗"，允许原村民和原村集体自主规划建设。这项政策有力地促进了"三旧改造"项目的启动和推进，为原村民与集体经济组织之间提供了合作的机会，部分实现了规划多样性与功能细分的平衡。此外，局部地区的土地功能也要有灵活的动态调整机制，在市场上针对不同土地功能规划不同的土地价格。

城中村改造需平衡各种利益主体之间的关系，争取各种利益主体对政府行为的认同。由于城中村土地位置存在独特性，因此城中村土地缺乏可竞争性，价格机制失灵，这使得城中村土地具有不可替代的特点。从经济学意义上讲，拥有城中村土地的居民，其"偏好"无法显示，其放弃手中所掌握土地的机会成本也无法测度，这意味着价格机制失灵。进一步说，处在城市商业区、办公区之间的城中村与其他功能区的位置关系已被锁定，相对于"大拆大建"，政府选择综合整治类改造会更有效。

深圳城市土地功能管理的图则体系实现了规划对土地利用的控制，同时拥有更多自主决策空间的城市更新做法也值得肯定。但从现有政策实施效果来看，土地功能与价格的动态契合仍然欠缺。在土地商品化改革方向指引下，仍需进一步细化功能分区图则，完善分区、分功能土地与市场的对接。

3. 双向对竞的住房市场[①]

理论上讲"格雷欣效应"下的虚拟和实体与创新和制造只能二选一，但赵燕菁发现，现实中有一些城市（比如深圳和新加坡）在两种不同的住房体系支持下实现了"高技术与强制造"的结合，并认为双市场结构可能比单一

[①] 本部分内容整理自赵燕菁《货币、信用与房地产——一个基于货币供给的增长假说》《土地财政：历史、逻辑与抉择》《土地财政与货币假说》《国家信用与土地财政——面临转型的中国城市化》《土地供应制度影响宏观调控成败》。

市场结构更有效率。新加坡采取政府分配与市场出售相结合的模式,即在建立商品房供给的同时,政府将中、低家庭月收入分为四个等级,每个等级可享受不同优惠,获得政府提供的廉租房和廉价房("组屋"),从而形成了"高房价商品房+廉价组屋"的住房供给体系。由此,新加坡"组屋"创造了通过住房补贴实业的方法,一定程度上对冲了"格雷欣效应"向高贴现率部门转移财富的效应。

深圳历史遗留的合法外建筑在市场自发的作用下形成了类似新加坡两个市场的住房结构,表现为"高房价商品房+廉价城中村"的结合。事实证明了两种市场结构对深圳快速崛起具有重要影响。城中村意外地把低运营成本与高经济效益这两个互不兼容的市场效果组合在一个空间里,为创新和制造型企业营造了低成本运营的特殊市场环境。因此,深圳商品房和保障房应采用不同的房地产政策:前者应当按照资本市场的规则进行管理,目标是保障高端需求;后者则应当由住房保障部门按照租用的需要进行管理,目标是保证就业者低成本获得居住空间。

在尊重历史的基础上,深圳坚持推进商品房市场、保障房市场的优化互补是正确的做法。"先租后售"(详见专栏2-1)、"工改保"等政策措施,体现了土地定价在居住功能市场供给"高低区分"的合理性。因此,继续丰富和完善两个住房市场的内容,灵活提升供给质量应当是未来改革的主要方向。

专栏2-1 松山湖——"先租后售"的先例

松山湖片区位于东莞中部,包括松山湖高新区和石龙、石排、茶山、寮步、大朗、大岭山六个镇,总面积为463平方千米。松山湖原是位于东莞市大岭山镇境内的一个大型天然水库,后以湖泊为中心,将大岭山、寮步和大朗三镇靠近松山湖的部分边缘地带划分出来,与湖泊区域重新组合形成新的国家级高新技术产业开发区。2018年松山湖片区全年实现生产总值630亿元,同比增长13.9%,增速高于东莞全市5.6个百分点,排名全市第一。松山湖片区在全国高新区中综合实力排名第23位,在全省高新区中排名第三。

东莞市政府为吸引华为在松山湖建厂，提出"先租后售"的公共住房制度。这一案例具体地展示了"先租后售"是如何支持实体经济发展的。2015年12月31日，东莞市政府以楼面地价1820元/平方米的价格，向华为提供可以建设总建筑面积约41.43万平方米的住宅用地。按照华为内部公布的方案，住宅为精装修，前5年是租赁期，期满后员工有权按照8500元/平方米的价格购买房屋完整产权（2018年松山湖商品房市场均价2.5万元/平方米以上），购买5年后允许转让。这一住房制度为东莞带来良好的产值、出口和税收。

"先租后售"不仅是提供福利房，而且其盈利模式还可以以低价住房为"饵"，让地方政府获得可持续的现金流。与打压房价解决"住"的策略不同，"先租后售"不减少不动产市场上的总信用，只是增加了产生更多现金流（租金）的"好信用"。这不仅不会导致通货紧缩，还有利于稀释金融风险。

4. 深圳的城市多样性①

黄伟文在美国城市规划专家雅各布斯的思想上进行了一定程度的延伸。雅各布斯强调城市规划的首要目标是维持城市的多样性，保持城市活力。多样化带来的交融性、互动性、流动性是城市发展的关键，多样化的缺失通常会造成城市衰退。城市多样性的重点在于为不同职业人群提供充分交融空间，促进其产生多样化功能。此外，城市老旧建筑不仅存在特有文化价值，而且还可以提供低廉的居住、创业环境，为底层社区带来活力。

黄伟文认为城中村在深圳发展过程中起到积极作用。城中村是原村民突破各种政策法律限制追求自身利益的结果，也是对城市土地被限制为

---

① 本部分内容整理自简·雅各布斯《美国大城市的死与生》，黄伟文《城市规划与城中村：谁来改造谁？》《村城营造法式与信模——城市设计观念、方法与工具的系统进阶》及黄伟文访谈记录。

福利用品、压低其经济价值政策的一种纠正，同时赋予了原村民用所剩土地分享城市发展成果的权利。城市需要有繁华的CBD，也需要富有弹性的生活区、商业区，而深圳的合法外建筑恰恰提供了这样一个多元文化交汇的平台。城中村作为相对开放的社区，不同地域、职业、收入背景的人处于同一个生活圈，产生一定的交流与互动，促进城市多元化发展。城中村缓解了深圳保障房建设不足、廉租房需求紧张的问题，减轻了城市交通拥挤程度。村民自建房成本低、设计经济实用，城中村生活成本较为低廉，为大多数流动人口提供了适宜的居住环境，也为部分创业者提供了可负担的创业空间，为城市注入活力。并且，城中村均匀分布在市域范围，以步行可达距离覆盖并服务相邻的中心区、商业区和工业区。城中村也为打造活力城市空间提供了载体，传统商业策划留下的往往是功能清晰但较为单一的城市规划，但城中村的实例表明多样性的功能单位能够在一定区域内被有机结合并灵活调整。

由此看来，解决深圳违建问题不能仅靠单一拆建，大量拆改后的单一功能规划既挤压了流动人口的居住空间，也破坏了城市多样性。在城市更新过程中，应对改造片区进行全面评估，视具体情况灵活操作。黄伟文明确肯定城中村在深圳"新土地二元制"下发挥的重要作用，其观点对提升深圳城市活力具有很强的参考借鉴价值。城中村满足了市民对于居住多样化的需求，改善了城市顶层设计与底层需求的错位。在未来改造中，要保持大部分城中村的"廉租"功能，逐步将城中村管制缺失区域纳入统一管理，并将其作为保障房的重要来源并完善保障体系。在保持多样性的基础上，提高土地资源使用效率，更好地为市民服务。

<h2 style="text-align:center">（二）
土地制度变革与城市发展理论分析</h2>

土地作为城市发展的空间载体，工业化、城市化进程对于土地资源存在强烈的需求。同时，由于土地资源的稀缺性，它会对经济增长造成约束。

土地制度是对土地资源管理手段的综合,直接关系到土地资源的利用和开发,可以说土地制度是土地资源作为生产要素进入生产的关键衔接。在生产力水平由低到高的漫长的人类发展过程中,土地制度的核心问题是提高"地力"。只有不断提高地力,人类对土地的利用能力才能不断提高,才能依靠土地不断创造财富,创造经济价值。一方面,土地制度的改革促进了经济权利的开放,因而成为激发经济活力的重要制度力量;另一方面,政府又通过对土地权利的控制,掌控了发展的主导权。中国独特的土地制度安排及其变革创造了地方政府"以地谋发展"模式,土地租金创造的资本成为推动经济发展的重要力量。中国发展模式最独特的地方,可能与土地在政治经济上扮演的角色直接相关。

1. 中国城市化发展与土地制度变革分析

改革开放以来,我国的工业化、城市化进程与土地制度安排及其变迁高度相关,且每一阶段呈现不同的特征。我国的城市土地制度对城市经济发展的影响主要体现在改革开放后的市场经济体系中,基本可以将其发展划分为四个阶段:第一阶段(1980—1993年),通过实行土地所有权和使用权的分离、允许土地有偿使用和依法转让等方式适度开放土地权利开始工业化进程。第二阶段(1994—2002年),城市化速度加快,土地制度需要进一步调整释放土地生产力。这一阶段逐渐完善招拍挂土地出让方式、不断加大土地有偿使用制度改革、减少划拨用地比重、增加有偿使用比重,形成了出让土地—工业化—城市税收—城市建设(城市化)的循环。地方政府利用独家垄断土地的权力,以协议供地、低价供应和以土地进行园区基础设施建设,以土地招商引资来吸引人气增加城市收入,以企业入驻换取未来税收,该阶段的土地制度保证城市化的快速开展。第三阶段(2003—2008年),城市化速度继续上一阶段趋势,不同的是,这一时期的城市面积扩张增长明显。这一阶段的土地制度继续完善了土地入市的制度配套体系,拓宽土地供应渠道,土地作为城市的重要资源在城市建设中的地位更加突出,除去提供发展空间的基础作用外,土地为城市带来的收入成为城市经济发展的重要动力之一。第四阶段(2009年至今),土地供应制度基本成型、框架基本固定,土地制度对城市经济数量发展影响逐渐减弱,步入土地制度调控城市经济发展质量期,逐渐开始加强土地管理制度对城市土地用途、供应的管理,注重提高土地利用效率。土地对城市经济发展的作用主要体现在以下几个方面:

第一,土地为城市提供基本生产要素。城市化表现为人、财、物各类生产要素的聚集,形成规模经济,其前提是集中统一的城市土地开发。总体来看,城市综合开发是科学建设城市的机制,是以地方政府及各城市职能部门作为建设主体,依据城市土地利用和城市建设规划,向城市各个生产部门提供土地空间的政治经济过程。城市综合开发的首要目标是进行"集中型城市化",提高土地资源的利用效率。城市土地制度及其一系列的改革完善,最基础的作用就是为城市发展提供充足的发展空间。

第二,土地上附着产业的发展为城市经济增长提供基础和支撑。城市产业结构刻画了城市经济中各产业之间相互联系、相互依赖、相互制约的关系。一定时期内,城市产业结构与城市土地资源的利用结构存在着对应关系。一般而言,城市土地利用结构构成了城市产业结构布局与发展的基础,同时城市产业结构的变动也将会在城市土地利用结构中体现。低价土地支持了高速工业化和出口导向工业的发展。地方政府以低价土地进行招商引资,以政府财力补贴工业用地的成本,降低了工业、企业的生产成本,为高速工业推进提供便利。土地对城市产业发展及调整的作用不可忽视。首先,一个国家从农业经济向工业经济、从乡土社会向城市社会的转变是一个动态的过程,土地的重要性及其作用方式也是一个动态的变化过程。随着结构转变,土地作为农地的经济重要性会不断下降;在结构转变阶段,土地的再配置功能与资本化作用增强;随着结构转变趋于稳态,经济发展主要取决于创新和技术进步,土地的整体作用将下降。其次,经济发展被定义为从农业经济向工业经济和城市经济的结构转变。但是,结构转变的再配置效应只是来自由于劳动力从低生产率的农业部门向高生产率的工业和服务业部门配置带来的生产率提高。事实上,结构转变不仅是人口和劳动力从农村社会向城市社会的再配置,也发生了土地从农业用途向工业和城市用途的转换。土地在不同经济活动间再配置产生的价值增值无论如何不能被忽略。通过资本积累促进工业化成为发展中国家实现经济起飞的主要途径。但是,在发展中国家的经济发展中,土地无疑是创造资本的最重要来源。土地在经济活动之间的再配置,带来土地价值的增值,通过土地增值价值的捕获可以为经济发展带来巨额资本。最后,结构转变的启动与演化离不开制度的作用和制度变迁的推动。发展中国家的土地产权和配置方式一般低效,通过完善制度安排和增强市场配置功能,选择相应的产业,可以大大增加土地资本化收益和资源配置效率。因此,土地制度的配置效应以及土地制度安排与变迁对产业转变的作用,是发展中国家从农业社会转型为城市社会的重要力量。

第三,土地制度与提供城市资本。土地招拍挂制度建立以来,地方政府"吃饭靠财政、建设靠土地"的格局逐渐形成。地方政府依靠土地出让收入和通过土地储备中心及各类融资平台,以土地抵押担保获取大量银行贷款,提供土地开发和基础设施建设的资金来源。在快速城镇化过程中,土地资本化起了非常重要的作用。具体表现为,在城市用地方面实行有偿使用和经营性用地的招拍挂政策加快实现了土地从资源、资产到资本形态的转换,使地方政府财政能够获取土地资本化的最大收益,筹措到城市投资所需要的巨额资金。但是,这种模式也日益显露出弊端,即城市的自身运转和当地发展越来越离不开土地。这种高度依赖土地的增长方式,具有不可持续发展的潜在风险。

2. 土地制度变革与深圳城市发展分析框架

我国城市化进程与土地制度变革息息相关,深圳城市发展与全国城市化发展相似却不相同,大致经历了三个阶段(见图 2-1)。[①] 从深圳的发展历程中,可以清晰地看出土地制度与城市化发展互进互促、交织深化的脉

---

① 未来发展方向及政策建议不在此处展开说明。

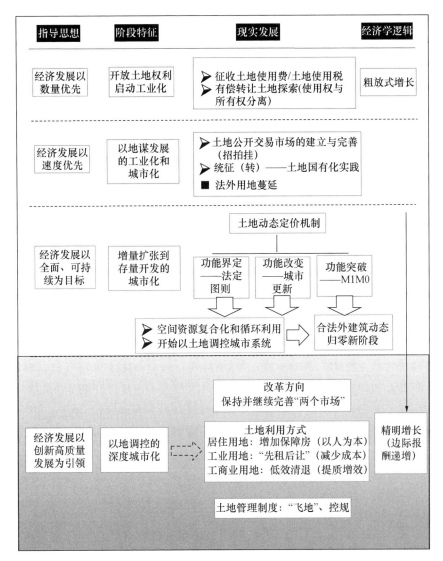

图 2-1 土地制度变革与深圳城市发展框架图

络。深圳的土地制度改革始终围绕城市发展需求,在市场化的道路上不断深耕,从最初的土地使用权商品化尝试探索到土地商品化完善,再到土地动态定价机制的完善,其背后是城市发展与土地供应、土地需求结构调整的逐渐匹配。

(1) 土地商品化探索——开放土地权利启动工业化

深圳特区成立初期实行的是土地供应无偿、无限期流动的制度安排，不产生土地级差收益。当年有关文件中规定："国营企业经市人民政府批准占用的土地，不论是拨给公产或是出资购买，均应作为该企业的资产，不必再向政府缴纳租金或使用费；机关、部队、学校经政府批准占用的土地，亦不缴纳租金或使用费。"显然，城市土地无偿使用制度是计划经济体制下的产物。用行政手段计划分配城市土地的制度，虽然在防止土地投机买卖方面具有重要的意义，但的确存在不少弊端。首先，因为使用土地不需要付出任何经济代价，许多单位采取多报少用、早征迟用甚至占而不用的手段，从国家手中获得大量多余的土地，非工业化和城市化用地现象屡见不鲜，造成了土地资源的巨大浪费。其次，虽然国家法律明令禁止土地的非法出让和买卖，但土地的无偿划拨体制却为一些单位提供了推行土地私下交易、从中牟取暴利的可乘之机。再次，土地的无偿和无限期占用，给城市的合理规划带来了严重的障碍。最后，这种做法不利于正确地评价企业的生产效益和体现按劳分配原则，同时容易造成各个土地使用者之间的利益不均等。一方面是土地使用者自发地将土地投入"隐形市场"而获取报酬，导致国有土地绝对地租的流失；另一方面是土地使用者凭借占据城市较好区位和国家对土地的连续投入而获取超额利润，导致国有土地级差地租的流失。

从1982年开始征收土地使用费到1987年开始探索土地有偿出让，再到1990年《城镇国有土地使用权出让和转让暂行条例》，其背后都是土地商品化的不断探索。最终的条例对土地使用权出让、转让、出租、抵押、终止等问题作出了明确规定，通过土地所有权与使用权的分离，赋予用地者更长年期和更完整的权利，既增加了土地权利的价值，又使政府的土地所有权价值得以显化和实现。通过土地的有偿使用，经营性用地甚至工业用地的招标、挂牌、出让，以及抵押金融获取土地增值价值，土地的资产价值大幅提升。随着土地制度改革,政府关闭农民集体建设用地市场,以及规划、用途、年度指标、督查等一系列制度的强化,政府垄断土地市场的程度和实施能力逐渐提高,政府通过垄断土地实现的租金也大量增加。通过土地使用制度的不断改革,土地从无偿到有偿使用,到招拍挂出让,到土地抵押的金融,土地资本化程度不断提高,为结构转变创造了巨额资本,深圳借此初步建立了产业发展资本市场体系雏形。深圳在土地商品化探索期间,通过开放土地权利启动并发展工业化,全市常住人口增长近9倍、就业人口增长近13倍、地区生产总值增长近162倍、人均生产总值增长约21倍。深圳通过早期的土地商品化探索,重点发展劳动密集型产业,初步形成了外向型的工业发展格局,重工业地位也逐步提升。

表 2-1 土地制度变革各阶段城市发展情况

	土地商品化探索		土地商品化完善		土地动态定价机制完善	
	1979年	1992年	1993年	2005年	2006年	2016年
常住人口(万人)	31.41	268.02	335.97	827.75	871.10	1190.84
就业人员(万人)	13.95	175.97	220.81	576.26	609.79	926.38
地区生产总值(万元)	19638	3173194	4531445	50357678	59206612	200797043
人均生产总值(元/人)	606	12827	15005	61844	69702	172453

资料来源:深圳市统计局:《深圳统计年鉴 2018》,http://tjj.sz.gov.cn/nj2018/nianjian.html? 2018,2020年7月23日访问。

(2) 土地商品化完善——以地谋发展的工业化和城市化

① 土地公开交易市场建立与完善

尽管早在1987年深圳就以"土地拍卖第一槌"为契机开启了土地有偿出让制度的改革,也较早地在特区法规层面规定了有关出让经营性土地的条文,但这种改革并非完全意义上的市场化改革,尤其就"地价"而言,起初的它仍然带有一定的计划性,并不一定能真实地反映出土地的市场价值。

更何况,实践中的协议出让方式仍然是获取土地使用权的主要形式,很快便显露出计划体制束缚下的弊端,最直接的表现是不能引入竞争机制、土地作为稀缺资源的属性得不到应有的体现,同时还为权力和利益的交换创造了空间,城市在取得发展的同时也存在很多制度性漏洞。为此,深圳于1998年2月6日正式颁布实施《深圳经济特区土地使用权招标、拍卖规定》,在全国首次确定所有特区内经营性用地的土地使用权,一律按招标、拍卖方式出让这一市场化出让土地的基本原则。

需要说明的是,深圳经济特区最初选择在商业、旅游、娱乐、商品房等经营性用地领域以招标、拍卖等市场化方式出让土地,而对工业用地的取得保留了协议出让这一非市场化的方式,初衷是为了保证在工业化初期以相对较低的土地价格和优惠政策扶持工业项目。但实际上,即便是在经营性用地领域,起初政府以招标、拍卖方式出让的比例也不高。直到20世纪90年代中后期,仍然以协议这一非市场化出让方式为主。有资料显示,从产生非市场化出让土地的1987年直至1999年,深圳每年通过协议出让的土地占90%左右,利用拍卖或招标方式出让的土地只占10%。原因在于,深圳客观上存在着一个进行隐性土地交易的二级市场,①在这个市场上,部分企业变相以较低于政府出让价的售价出让最初以行政划拨或低价协议出让方式获得的土地(含经营性用地和工业用地),但囿于"空地"(地上无建筑物、未开发的土地)不得转让的法律规定,这种隐性交易往往以"合作开发""合作建房""利润分成"的形式掩盖。通过这种手段,一般土地使用者(受让方)能以相对低于政府出让价的售价获取土地,而土地转让者恰恰是起初无偿或以协议出让方式低价获得土地者。此外,也有部分用地单位利用土地管理制度不规范的漏洞,在无偿取得非经营性土地,并补交一定地价后,申请将该土地变更为经营性用地,从事房地产开发。该两种获取土地资源的隐性渠道直接扼制了土地使用者通过招标、拍卖渠道获取土

---

① 房地产开发商根据土地使用合同的要求将建好的房屋连同土地使用权转让给受让者的市场。

地的正常需求。为此,深圳市国土局于 1998 年加强了土地的清理、回收工作,共清理历史用地、划拨用地 80 宗,此类土地面积约 30 万平方米。①

为防止协议出让土地这一非市场方式占比过大,以及隐性土地交易市场带来的不利影响,深圳经济特区于 2000 年前后进行了新一轮土地制度改革,并产生了三个方面的重要影响:第一,1998 年《深圳经济特区土地使用权招标、拍卖规定》在全国首次确定所有特区内的居住用地、商业用地、加油站用地等经营性用地的土地使用权出让一律按招标、拍卖这种市场化方式进行,同时将适用协议出让方式的土地范围严格限制在工业用地以及财政全额投资的公益性、非营利性用地方面。资料表明,深圳实行此项制度改革的当年(1998 年),对经营性用地一律实行了招标、拍卖,成交土地面积为 13.39 万平方米,总成交价为 3.31 亿元。② 第二,其创新的土地使用权公开出让方式——挂牌出让③,为 2002 年国土资源部发布的《招标拍卖挂牌出让国有土地使用权规定》所肯定,从而使得该项制度得以在全国广泛推开。据统计,2001 年深圳在土地有形市场成功转让的 24 块土地中拍卖成交的有 3 块,面积为 3.34 万平方米,成交金额为 8430 万元;挂牌成交的有 21 块,面积为 30.90 万平方米,成交金额为 42256.6 万元。④ 这说明,以挂牌形式转让土地使用权的比例迅速提高。第三,为了遏制土地使用权出让及转让环节的投机行为,深圳于 2000 年设立了专门的土地交易市场,并于 2001 年 3 月 6 日颁布实施《深圳市土地交易市场管理规定》,其中明确:经营性土地出让和转让必须在专门的土地交易场所进行;房地产管理部门不再审批合作建房事项,土地转让、受让须进入土地交易市场;以协议方式取得的土地,在补交市场地价后也须进场交易。资料显示,2001

---

① 参见《深圳房地产年鉴》编辑委员会编:《1999 深圳房地产年鉴》,海天出版社 1999 年版,第 73 页。
② 同上书,第 340 页。
③ 政府土地行政主管部门发布挂牌公告,按公告规定的期限将拟出让宗地的交易条件在指定的土地交易场所挂牌公布,接受竞买人的报价申请并更新挂牌价格,根据挂牌期限截止时的出价结果确定土地使用者的行为。
④ 参见《深圳房地产年鉴》编辑委员会编:《2002 深圳房地产年鉴》,海天出版社 2002 年版,第 56 页。

年,深圳土地转让面积共计 34.24 万平方米,成交金额为 50686.6 万元,高出底价 3000 万元。当年全市国土基金收入 109 亿元,完成计划的 118%,国土基金同期支出 87 亿元。①

可以认为,与经营性用地方面的制度改革相比较,在工业用地领域,即便是经济特区在实行土地有偿使用制度后的较长时期内,尤其是在土地供应重点倾斜的产业用地领域,协议出让方式也一直占据主导地位。它在深圳工业化初期对于引进重要项目、推进经济发展起了一定的积极作用。但随着时间的推移,这种出让方式所固有的低价、无竞争的弊端日益显露,且不断加剧土地资源的浪费和粗放利用,这与特区内因急速发展导致的土地资源总量不足和后续可建设用地分散不成规模带来的质量问题形成了尖锐的矛盾。为应对土地资源的持续紧缺和低效利用,深圳采取了两条应急之策——加快城市化步伐和实行土地收购储备机制②,这为推行工业用地市场化的改革有效地提供了资源保障。与此同时,鉴于全国城市化进程中土地资源利用存在同样的问题,中央政府开始推动工业用地的市场化出让工作,具体体现在 2004 年 10 月国务院下发的《国务院关于深化改革严格土地管理的决定》中。2005 年中共中央《建立健全教育、制度、监督并重的惩治和预防腐败体系实施纲要》进一步提出要严格控制划拨用地和协议出让土地范围,逐步把工业用地纳入招拍挂范围。深圳于 2005 年 12 月在土地交易有形市场上公开出让首宗工业用地,这标志着深圳率先将以市场化方式配置土地资源的范围从经营性用地扩大到工业用地领域。其效果显著体现在:工业用地的市场化出让使政府从中获得了较高的土地收益(2005 年、2006 年的前两次挂牌出让的用地分别以底价的 3.6 倍和 3.9 倍成交);企业通过市场化方式获取的产业用地使用权可自由转让,以激励经

---

① 参见《深圳房地产年鉴》编辑委员会编:《1999 深圳房地产年鉴》,海天出版社 1999 年版,第 56、303 页。
② 所谓土地收购储备制度就是由政府委托的机构通过征收、收购换地和到期回收等形式,从分散的土地使用者手中,把土地集中起来,并由政府或政府委托的机构组织进行土地开发。在完成了拆迁和土地平整等一系列前期开发工作后,根据城市土地出让计划,有计划地将土地投入市场。2005 年年初,深圳土地储备中心正式挂牌。

营不善的企业及时退出市场,提升土地置换的效率,使工业用地可循环利用;政府可借行业类型、投资强度、土地产出率和建筑容积率等硬性指标的设定,通过市场有效选择企业,优化商资,从而引导区域产业的合理布局和优化升级,提升产业用地集约利用水平,彻底改变政府供应产业用地跟着招商走的被动境地。

深圳在这一阶段正式形成土地交易的有形市场,标志着继"第一拍"、首创经营性土地招拍挂以来,深圳经营性国有土地使用权的市场化出让体系初步建立,土地的商品化属性进一步确认。此次土地制度的重大变革对于促使土地要素市场的发育,遏制经营性用地的投机行为、减少土地的闲置和浪费以实现国有土地市场价值,盘活存量土地,根据市场需求调整供应结构,根据城市战略协调发展并促进土地的集约利用等都具有重大意义。深圳在这一阶段正式开始了通过土地配置发展城市,在获取土地出让收入的同时,增加城市发展带来的税收。此外,在住房制度改革的大背景下,建筑业税收和土地相关税收也大幅增长,进一步为城市发展助力。

② 征(转)土地国有化实践

1992年邓小平南方谈话之后,深圳的发展速度更加迅猛,平均每年新增建成区面积为35平方千米,相当于东部一个中等县级市的市区面积。受特区内土地日益紧缺的限制,1992年6月深圳市政府出台《关于深圳经济特区农村城市化的暂行规定》(以下简称《暂行规定》),[①]对原特区内农村实施城市化统征工作,实现了农村转为城市、村民转为市民。此外,自20世纪80年代中后期开始,政府逐步划定了原农村用地红线。在城市化统征时,一方面政府与原农村集体签订了征地补偿协议(除上述用地外),另一方面在已有用地红线基础上,政府又一次性划定一定数量的留用地(已办征地补偿手续)给集体。政府对原集体组织实行如下补偿:一是收归国有的土地按照征地补偿价款给予一次性现金补偿;二是根据社区人口

---

① 1998年《中华人民共和国土地管理法实施条例》第2条规定,农村集体经济组织全部成员转为城镇居民的,原属于其成员集体所有的土地属于全民所有即国家所有。

和户数，划定每人100平方米工商发展用地、户均100平方米私宅用地、户均200平方米公共基础设施用地，规定土地性质为国有土地，视为行政划拨用地；三是政府通过鼓励和支持居民就业、集体经济参与社会保险和福利等方面充分保障社区经济的发展。

《暂行规定》出台以后，深圳将特区内的罗湖、福田、南山的68个行政村、173个自然村和沙河华侨农场改建为100个居委会、66个集体股份合作公司和12家企业公司，初步完成了深圳经济特区内的农村城市化转轨。特区内城市化统征工作促使了原集体经济组织股份公司的转型和发展，使股份公司通过土地入股或发展实业分工等方式充分参与了城市化进程。至2002年6月，沙头角镇撤镇设街道办事处，第一轮城市化宣告结束，特区内4.6万农民陆续转为城市居民。

随着社会经济的不断发展，深圳依然面临土地资源稀缺的瓶颈制约且饱受原特区外集体土地肆意乱建的局面。为有效控制原特区外集体土地的非法侵占，以及集体和农民肆意修建厂房和私宅出租的现象，有效进行土地管理，保障城市发展需要，[1]2003年至2004年，深圳市政府先后发布《中共深圳市委、深圳市人民政府关于加快宝安龙岗两区城市化进程的意见》与《深圳市宝安龙岗两区城市化土地管理办法》，把1992年特区内统征扩大到特区外（原宝安、原龙岗两个区），覆盖深圳全境。至此，深圳正式启动全城城市化转地工作，共涉及原宝安、原龙岗两区18个镇218个村民委员会，共计27万村民。

1992年的特区内统征最大限度地从现金、土地返还、社区经济发展和社会保障等多方面保障村民利益。在经济快速发展的初期阶段，通过鼓励社区发展、集体入股分红等模式，使集体充分参与城市化进程，村民也通过土地和物业的升值充分享受到了城市化发展带来的红利，集体和村民收益的绝对值和比例都得到了大幅度提升。在城市化统征过程中的综合补

---

[1] 参见刘芳、邹霞、姜仁荣：《深圳市城市化统征（转）地制度演变历程和解析》，载《国土资源导刊》2014年第5期。

偿模式中，承认了集体和农民的部分发展权，保障了利益主体分享土地增值收益的权利和土地增值收益的未来预期。但由于土地必须先国家化，才能市场化的二元土地制度让土地所有权被有回赎期的土地使用权分割，因此多方都拥有土地未来收益，这降低了土地市场和土地利用的效率。

在 2004 年的城市化统一转地中，政府仍然基本延续城市化统一征地时的政策，给予原农村集体综合性补偿。尽管城市化转地的补偿方案对城市化过程中的人员安置作出了更大范围的补偿和补助，进一步保障了集体和原村民的利益，但它忽略了城市发展是一个动态过程。经过十年的城市化发展，土地收益剧增，进一步提高了集体和原村民对于土地收益的预期，以社保、基础设施等福利换取土地的方式不再吸引集体和村民，对土地和房产权利意识的觉醒让他们更加意识到拥有土地和房产的重要性。随着土地资源的日益稀缺，集体和原村民自发利用土地抢建的行为开始一发不可收拾。

深圳通过 1992 年的城市化统征与 2004 年的城市化统征（转）实现了全城土地的国有化，终结了原国有土地和集体用地并存的二元格局，为城市发展存留了大量土地资源。深圳在征转土地国有化实践阶段，正式开启了"以地谋发展的工业化与城市化"。这一时期，全市常住人口增加 250%、就业人员增加 260%、地区生产总值增加 11 倍、人均生产总值增加 410%。经过两次土地全盘国有化的推进，深圳全部土地在名义上归为国有，也因此消除了此时在全国其他城市尚存的城乡二元体制。但是，在深圳的全盘国有土地之内，大量土地并没有完成相应的补偿返还手续，实质上依然属于村集体及股份公司所有，产生了事实产权与法律产权相互矛盾的结果，生成了一个深圳独有的新二元构造。[1]

③ 土地动态定价机制完善——从增量扩张到存量开发的城市化

---

[1] 参见北京大学国家发展研究院综合课题组：《深圳土地制度改革研究报告》，https://www.nsd.pku.edu.cn/cbw/yjbgxl/250859.htm，2020 年 7 月 23 日访问。

尽管就土地的集约利用而言，深圳经济特区领先全国不断创新用地机制，但认真审视改革开放后30多年的土地利用总体状况，不难发现，这种过多依赖土地红利的扩张模式和格局始终未被打破。在进入高度城市化时期以后，深圳仍然面临着土地空间不足、存量土地粗放低效利用、土地利用方式落后等难题。截至2011年年底，深圳建设用地面积与土地总面积的比例已接近50％，结合《深圳市土地利用总体规划（2006—2020年）》所确定的"2020年，建设用地比例控制在市域面积的50％以内""禁止建设区……总面积48264公顷，占市域土地总面积的24％"等土地利用主要控制指标，不难看出，此后深圳增量土地总面积仅为50平方千米左右。与此同时，原农村集体（尤其是原特区外）实际占有大量土地，却因土地权益不明晰，缺乏相关政策支持，无法入市交易。为有效突破土地短缺的瓶颈，深圳又筹划了新一轮的"土改"，旨在加大力度解决土地增量不足和存量土地的集约利用问题。其具体思路体现在国土资源部和广东省人民政府于2012年2月联合批复的《深圳土地管理制度改革总体方案》中。其中，有关土地出让制度的改革抓手主要是率先在拓宽入市土地范围（增加集体工业用地入市）与土地出让的溢价收益分配和产权归属上进行探索。另外，于所出让土地的供地一端，在涉及战略性新兴产业或政府鼓励支持的产业用地出让方面，实行差别化供地政策，包括优先供地（对战略性新兴产业、现代服务业等符合深圳产业发展导向的产业优先）、区别地价（对战略性新兴产业等给予最高50％的地价优惠，对落后产能最高提高100％的土地资源使用成本）、区别供地年限（国家规定最高50年使用期，深圳为体现"节约集约"规定最高30年，而且不设下限）。

就土地出让范围的改革而言，按照十八届三中全会建立统一建设用地市场的要求，以及《深圳市人民政府关于优化空间资源配置促进产业转型升级的意见》及其6个配套文件中"原农村集体经济组织继受单位实际占用的符合城市规划的产业用地，在理清土地经济利益关系，完成青苗、建筑物及附着物的清理、补偿和拆除后，可申请以挂牌方式公开出（转）让土地使用权"的精神，主要探索在符合规划和用途管制前提下，建立集体经营性建设用地的出让、租赁和入股机制,以及纠正以往土地溢价收益主要归于政府的利益分割模式。此次改革,有两种收益分配方式可供选择:第一种方式是将所得收益的50%纳入市国土基金,另外50%归原农村集体经济组织继受单位;第二种方式是将所得收益的70%纳入市国土基金,剩余30%归原农村集体经济组织继受单位,并可将不超过总建筑面积20%的物业用于产业配套。作为试点的首例出让实践活动已于2013年12月成功实施。这种新型的土地出让方式不仅转变了土地性质,还增加了土地附加值和地方税收增加的预期,实现了政府、企业和原农村集体经济组织继受单位(村集体的继受者多为股份公司)间的"三赢",尤其对原农村集体经济组织继受单位而言,有效避免了20世纪80年代末以来集体土地上单一的低租金收益和自20世纪90年代末开始尝试的独资开辟新型经营业务所面临的市场风险。就土地收益的分配而言,值得关注的是,即便在上述相关文件中,也还保留有一种"五五分成"的分配方案。但此次试点案例却选择了让原农村集体经济组织在享有部分物业的基础上,与政府以"三七"比例分享土地出让收益,打破了"五五分成"的固定模式。此外,就出让价格而言,此前原农村集体经济组织的部分土地常以非市场化方式操作,虽然按照基准地价出售,但因"贱卖"而屡遭诟病。而改革后采用的招拍挂等市场化操作方式,不仅交易价格公开透明,让土地兑现了其应有的价值,且原村集体组织成员在获取货币补偿的同时还可继续享有部分不动产物业。

  深圳在这一阶段正视存量用地再开发,统筹协调"存量"与"增量",强调空间资源复合化和循环利用。深圳开始将土地供应作为调控城市系统运行方向的"节点开关",通过对城市空间资源的重新配置,来撬动产业结构、就业人口乃至社会结构的整体联动转型,进而实现经济增长与用地、人口、环境、资源的协调。深圳对于将土地作为城市转型调控工具进行了重新认识。土地资源应以发展和动态的眼光来认知,同样的土地资源因其所处的空间和时间节点不同而具有不同的功能、作用及价值。此外,深圳通过顶层设计规划、存量土地二次开发和土地功能属性细分化改造等手段深化土地制度改革,完善土地动态定价机制。以法定图则为代表的顶层规划设计为初步确立土地功能属性奠定了坚实的基础,以城市更新为代表的存量土地二次开发为土地功能属性变更提供了市场化、规范化、系统化的途径,以旧工业区改造为代表的政策为了促进城市产业转型升级开展了对土地功能属性细分化突破的探寻。① 可以看出,深圳依靠观念、制度和组织创新,在坚持全面、可持续发展的指导思想下,通过一系列政策手段探索完善土地动态定价机制与利益分配机制,顺利从增量扩张转至存量开发阶段,在土地财政依赖度较低的背景下(见图 2-2)不断规范完善。在下一阶段中,需在以经济创新高质量发展为引领的指导思想下继续深化改革,建设突出后工业化城市文明色彩的、以人为本的多元化城市,顺应全国改革转型的趋势,继续发挥创新探索作用。

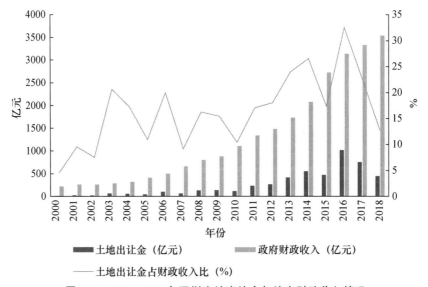

图 2-2　2000—2018 年深圳土地出让金与地方财政收入情况

资料来源:深圳市统计局:《深圳统计年鉴 2018》,http://tjj.sz.gov.cn/nj2018/nianjian.html? 2018,2020 年 7 月 23 日访问;袁琳:《深圳土地改革的回顾与展望》,载《证券导刊》2012 年第 24 期。

---

① 详见本书第三章第一节。

（三）
合法外建筑演变历程解析

在前期探索土地使用权商品化属性与定价机制中，深圳率先探索了包括首次有偿转让国有土地使用权、建成全国首个商品房小区、率先完成全市域城市化等一系列改革创新。在这一系列探索的背后，可以发现土地使用权商品属性的确认、土地使用权商品化定价机制的建立以及土地属性转变的补偿机制建立的雏形。

在20世纪80年代香港大量劳动密集型产业外迁的背景下，深圳原特区外"三来一补"（来料加工、来样加工、来件装配和补偿贸易）工厂大规模引入。村集体组织与原村民根据当时有关政策，为"三来一补"企业提供了相对廉价的生产、办公、居住场所，有效降低了外商投资企业和乡镇企业等内资企业的生产经营成本。这部分用地在一定程度上支撑了深圳的快速发展，为深圳快速工业化发展打下了夯实的基础，但同时也形成了一定规模的合法外建筑，对未来深圳城市统一规划下的建设发展有一定的潜在负面影响。再加上随着深圳的飞速发展，土地使用权的预期收益和其动态定价机制并未完全同步，因此，在保障自身利益的前提下，在集体和原村民中出现了"违建"和"抢建"的高潮，这进一步扩张了合法外建筑规模。

总体来看，合法外建筑粗放式的土地利用方式降低了土地资源利用效率，在深圳有限的土地空间内，进一步激化了深圳土地供需矛盾。在深圳存量用地开发阶段，如何处理大量产权与实际使用权分离的历史遗留的合法外建筑是土地制度改革的关键问题之一。

1. 蔓延阶段(2004—2009年)①②

解决历史遗留问题的核心是完善市场动态补偿价格机制。价格是资源配置的信号,只有通过不断完善动态定价机制确定价格后方能有效配置资源。在传统补偿价格机制的动态调整功能不足,无法适应快速城市发展下的土地预期收益增长的同时,土地预期收益与赔偿价格差价迅速扩大。在深圳经济特区范围扩大至全市之前,特区立法权无法适用于原宝、安龙岗两区,导致在相当长时间内存在"一市两法"问题,无法对原特区外快速增长的合法外建筑进行有效监管(详见专栏2-2)。2004—2009年,全市合法外建筑面积从2亿平方米上涨至3.94亿平方米,年均增幅近15%,占全市建筑面积比例维持在50%左右,随深圳发展快速蔓延。合法外建筑改造赔偿标准不断提高,但赔偿标准与同期房价差价不断上升,由2004年的5000元/平方米升至2009年的6636元/平方米(见图2-3)。事实证明,不完全市场化的传统补偿价格机制无法有效遏制合法外建筑蔓延。在经济快速发展、土地大幅升值的背景下,只有设置与之匹配的市场化动态赔偿价格机制方能有效定价。由此,以城市更新政策为代表的新机制应运而生,通过规范市场主体行为,在存量土地二次开发过程中以合理确定功能分区、落实公共配套设施等手段进一步推进改造。

2. 平缓阶段(2009—2014年)与减量阶段(2014年至今)

城市更新在引入市场主体后通过多轮价格博弈在一定程度上满足了原村民对合法外建筑的土地收益预期,以市场化手段建立了相对合理的动态土地定价机制。2009—2014年合法外建筑从迅速蔓延阶段转至平缓阶段,面积由3.94亿上涨至4.28亿平方米,年均增幅下降至2%。同期,赔

---

① 参见深圳市统计局:《深圳统计年鉴2018》,http://tjj.sz.gov.cn/nj2018/nianjian.html?2018,2020年7月23日访问;袁琳:《深圳土地改革的回顾与展望》,载《证券导刊》2012年第24期。

② 有关合外法建筑的最早数据为2004年,故本书分析起始于2004年。

偿差价由 6636 元/平方米回落至 4500 元/平方米。2014 年后，土地预期收益与赔偿价格的差距进一步降低，由 2014 年的 4500 元降至 2017 年的 3300 元。合法外建筑正式从平缓阶段迈入存量减缓阶段，全市合法外建筑面积由 4.28 亿平方米回落至 3.91 亿平方米，[①]减量速率呈逐年上升的良好趋势（见图 2-3）。

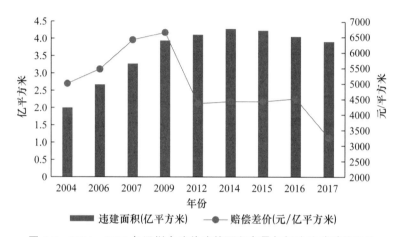

图 2-3　2004—2017 年深圳合法外建筑面积存量与拆建改造赔偿差价

资料来源：2006 年和 2007 年合法外建筑面积数据为线性模拟结果，其余年份数据来自深圳市规划和国土资源委；2004—2009 年赔偿差价计算参照《深圳城中村（旧村）改造暂行规定》赔偿标准；2012—2017 年赔偿差价计算参照《深圳市城市更新办法实施细则》赔偿标准。

在遏制"合法外建筑"增长的背后，是有效市场和有为政府的有机结合。首先，政府实事求是地对不同时期产生的违建进行区分处理，承认早期合法外建筑产生的历史客观性，严禁立法后违建。其次，通过不断提升管制水平与技术、严格执行有关条例、大幅度提高违法建设的边际成本，控制合法外建筑的增量。再次，在市场化过程中保持城市公共空间及功能，在承认市场主体逐利改造的合法性和合理性的同时，以"20-15"准则保障城市发展所需的公共空间，避免过度市场化对公共服务用地的挤压。最

---

① 2017 年违建存量数据根据深圳市规划和国土资源委工作报告估算。

后,以不断完善的动态定价机制逐步满足利益相关方对法外土地的预期收益,通过谈判、广泛参与、信息公开等方式实现土地合理定价,通过功能细分的土地基准价格机制落实级差改造赔偿标准。

但是,尽管目前消除合法外建筑的形势良好,但距离全面消除合法外建筑仍存在着较大的差距。根据目前消化速度(自2014年峰值)线性估算,消除全市违建还需至少40年的时间。① 在逐渐消除的过程中,如何协调城市发展需要同二次开发的综合效益是深圳下一阶段深化土地制度改革必须解决的问题之一。

专栏 2-2 合法外建筑分区蔓延分析

在解析深圳"法外用地"的蔓延与平缓时,不能仅仅将全市当作一个整体,而是应该尊重历史、实事求是,将1992年城市化统征的主体(原特区内)与2004年城市化统征(转)的主体(原特区外)区分开来。

2004—2014年,原特区内合法外建筑面积由4亿平方米增至5.6亿平方米,原特区外合法外建筑面积由1.6亿平方米增至3.7亿平方米。在这十年中,原特区内合法外建筑面积增长了40%,而原特区外合法外建筑面积则增长了130%(见表2-2),原特区外违建的增速远超过原特区内。此数据说明原特区内新增违建逐渐平缓,而原特区外新增违建则持续飙升。

表 2-2　2004—2014 年深圳原特区内外合法外建筑面积比较

单位:亿平方米

	2004 年	2014 年	十年新增
原特区内合法外建筑面积	4.0	5.6	1.6
原特区外合法外建筑面积	1.6	3.7	2.1

造成原特区内外新增违建趋势不同的主要原因有两点:一是原特区内

---

① 估算深圳近年来年均拆违约为1500万平方米,其中,约50%为存量合法外建筑建筑。加上城市更新与土地整备确权的合法外建筑建筑,则深圳年均消除存量违建约为1000万平方米。

外工业化程度不同。合法外建筑与劳动密集型产业自20世纪80年代开始就息息相关。原特区内率先完成从劳动密集型向技术密集型与资本密集型产业的转变,因此对于廉价、粗劣的合法外建筑的需求较低。如今,原特区外正逐步完成产业升级转型,劳动密集型产业也将进一步迁出至周边城市或郊区,充分发挥粤港澳大湾区都市群的协同发展作用。二是原特区内外征(转)地的历史背景不同。由于1992年的城市化统一征地刚好处于深圳经济快速发展初期,集体与原村民在转变为市民的同时充分参与了城市化进程,享受了城市化发展带来的福利。但2004年的城市化统一转地处于完全不同的时代背景,在十多年的快速城市化发展下,土地增值收益飙升,原村集体和原村民对于统转的赔偿认可度较低,对土地收益和对土地收益分配机制的预期不断提高。同时,2005年广东出台了《广东省集体建设用地使用权流转管理办法》,该办法规定集体土地可以直接进入市场转让。尽管该办法并没有得到落实,但却进一步提升了集体和原村民的预期。

三
探索中不断规范完善的进展结果

深圳的土地制度在观念突破、制度和组织创新的基础上逐步完善,深圳持续探索土地细分化定价机制与利益分配机制,并在过程中取得了一定的成果。在尊重市场价格的大前提下,通过不断规范有关政策法规完善土地市场机制,体现了土地细分化定价的经济学逻辑。

(一) 政策规划变革历程

深圳土地制度改革一路走来,政策方法不断完善和创新,通过顶层设计规划、存量土地二次开发和土地功能属性细分化改造等手段深化城市发展中的土地制度改革,为违法建筑查处类政策的细化(详见专栏3-1)提供了有力的支撑。以法定图则为代表的顶层规划设计为初步确立土地功能属性奠定了坚实的基础,以城市更新为代表的存量土地二次开发为土地功能属性变更提供了市场化、规范化、系统化的途径,以旧工业区改造为代表的政策为完成城市产业转型升级开展了对土地功能属性细分化突破的探寻。

专栏3-1 违法建筑查处政策演化路径

1992年特区内统征的土地改革开始后,深圳走出了城市化的第一步。此时深圳各类违法建筑多如牛毛,深圳市政府针对违法建筑问题出台了多部政策法规①，但深圳抢建风潮并没有就此停止，深圳全市违法建筑总量反而迅速飙升。2001 年，市政府出台了《深圳经济特区处理历史遗留违法私房若干规定》和《深圳经济特区处理历史遗留生产经营性违法建筑若干规定》(以上两文件合称"两规")，对历史遗留私房和生产经营用房进行了界定，提出了"用地红线"②"480 平方米、一户一栋"③等概念，并且规定了如缴纳罚款、补交地价、完善用地手续后予以确认产权或直接查处等多种处理方式。

2004 年，深圳在原特区外实施统转，同年《深圳城中村（旧村）改造暂行规定》出台，提出由市政府统一规范全市城中村（旧村）改造工作，改造原则强调规划先行，于是城中村改造首次启动。2004 年 10 月，深圳出台《中共深圳市委、深圳市人民政府关于坚决查处违法建筑和违法用地的决定》，④明确对 2004 年 10 月 28 日后新产生的违法建筑有一栋拆一栋，开始

---

① 1993 年《深圳宝安区、龙岗区规划、国土管理暂行办法》与 1995 年《深圳经济特区规划土地监察条例》首次界定了违法建筑；1999 年《深圳市人民代表大会常务委员会关于坚决查处违法建筑的决定》要求，将该决定颁布实施之前发生的违法建筑作为历史遗留问题来处理，对之后发生的违法建筑坚决依法清理、拆除。

② 对于历史违建，以在原农村用地红线为界线。对于在用地红线内的，不管是原村民还是非原村民所建，均通过缴纳罚款、补交地价、完善用地手续后予以确认产权，只不过原村民和非原村民罚款和补交地价的标准有所差别。而对于不确认产权的违法建筑，则按照《土地管理法》《中华人民共和国城市规划法》(以下简称《城市规划法》)《深圳经济特区规划土地监察条例》和其他有关法律、法规的规定予以查处。

③ 原村民在原农村用地红线内所建违法私房符合"一户一栋"原则、总建筑面积未超过 480 平方米且不超过四层的，免予处罚，由规划国土资源部门确认产权。建房者申请补办确认产权手续时，应补签土地使用权出让合同，免缴地价。原村民在原农村用地红线内所建违法私房符合"一户一栋"原则、总建筑面积在 480 平方米以上 600 平方米以下或四层以上七层以下的部分，由规划国土资源部门按建筑面积每平方米处以 20 元以上 50 元以下罚款，确认产权。建房者申请办理确认产权手续时，应补签土地使用权出让合同，免缴地价。原村民在原农村用地红线内所建违法私房符合"一户一栋"原则、总建筑面积超过 600 平方米或者超过七层的部分，由规划国土资源部门按建筑面积每平方米处以 50 元以上 100 元以下罚款，确认产权。建房者申请办理确认产权手续时，应补签土地使用权出让合同，免缴地价。

④ 明确以 1999 年 3 月 5 日为界限，对 1999 年 3 月 5 日之后发生的和正在进行中的违法建筑行为和违法用地行为，要坚决依照《城市规划法》《土地管理法》《深圳人民代表大会常务委员会关于坚决查处违法建筑的决定》等有关法律、法规严肃处理；对 1999 年 3 月 5 日之前发生的违法建筑和违法用地按照历史遗留问题，严格依照《深圳人民代表大会常务委员会关于坚决查处违法建筑的决定》《深圳经济特区处理历史遗留违法私房若干规定》《深圳经济特区处理历史遗留生产经营性违法建筑若干规定》的有关规定处理。

在全市查处违法建筑物。

2009年5月深圳市人大常委会公布《深圳市人民代表大会常务委员会关于农村城市化历史遗留违法建筑的处理决定》，对政策出台前产生的各类违法建筑进行一揽子处理。该决定在扩大违法建筑范围①的同时明确了处理方式②，市政府应当区别违法建筑的违法程度，根据处理决定以及各土地利用规划、城市规划的要求，采用不同的方式分期分批处理。

2013年12月深圳市政府发布《〈深圳人民代表大会常务委员会关于农村城市化历史遗留违法建筑的处理决定〉试点实施办法》（以下简称《试点办法》）。该办法在"处理决定"的基础上首次对历史违建按实际用途进行了分类，详细规定了确认产权的情形、具体程序、罚款和地价的缴纳标准，也明确了需依法拆除、没收的情形。《试点办法》在部分街道和社区开展试点工作，但由于难以平衡相关方利益并没有"试点"成功，这促使政策制定部门重新考虑对历史违建的处理思路。2015年10月23日，深圳市委、市政府出台了查违"1+2"文件。随着查违"1+2"文件的出台，自2015

---

① 《深圳市人民代表大会常务委员会关于农村城市化历史遗留违法建筑的处理决定》规定：农村城市化历史遗留违法建筑包括，第一，原村民非商品住宅超批准面积的违法建筑；第二，1999年3月5日之前所建的符合《深圳经济特区处理历史遗留违法私房若干规定》和《深圳经济特区处理历史遗留生产经营性违法建筑若干规定》处理条件，尚未接受处理的违法建筑；第三，1999年3月5日之前所建不符合"两规"处理条件的违法建筑；第四，1999年3月5日之后至2004年10月28日之前所建的各类违法建筑；第五，2004年10月28日之后至本决定实施之前所建的除经区政府批准复工或者同意建设外的各类违法建筑。

② 在处理方式上，《深圳市人民代表大会常务委员会关于农村城市化历史遗留违法建筑的处理决定》规定：经普查记录的违法建筑，市政府应当区别其违法程度，根据本决定以及土地利用总体规划、城市规划和土地利用计划的要求，分别采用确认产权、依法拆除或者没收、临时使用等方式，分期分批处理。其中规定了六种应该拆除的情形和三种应该没收的情形，拆除情形包括：第一，存在严重安全隐患，又不能整改消除的；第二，非法占用已完成征、转地补偿手续的国有土地，严重影响城市规划，又不能采取措施加以改正的；第三，占用基本农田的；第四，占用一级水源保护区用地的；第五，占用公共道路、广场、绿地、高压供电走廊、公共设施和公益项目用地，压占地下管线或者其他严重影响城市规划，又不能采取措施加以改正的；第六，其他依法应当拆除的情形。没收的情形包括：第一，非法占用已完成征、转地补偿手续的国有土地，建筑物使用功能不违反城市规划，或者违反城市规划但可以采取改正措施加以利用的；第二，超过区政府批准复工用地范围的工业及配套类违法建筑；第三，其他依法应当没收的情形。

年下半年起,深圳违法建筑被全面控停,全市违建实现零增长,政策实施效果较为显著。2018年10月,深圳出台《深圳市人民政府关于农村城市化历史遗留产业类和公共配套类违法建筑的处理办法》(市政府令第312号),进一步明确了各类历史遗留违法建筑处理确认的罚款与地价标准(见表3-1)。

表3-1 历史遗留违法建筑处理确认的罚款、地价标准

违法建筑类型		罚款	地价	
			非商品性质缴纳地价	商品性质补缴地价
公共配套类	原农村集体经济组织或者其继受单位、市、区政府及其指定机构	不予罚款	免缴地价	不予转为商品性质
	原村民、其他企业或非原村民	同商业办公类	同商业办公类	
生产经营类	原农村集体经济组织或者其继受单位	10元	位于非农建设用地红线内的免缴地价;位于红线外的缴纳公告基准地价的25%	位于原农村非农建设用地红线内或者以非农建设用地、征地返还用地指标扣减处理的,按照申请办理为商品性质时的市政府有关非农建设用地和征地返还用地土地使用权交易的有关规定补缴地价;除此之外的按照申请办理为商品性质时的市场评估地价的50%补缴地价
	原村民、其他企业或非原村民	30元	公告基准地价的50%	按照申请办理为商品性质时的市场评估地价的50%补缴地价

(续表)

违法建筑类型		罚款	地价	
			非商品性质缴纳地价	商品性质补缴地价
商业办公类	原农村集体经济组织或者其继受单位	10元	位于非农建设用地红线内的免缴地价；位于红线外的缴纳公告基准地价的25%	位于原农村非农建设用地红线内或者以非农建设用地、征地返还用地指标扣减处理的,按照申请办理为商品性质时的市政府有关非农建设用地和征地返还用地土地使用权交易的有关规定补缴地价；除此之外的按照申请办理为商品性质时的市场评估地价标准补缴地价
	原村民、其他企业或非原村民	30元	公告基准地价	按照申请办理为商品性质时的市场评估地价标准补缴地价

1. 土地功能属性顶层设计规划——"法定图则"

法定图则由深圳城市规划行政管理部门根据城市总体规划、分区规划的要求编制,是对分区内各片区的土地利用性质、开发强度、配套设施、道路交通和城市设计等方面的详细规定,是深圳在加强城市规划建设方面的一项重大尝试。深圳于1996年通过结合国际经验[①]与自身规划管理实际开始推行法定图则。《深圳市城市规划条例》第11条规定:"城市规划编制分为全市总体规划、次区域规划、分区规划、法定图则、详细蓝图五个阶段。"法定图则作为五阶段中承上启下的核心环节,被要求具有充分的科学性与合理性。根据该条例,政府的规划工作初步确立了以"法定图则"为核心,其落实从规划、编制、审核,到公众咨询、定期修订都遵守严格的法律流程。经过试点、探索、全覆盖三大阶段,法定图则如今在深圳城市规划中起

---

① 主要借鉴了中国香港地区的"法定图则"(Statutory Plans)和国外关于"区划法"(Zoning Ordinance)的经验。

到了至关重要的作用,是规划中的核心环节,是城市动态规划的指导方针与技术支撑,是确认土地功能属性的标准化界定工具。法定图则的创立与完善为深圳土地商品属性标准化确立提供了重要支撑。

(1) 演化历程

深圳法定图则发展大致经历了试点(1996—1999 年)、探索(2000—2008 年)、全覆盖(2009 年至今)三个阶段。1996 年年底,为提高城市规划的权威性、法定性,确保城市规划得到全面有效实现,深圳参考国外区划法和中国香港地区推行法定图则的经验,决定逐步建立法定图则制度。1998 年,《深圳市城市规划条例》《深圳市法定图则编制技术规定》等一系列法规和配套办法颁布施行,为法定图则的编制和审批提供了法律、程序和技术方面的保障。1999 年,深圳规划委员会第八次会议审议并通过了深圳中心区等 11 个地区的法定图则。

2000 年之后,深圳法定图则编制重点覆盖原特区内,结合城市发展策略,向原特区外逐步推进。此阶段的法定图则工作重点是加强配套技术、政策研究,不断探索、完善法定图则编制,具体包括:在 1997 版基础上修订完成 2004 年版《深圳市城市规划标准与准则》,并于 2007 年再次进行重点章节修订;在 2001 年《深圳市城市规划条例》修正中给予法定图则委员会行使法定图则审批的权力;在 2003 年启用深圳城市规划委员会网站,增加了网络展示和查询的公众参与渠道;通过修订《深圳市法定图则编制技术规定》开始不同区法定图则使用不同编制方法的探索;进行法定图则规划标准分区的调整工作,以便提升编制审批效率。在此基础上,法定图则持续推进,覆盖面积不断扩大。截至 2008 年年底,79 项法定图则获得批准,覆盖规划城市建设用地面积 275.3 平方千米,占全市规划建设用地面积的 30%,基本覆盖原特区内、东部滨海、龙岗、宝安重点建设地区,并建立了"法定图则编制及入库系统"平台,实现了"一张图"管理。

2009 年年初,为适应《中华人民共和国城乡规划法》(以下简称《城乡规划法》)《广东省城市控制性详细规划管理条例》等法律法规的要求以及深圳发展的新形势,深圳规划部门开展了"法定图则大作战",两年内基本实现城市规划建设用地的法定图则全覆盖,逐步解决城市建设过程中出现的布局不合理、公共设施缺失等问题,优化城市功能。截至 2012 年 2 月底,全市法定图则通过技术会议审议 234 项,覆盖率达 92.7%;通过图则委审批 187 项,覆盖率为 73.2%,基本实现城市规划建设用地法定图则全覆盖。[①]

深圳法定图则全覆盖下的探索与尝试主要包括:建立和完善市局主导、部门协助的工作机制,强化统筹能力并重点细化各辖区各部门的职责;完善配套技术指引,提升标准化、规范化下的灵活性和宽容度;鼓励成果差异化表达,增强不同辖区法定图则的规划适应性与市场经济适应性等。

(2) 现状与思考

深圳市规划和国土资源委员会于 2011 年开始开展城市发展单元探索工作,综合运用规划、土地整备、城市更新、经济分析、公众参与等多种手段,探索以利益协商、政策创新、面向实施的新型控制性详细规划。发展单元规划大纲成果报批市政府后等同于法定图则,可视为一种实施性更强,并作为特定功能区的法定图则,是对现有法定图则的补充与完善,也为国内控制性详细规划的编制和实施提供探索经验。这一系列探索尝试的背后是建立土地功能属性标准化边界的过程,为土地商品化定价机制的建设打下了一定基础。

在法定图则不断规范完善的同时,与相关政策的有机结合也进一步推进了深圳土地商品化与定价机制的探索。近年出台的《深圳市法定图则编制容积率确定技术指引(试行)》《关于规范已出让未建用地土地用途变更和容积率调整的处置办法(试行)》《深圳集约利用的工业用地地价计算暂行办法》等政策,结合容积率这一关键要素,进一步完善了城市规划及城市

---

① 参见叶伟华、丁强、陈晓、叶阳:《深圳近年法定图则全覆盖工作的探索和实践》,载中国城市规划学会编:《多元与包容——2012 中国城市规划年会论文集》,云南科技出版社 2012 年版。

更新，有效引导了规划用地按照新的规定建设，充分提供了大片可开发的未建用地，快速建设了一批可销售的低价人才住房①。

作为自上而下规划体系与自下而上市场建设体系的桥梁，法定图则结合"城市更新单元"的划定，通过布局结构调整对改造后的存量用地重新进行地块划分并分类确权，实现地区原权益人土地增值、功能结构优化和配套设施完善的综合目标。深圳将法定图则的理念带入横岗中心区的土地整备中，结合城市更新路径分离出"八大城市更新单元"，并根据各单位更新意愿共返还原权益人约1.1平方千米商业用地，同时70万平方米用地被收入国有土地储备用于后期开发，这一思路显著提高了当地的基建水平。相对于局部城市更新项目提供少量土地的做法，法定图则编制结合"整村统筹"实施，释放了大量土地，是存量土地二次开发的重要手段之一。

但是，在深圳农村集体掌控和使用的约400平方千米土地中，尚有近76％的土地存在征地转地遗留问题和权属纠纷。不明晰的产权与复杂利益关系加大了土地规划管理的难度，大量应运而生的合法外建筑和无序使用的土地使得法定图则与农村集体用地实际情况契合度不高。这一现象导致农村集体土地无法纳入"一书两证"规划管理中，最终产生了农村集体用地难规划的困境。法定图则具有技术理性和公共政策属性，也是地籍重划和土地确权的依据，因此政府需要通过调整留用地规划控制指标提升土地价值，使土地整备从"零和博弈"变为"正和博弈"。

此外，对比香港法定图则高度重视公众诉求而获得广泛认可的情况看，深圳法定图则在全社会推进过程中仍存在可视难点。其一，深圳法定图则多以研究性报告模式为主，相对高的技术门槛遏制了部分公民参与图则制定，这给法定图则直接参与规划管理提出难题；其二，深圳法定图则过度强调理性因而未充分做到与公众利益协调，即现有的公民参与流于形式，难以形成政府让步局面。在图则制定过程中，一旦公民的反对与上诉无法有

---

① 其地价按商品住房用地市场价格的30％确定。

效调解,部分本可以依法解决的问题最终将形成政府与公民互持的局面。①相对简易的编制内容与更亲民的公民参与制度将有效推广法定图则的施行。

深圳土地商品化探索的成绩,不仅是与市场的成功对接,还在于法定图则等政策性探索的支撑。法定图则在顶层设计上确定了土地功能属性,这种建立土地功能属性规范化标准的思路值得称赞。土地资源的不可替代性赋予了其在城市扩张中超额利润的实现,城市中土地的位置决定了其收益的丰厚程度,即级差地租。土地的使用者可以通过追加投资、加强基础设施建设增加收益,形成并增加级差地租。在深圳多中心、组团式城市空间发展模式下,不应用单一标准的土地市场来囊括所有使用者的需求,而是需要因地制宜,以更合理、更动态、更及时的法定图则实现土地功能、土地价值分区管理。深圳法定图则的政策已然作为成功典范参与了城市规划,但未来政府需要建立更加透明公开的图则编订制度。法定图则编纂过程中需要尊重其编订原则,即综合协调、以人为本、面向实施,充分考虑公民知识背景,做到语言文字通俗化、注释图表运用合理化、图则自身解读精细化,这将使规划管理和法院判决有据可依,从而做到公平公正;同时以法定图则作为出发点的诉讼制度与建议制度需要进一步健全,这些制度将以法律依据的形态,为政府、市场与公民的多方博弈定价提供开放交流的大环境。

2. 存量土地二次开发改造利用——"城市更新"

城市更新是深圳对存量土地二次开发的一项重大尝试,是一次完善土地商品化定价机制的探索,是一种改变土地功能属性、解决"法外用地"产权争议的重要手段。城市更新制度在一系列探索尝试中不断规范完善,初步形成一套保障城市更新有序推进的制度。深圳在 2009 年率先提出《深圳市城市更新办法》,充分利用深圳市场化发育程度水平较高

---

① 以 2009 年的中国香港地区为例,其上诉委员会共收到 10 份反对城市规划委员会计划的上诉通知书,其中有 6 宗个案在上诉委员会裁决前被撤诉,2 宗被上诉委员会驳回,2 宗被裁定上诉人胜诉。

的优势,令各利益主体实现共赢,通过政策优惠和激励机制,调动了各方参与城市更新的主动性和积极性。深圳经过多年探索实践,逐渐形成了"政府引导、市场运作、规划统筹、计划管理、公益优先、多方共赢"的城市更新模式。

城市更新提供土地商品价格发现功能。城市更新细化土地产权,下放开发权,由市场开发实现利益最优配置。随着相关政策法规体系、更新技术规划体系不断完善、成熟,政府职能开始转换,主要负责提供稳定的制度环境,解决市场外部性问题,将规划编制、拆迁安置、项目开发建设等全部交给市场。市场在政策框架内有充分的自由度和决策权,以保障土地资源的有效开发。

城市更新借助市场化模式,建立了土地增值收益分配机制。政府、开发商、原村集体和原村民等不同利益主体在同一平台上进行利益博弈,有效保障了不同主体的利益诉求。优先保障以政府诉求为代表的公共利益,将公共利益用地与城市更新项目捆绑,采用"20-15"原则获取一定土地;充分保障以实施主体为代表的市场利益,通过获得开发建设用地、改变建筑功能、提高容积率等形式做大"利益蛋糕";切实保障以原业主为代表的个体利益,通过民主协商的方式,确定实施主体和原业主之间的利益分配。

城市更新探索了一种合法外建筑确权内部化处理的操作机制。它通过设置更新门槛,即"在满足合法用地比例的前提下,原集体自行理清土地权属关系,通过缴纳一定的土地作为确权成本,进入城市更新"。这将土地权属关系与市场、利益分享进行了捆绑,倒逼违建主体自行厘清土地产权关系,解决了新二元结构条件下的确权困局。

城市更新在探索中逐步完善动态补偿价格机制。政府减少行政干预,将补偿定价权交给市场协商完成,不仅极大地降低交易成本,而且有效化解了利益分配矛盾。这也意味着,由于不同土地存在功能属性与地理位置差异,追求实际补偿标准的一致往往是不现实的,应遵循市场定价原则的差异化补偿标准。

(1)演化历程

2009年8月,广东省政府《关于推进"三旧"改造促进节约集约用地的若干意见》首次允许"三旧"改造项目用地协议出让。在此背景下,同年12月,深圳市政府公布实施《深圳市城市更新办法》,首创"城市更新单元"概念,规定了"拆除重建""功能改变""综合整治"三类更新模式,更新范围覆盖旧工业区、旧商业区、旧住宅区、城中村及旧屋村,强调遵循"政府引导、市场运作、公众参与"原则。

随着城市更新项目的实施和不断改善,城市更新政策逐渐完善并细化。2010年《深圳市城市更新单元规划制定计划申报指引(试行)》对城市更新单元的规划条件和申报程序作出了规定,并提出以整村范围拟订城市更新单元。同年,深圳市政府相关部门相继公布《关于试行拆除重建类城市更新项目操作基本程序的通知》《深圳市城市更新单元规划编制技术规定(试行)》《城市更新单元规划审批操作规则》《拆除重建类城市更新项目房地产证注销操作规则(试行)》等一系列操作规程,保证了城市更新项目实施的规范化、制度化、系统化。

2012年《深圳市城市更新办法实施细则》出台,首次提出"20-15"准则,明确项目实施主体确认程序。对于拆除重建类城市更新,提出四种实施方式:权利主体自行实施、市场主体单独实施、原村集体与单一市场主体合作实施、政府组织实施。同时明确城市更新用地贡献率比例(最低为32%)和不同用地的地价优惠。

为更新升级改造路径、激发市场活力,深圳市政府几乎两年一次定期更新出台《关于加强和改进城市更新实施工作的暂行措施》(以下简称《暂行措施》),2014年的《暂行措施》提出了拆除重建类更新单元内权属清晰合法用地比例不低于60%的规定,细化了地价政策,鼓励旧工业区升级改造,并提出试点开展小地块更新;①对旧工业区升级改造加大政策扶持力度,鼓励旧工业区在满足结构安全和消防要求的前提下,开展以综合整治为主,融合功能调整、加建扩建、局部拆建等方式的城市更新;拆除重建类旧工业区升级改造("工改工")可配建30%的配套商业服务设施、配套办公和配套宿舍,允许分割转让及预售,并享受一定的地价优惠。旧工业区升级改造从单纯的综合整治或功能改造,转变为融合了局部拆建内容的复合式升级改造。在此前已经出台的工业楼宇符合一定条件可分割转让的优惠政策基础上,进一步允许一定规模的拆除重建。2016年的《暂行措施》降低了准入门槛,城市更新对合法用地比例进一步降低(见表3-2),放宽对旧工业区"工改M1"年限要求,拓展更新范围,提出零散旧住宅区更新可按棚改政策执行并简化地价体系,建立以公告基准为基础的地价测算体系,使操作更加规范化。在保持城市更新地价水平相对稳定的前提下,将城市更新地价测算逐步纳入全市统一的地价测算体系中。② 同时,推进旧工业区复合式更新及综合整治,开展以政府为主导的重点更新单元试点实施。

表3-2 拆除重建类城市更新项目历史用地处置比例表　　　　单位:%

拆除重建类城市更新项目		处置土地中交由继受单位进行城市更新的比例	处置土地中纳入政府土地储备的比例
一般更新单元		80	20
重点更新单元	合法用地比例≥60%	80	20
	60%>合法用地比例≥50%	75	25
	50%>合法用地比例≥40%	65	35
	合法用地比例<40%	55	45

---

① 位于原特区已生效法定图则范围内,拆除范围用地面积小于10000平方米但不小于3000平方米且具有以下情形之一的区域,可以按规定申请划定小地块城市更新单元:第一,旧工业区升级改造为工业用途或者市政府鼓励发展产业的;第二,旧工业区、旧商业区升级改造为商业服务业功能的;第三,为完善法定图则确定的独立占地且总面积不小于3000平方米的城市基础设施、公共服务设施或其他城市公共利益项目确需划定城市更新单元的。

② 城市更新项目地价可不计息分期缴交,首次缴交比例不得低于30%,余款一年内缴清。

总体来看,深圳城市更新政策制度创新主要包括:规划引领、资金保障、激励机制、公共利益、市场运作。

规划引领包括科学编制全市更新规划并分区落实。规划划定城市更新的标图范围和不同更新模式的分区指引,实施城市更新单元规划和年度计划管理制度。城市更新年度计划中纳入近期建设规划年度实施计划及土地利用年度计划。实施功能改变类更新项目的土地使用权利人按照有关法律法规规定的建筑物改变使用功能的程序,向市规划国土主管部门申请办理规划许可变更和相关手续。

资金保障是指深圳市、区政府保障开展组织实施城市更新的工作经费,对城市更新项目提供适当的资金扶持。城市更新涉及的基础设施和公共服务设施建设,从土地出让金中安排相应的项目资金。涉及政府投资项目的城市更新,依据政府投资项目管理的相关规定实施。综合整治类更新项目的费用由所在区政府、权利人或者其他相关人共同承担,费用承担比例由各方协商确定。涉及改善基础设施、公共服务设施和市容环境的费用,其承担比例按照市、区两级财政负担事权划分的有关规定执行。功能改变类城市更新项目实施费用由申请人自行承担。

激励机制即费用及地价免除。城市更新项目免收各种行政设用性收费。综合整治类项目、功能改变类项目一般不增加建筑面积,加建城市基础设施和公共服务设施的,相应的建筑面积部分免收地价。设立容积率奖励。整治类城市更新单元计划,通过加建扩建、功能改变、局部拆建方式增加生产经营性建筑面积;属于空地扩建的,扩建范围内新批准的容积率可最多不超过综合整治范围内现状合法容积率的两倍。

公共利益指通过容积率奖励鼓励公共配套设施建设。根据相关规定,城市更新项目须通过无偿移交用地、配建政策性用房和公共配套设施等保障公共利益。城市更新在市场主导保障利益的同时,充分考虑到了城市配套公共服务的重要性,通过一系列手段保障公共利益。

市场运作即充分发挥市场资源配置作用。一方面,鼓励原权利人自行实施、市场主体单独实施或者二者联合实施城市更新;另一方面,通过制定优惠政策吸引社会资金参与城市更新,包括原权利人、市场主体在内的实施主体主要负责更新意愿的收集、建筑物的拆除、赔偿与新建等具体实施内容。

表 3-3　深圳城市更新政策体系

法律层面	《深圳市城市更新办法》
	《深圳市城市更新办法实施细则》
规则层面	《深圳市城市更新历史用地处置暂行规定》
	《关于加强和改进城市更新实施工作的暂行措施》
	《深圳市拆除重建类城市更新单元旧屋村范围认定办法》
	《深圳城市更新土地、建筑物信息核查及历史用地处置操作规程(试行)》
技术标准层面	《深圳市城市更新单元规划编制技术规定(试行)》
	《深圳市城市更新项目保障性住房配建比例暂行规定》
	《深圳市城市更新项目创新型产业用房配建比例暂行规定》
操作层面	《深圳市城市更新单元规划制定计划申报指引(试行)》
	《城市更新单元规划审批操作规则》
	《深圳市拆除重建类城市更新单元计划审批操作规则》
	《深圳市综合整治类旧工业区升级改造操作指引(试行)》
	《深圳市城市更新单元规划容积率审查技术指引(试行)》
	《市规划国土委关于明确城市更新项目地价测算有关事项的通知》

资料来源：邹兵：《存量发展模式的实践、成效与挑战——深圳城市更新实施的评估及延伸思考》，载《城市规划》2017 年第 1 期。

专栏 3-2　西方国家城市更新演化历程

西方国家的城市更新进程受规划思想、经济发展、城市困境的影响，在不同发展阶段重点有所不同，主要可分为四个阶段。第一阶段大约发生在 20 世纪 40—50 年代，是以清除贫民窟为代表的物质更新。以雅各布斯为代表的学者发现这种城市更新只是将贫民窟从一处转移到另一处，并会破坏已有的邻里和社区关系。第二阶段大约发生在 20 世纪 60—70 年代，是以关注社会公平为原则的综合更新改造。彼时，欧美各国不约而同地展开了更注重福利主义的城市及社区更新，对城市更新中的居民就业、住房、教育、交通等问题给予高度重视。第三阶段发生在 20 世纪 80 年代，是以市场导向为主旨的旧城开发,城市更新政策受新古典主义的影响,从以政府为导向的福利主义社区重建,转向以市场为导向、以房地产开发为主要形式的旧城再开发,从关注大规模综合性更新改造转向小规模的项目改造,从政府主导转向以公、私、社区三方伙伴关系为导向,更新周期长、需要庞大资金支撑的更新项目越来越难以实施。第四阶段发生在20世纪90年代至今,是以以人为本和可持续发展为导向的有机更新。城市更新的指导思想开始转向人本主义思想和可持续发展观,在以人为本的原则下,推广以节约利用空间和能源、复兴衰败城市地域、提高社会混合型等为特点的新型城市发展模式。西方国家城市更新发展历程的主要规律为:由拆除重建到综合改造再到小规模、分阶段的循序渐进模式,由政府主导到市场导向再到多方参与,由物质环境更新到注重社会效益再到多目标导向的综合发展。

(2) 现状与思考

深圳城市更新已取得实质性进展。自2012年以来,城市更新累计供应土地约为14平方千米,投资额从2011年的142亿元增长至2017年的1044亿元,促进了产业转型,实现了政府、企业、社区、居民等多方共赢,为全国"三旧改造"提供了成效显著的"深圳案例"。[①] 截至2018年6月,全市已列入计划项目共计695项,拆除用地面积约为53.15平方千米[②](见表3-4);已批城市更新规划项目420项,规划批准开发建设用地22.35平方千米,批准总建筑面积1.17亿平方米;累计签订土地使用权出让合同525项,供应用地面积约15.25平方千米,土地出让合同约定的建筑面积5624.2万平方米,现已建成约2624.7万平方米,合同地价金额1213.81亿元,签订土地使用权出让合同供应用地面积为16.27平方千米,更新实施

[①] 参见徐强:《打开土地高效利用的"城市密码"——专家解读深圳工地节约集约利用做法和经验》,载《深圳特区报》2018年6月23日第A05版。

[②] 由于原始数据的小数点保留位数产生了计算差异。

表 3-4 深圳城市更新项目拆除重建用地面积及更新单元计划数量

单位：万平方米

	2010年前	2010年	2011年	2012年	2013年	2014年	2015年	2016年	2017年	2018年上半年
全市汇总面积	1452.30	580.11	437.33	477.23	189.18	365.84	691.03	552.78	284.64	284.10
城市更新单元计划数量（个）	159	74	54	60	27	51	75	106	38	51
宝安	—	87.68	76.82	103.04	26.53	52.08	133.12	94.90	23.46	—
大鹏	—	15.93	7.11	39.21	15.32	24.60	12.47	43.72	—	—
福田	—	32.61	11.40	18.66	20.16	5.97	27.40	33.55	7.76	—
光明	—	36.28	22.43	10.21	7.44	6.80	49.64	6.81	9.97	—
龙岗	—	173.73	193.15	134.15	61.90	109.46	186.46	203.78	86.15	—
龙华	—	71.79	104.88	74.87	—	18.41	124.41	105.61	73.00	—
罗湖	—	34.84	5.60	25.02	35.84	20.74	10.71	—	19.51	—
南山	—	63.62	10.09	53.25	6.14	72.84	17.15	19.90	26.14	—
坪山	—	29.13	—	18.82	15.85	48.23	126.79	39.61	10.29	—
盐田	—	34.50	5.85	—	—	6.71	2.88	4.90	28.36	—

资料来源：数据整理自深圳市历年拆除重建类城市更新单元计划。

率为32.4%,(见图3-1)。其中,"工改工""工改商住"类型推行数量与进度较为突出(见表3-5和图3-2)。

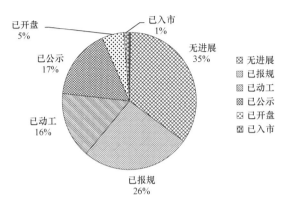

图3-1 深圳城市更新进度

资料来源:《深圳市规土委关于深圳城市更新工作有关情况的报告》,数据更新至2017年年底。

表3-5 深圳历年拆除重建类城市更新单元计划更新项目类型 单位:个

	2010年及以前	2011年	2012年	2013年	2014年	2015年	2016年	2017年	项目总量
其他	0	0	0	0	1	0	0	1	2
旧居住区改造	8	0	2	0	0	0	4	2	16
旧商业区改造	3	3	1	4	7	4	9	5	36
城中村改造	125	5	11	16	13	21	24	11	226
工改商住	25	17	19	3	9	12	8	3	96
工改居	26	4	9	4	4	9	11	5	72
工改商	11	3	4	5	2	4	6	3	38
工改工	35	9	11	11	15	25	36	16	158

资料来源:数据整理自深圳市历年拆除重建类城市更新单元计划。

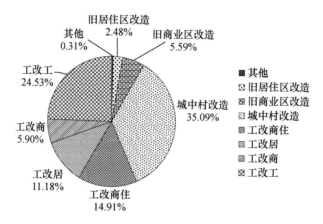

图 3-2　各类更新项目占比

资料来源:数据整理自深圳市历年拆除重建类城市更新单元计划,更新至 2017 年年底。

近年来,为加快城市更新进度,确保城市更新效果,完善城市更新流程,深圳市政府出台了一系列政策与规划。2018 年上半年共出台 29 个城市的更新相关政策,平均保持"一周一文"的频率。在拆旧建新的同时,深圳大力推进综合整治类城市更新,2016 年和 2017 年完成旧工业区综合整治建筑面积分别为 79 万平方米和 116 万平方米。

城市更新是对存量土地二次开发的重大尝试。通过引入市场主体参与,从政府主导变成市场主导,打破了由政府征地、卖地的传统城市用地体制。政府只需确保项目开发的公共用地,对土地确权设置必要的门槛条件,保障过程的社会公正,即可把其余事务交给市场,相关各方按契约原则进行交易。政府适时转变职能,更集中于确保公共与配套设施的提供,突破了"唯有国有化,才能市场化"①的模式,对深圳乃至全国城市土地制度的变革具有实质性的开拓意义。

城市更新为进一步完善细分化土地市场提供了良好支撑。其背后是

---

① 北京大学国家发展研究院综合课题组:《深圳土地制度改革研究报告》,https://www.nsd.pku.edu.cn/cbw/yibgxl/250859.htm,2020 年 7 月 23 日访问。

国有化土地制度不断向市场化靠拢的"影子"。土地作为一种不可替代商品，具有空间差异、市场细分的特点，需要多方多轮博弈的竞价机制。在城市更新不断规范完善中，土地市场竞价机制的雏形逐渐展露。

城市更新提供了一种由市场决定土地功能属性的转变机会。随着城市的快速发展，法定图则对土地功能属性的初步确认与土地应有的实际利用功能不匹配。尽管法定图则中局部区块规划会不定期更新，但相对复杂的手续与冗长的过程意味着它并不能是一种常规手段。在现实中，由政府规划的自上而下的土地功能属性确认并不能保证面面俱到。城市更新为自下而上的土地功能属性确认提供了良好的契机，在规范框架内提升了土地利用效率。

3. 土地功能属性细分化突破探寻——"M1-M0 工改"[①]

工改即旧工业区改造。"M1-M0"旧工业区改造是深圳在城市更新市场化、规范化、系统化机遇下的一项创新型探索，是对城市产业转型升级中土地功能属性进一步细分化的探寻。土地资源在不同产业之间的配置和利用在区域和结构上表现为产业布局，而产业布局在一定程度上决定并指引着工业土地的利用和规划。随着深圳城市化不断推进，工业化进程不断加快，经济发展与产业优化的迫切需求正倒逼土地资源再配置与土地功能转变。深圳产业转型升级的基本原则是城市更新与产业转型相结合，通过创新土地政策推进城市更新改造，为产业发展腾出土地空间。工改的主要特点如下：

一是采用差别化的用地政策支持创新型产业发展，加大对实体经济政策倾斜和支持力度。通过设置产权政策调节系数，同时给予使用者容积率、地价方面的优惠政策，为企业的转型升级提供低成本的空间支持。

二是单一功能向混合功能转变。创新型产业用地的功能混合度增强

[①] 工改属于城市更新类政策的重要组成部分，但由于其特殊性与创新性，故本书将其单独列出分析。

主要源于产业发展与从业人员的配套服务需求驱动,创新型产业用地往往集科研、办公、商务、休闲等功能于一体。M0用地通过允许制造业与商务、办公和公寓进行一定比例的混合,增加土地利用的兼容性,更好地适应创新产业对空间日益多样化、灵活化的选择需求。

三是促进产业用地的集约利用。产业的转型升级对应的是产业空间载体的转型升级。一方面,通过放宽建筑年限要求、合法用地权属要求和更新范围要求,鼓励更大范围的工业改造升级;另一方面,在存量规划及城市增长边界划定的背景下,工业园区的用地拓展受限,低层厂房的建设模式难以持续,以工业楼宇为主的产业空间形态为提高容积率、促进土地集约利用创造条件。

四是通过宽严结合的政策保证产业用房的落实。通过严控建筑设计规定、加大产权分割面积、提高产业准入与分割转让门槛等方式,避免空壳企业套利,保障产业发展空间,合理配置工业土地市场资源,确保工改项目维持产业升级本质。

(1) 演化历程

旧工业区改造①大致经历了自发升级改造(1990—2006年)、政府主导试点(2007—2012年)以及系统规范改造(2013年至今)三个阶段。20世纪90年代,在产业结构调整、城市空间资源约束和土地区位价值攀升的综合作用下,以上步工业区为代表的部分深圳原特区内的工业区开始了自发性升级改造活动。改造以建筑局部或整体功能置换为主,适应片区功能定位的调整。但是,由于同期针对个别工业片区制定的升级改造规划滞后于发展现状,一定程度上只体现了对改造现状的鼓励与支持,在改造方向与模式上缺乏系统性指引。诸如《深圳市集约利用的工业用地地价计算暂行办法》等涉及工业区改造的鼓励性措施,因适用范围窄、缺乏与规划政策的衔接等问题,在可操作性方面略显不足。

---

① 旧工业区改造涉及"工改工""工改商""工改保"等一系列改造,本书主要针对"工改工"进行展开。

为加快旧工业区改造,提升土地使用价值,2006年深圳市政府出台《深圳市人民政府关于进一步加强土地管理推进节约集约用地的意见》《深圳市人民政府关于印发深圳集约利用的工业用地地价计算暂行办法的通知》等一系列政策,通过地价手段鼓励新建工业用地高效开发利用,鼓励旧工业用地追加投资、转型改造、提高容积率[①],鼓励使用存量土地,促进节约集约用地。

2007年3月,深圳市政府进一步推出《深圳市人民政府关于工业区升级改造的若干意见》,提出三方参与(政府引导、市场运作、社会参与)的改造策略,倡导施行综合整治及拆除重建两种改造模式,并指出:工业区升级改造涉及局部重建或整体重建的,与国土房产部门重新签订出让合同后,原有合法建筑面积不再计收地价,增加部分按现行地价标准的0.5倍计收;因产业发展需要增加生产性服务业用地的,可按比例(控制在工业区总占地面积的7%以内)享受工业地价优惠。至此,深圳的旧工业区改造由市场自发阶段进入政府主导阶段。

2008年,市政府选取天安数码、水贝珠宝等12个改造项目为试点进行综合整治类改造。但囿于整体制度和政策,上述工业区改造政策趋于谨慎保守,对涉及巨大利益格局调整的重建类改造指导能力有限。此外,由于当时法定图则覆盖率低,上层规划无法落实,缺乏细化配套措施的重建类改造指引,该阶段的改造仍以产权清晰的综合整治类项目为主。

2009年,《深圳市城市更新办法》的出台标志着工业区的升级改造被正式纳入城市更新范畴。同年,《深圳市工业区升级改造总体规划纲要(2007—2020)》出台,成为指导全市旧工业区升级改造的重要规划依据,旧工业区升级改造也由项目试点逐步进入全面开展阶段。

2013年1月,深圳推出"1+6"政策,对产业用地供应机制、创新型产业用房、地价测算、工业楼宇转让等方面进行了系统化的明确规范,大力推

---

① 容积率在1及以下部分,按现行规定地价标准的1.5倍计收;容积率在1至3.0(含3.0)之间的部分,按现行规定地价标准的0.3倍计收;容积率超过3.0的部分,不收地价。

进存量工业用地盘活,实现产业转型升级。同年12月推出《〈深圳市工业楼宇转让管理办法(试行)〉实施细则》,完善和规范受让人资格、增值收益缴纳等内容。细则中工业楼宇及配套设施销售比例逐步放宽,无自用比例限制,均可分割转让;①明确受让方为符合产业标准条件的企业,转让费用逐步细化,明确上缴政府的增值收益;创新型产业用房对企业进入要求严格,限制转让,转让时政府优先回购。至此,旧工业区改造走向系统规划阶段。

2013年版《深圳市城市规划标准与准则》将工业用地②分为"普通工业用地(M1)"与"新型产业用地(M0)",并定义了新型产业用地的"研发、创意、设计、中试、无污染生产"等功能范围。随着城市更新政策体系的逐步完善,深圳旧工业区升级改造活动进一步规范。旧工业区改造项目分为"工改工""工改商居"和"工改保"。其中,"工改工"项目又细分为"工改M1"与"工改M0"两类。"工改M1"项目即旧工业区拆除重建类城市更新方向为普通工业用地的更新项目,项目容积率上限为4.0;"工改M0"项目即旧工业区拆除重建类城市更新方向为新型产业用地的更新项目,该类改造项目为创新型产业发展提供了空间聚集、配套完善的高端载体,项目容积率上限为6.0。

城市更新政策规范了容积率、人才住房和保障性住房配建、创新型产业用房配建、审批流程、土地出让年限等一系列改造实施条件。不断完善的旧工业区改造背后,是对不同土地功能属性转变的探索,是根据深圳实际产业需求情况进一步提升土地利用效率的创新突破改革路径。

---

① 城市更新改造的工业楼宇100%可分割销售,配套设施一般不能超过总建筑面积的30%,2008年《暂行办法》仅可分割低于50%。

② 根据国家标准《城市用地分类与规划建设用地标准》(GB50137-2011):工业用地(M)为工矿企业的生产车间、库房及其附属设施等用地,包括专用的铁路、码头和道路等用地,不包括露天矿用地。工业用地(M)具体分为三类:(1)一类工业用地(M1)为对居住公共环境基本无干扰、污染和安全隐患的工业用地;(2)二类工业用地(M2)为对居住和公共环境有一定干扰、污染和安全隐患的工业用地;(3)三类工业用地(M3)为对居住和公共环境有严重干扰、污染和安全隐患的工业用地。

(2)现状与思考

截至2014年,深圳全市工业用地面积达到273.68平方千米。城市更新政策体系的完善极大地促进了深圳旧工业区升级改造。近年来,拆除重建类"工改工"项目逐渐增多、范围逐步扩大(见表3-6),各政府部门也相继出台相关政策促进并规制其有序发展。截至2016年,已纳入城市更新计划的旧工业区改造面积约为25平方千米。

2010年年底,已批计划中的"工改工"项目仅为15%,2017年增至32%,2018年上半年达到50%。在2018年上半年拆除重建类城市更新项目计划中,"工改工"23个,拟拆除重建面积111万平方米,土地移交率约30%。其中,"工改M1"项目6个,拟拆除重建面积39万平方米;"工改M0"项目17个,拟拆除重建面积72万平方米。

"M1-M0工改"是旧工业区改造中一项重大的制度探索,是对土地功能属性细分化的重要突破。"M1-M0工改"是基于法定图则、《城市用地分类与规划建设用地标准》《深圳市城市规划标准与准则》等一系列制度标准,为适应深圳产业创新及转型升级趋势、解决新型产业空间不足难题、盘活存量工业用地实现产业升级的一次探寻。从政府角度出发,旧工业区升级改造需推进产业结构优化、促进"产学研"一体化,实现技术密集与土地集约利用的协同产业发展模式;从市场角度出发,除自身产业升级带来企业利润增加的远期收益需求外,还有实现单位土地面积改造收益最高的近期收益需求。

"M1-M0工改"进一步拓展提升了土地利用效率。深圳工改类项目开发强度在2013年虽有所回落,但总体趋势不断提升(见图3-3)。提高容积率可以有效提升单位土地产出效益,但盲目提升容积率会给未来城市发展带来巨大风险。2017年版《深圳市城市规划标准与准则》根据不同地块密度等级设置不同基准容积率(见表3-6和图3-3),充分发挥了因地制宜的决策理念。

表 3-6　工业用地基准容积率

分级	密度分区	新型产业用地(M0)基准容积率	普通工业用地(M1)基准容积率
1	密度一、二、三区	4.0	3.5
2	密度四区	2.5	2.0
3	密度五区	2.0	1.5

图 3-3　深圳历年工改项目开发强度

4. 土地制度不断规范完善的经验与教训

从实施效果看,"法定图则""城市更新""M1-M0 工改"一系列大胆的探索与创新获得了较好的反馈,但是,时移世易,从今天发展的新形势看,当年探索建立的这些制度也暴露出一些问题。现在,站在更高的高度,从未来的视野,我们认为深圳近年来土地制度改革的经验教训有:

法定图则在顶层设计上确定了土地功能属性,这种建立土地功能属性规范化标准的做法为城市更新奠定了定价基础,增强了城市更新的可操作性。但不可否认的是,深圳法定图则在规模总量控制、功能结构优化、密度级差方面仍然有所欠缺,动态调整与规划实施间隔时间长。在深圳多中心、组团式城市空间发展模式下,不应用单一标准的土地市场来囊括所有使用者的需求,需要因地制宜,以更合理、更动态、更及时的法定图则实现土地功能、土地价值的分区管理。深圳法定图则的政策已然作为成功典范参与到城市规划中,而未来,政府需要建立更加透明公开的图则编订制度。法定图则编纂过程中需要尊重其编订原则,即综合协调、以人为本、面向实施,充分考虑公民知识背景,做到语言文字通俗化、注释图表运用合理化、图则自身解读精细化,这将使规划管理和法院判决有据可依,从而实现公平公正;同时以法定图则作为出发点的诉讼制度与建议制度需要进一步健全,这些制度将以法律依据的形态,为政府、市场与公民的多方博弈定价提供开放交流的大环境。

深圳城市更新从最早的旧村旧工业区更新慢慢发展到现在以城市更新来统筹所有的更新需求,体现了政府的一些意图,即希望通过更新改善城市功能,提升品质,完善相关的配套。深圳的城市更新政策体现了较强的法制性和市场性。在实施过程中,强调政府与市场之间的"协商机制",根据地方情况创新制度设计,量化重要的控制指标,如密度分区、保障房配建比重、创新产业用房比重等;依靠社会资本处理历史用地问题,政府尽可能多地放权,交给开发商自行处理。但是长期来看,土地历史遗留问题靠"大拆大建＋市场化"来解决的方法还是会在一定程度上加重整个城市的运营负担,城市密度提升将给城市带来人口压力、基础设施运营压力和资源压力等,整个城市也将为城市更新支付更高的成本。从深圳的城市发展阶段看,目前国有用地的经济功能、融资功能淡化,社会功能、服务功能显化,城市物理形态的建设进程趋于结束,基于完善公共服务职能的城市运营开启。这就要求城市在更新市场化操作的过程中,避免大拆大建,凸显社会功能、服务功能,加强政府引导。政府应该作为主体介入开发过程中,比如建立指导性的拆赔比、强制售卖,确立解决拆迁纠纷的立法及司法途径。此外,在城市更新领域,行业协会也发挥着规范行业发展的作用,扮演政府与企业桥梁的角色。

"M1-M0工改"政策通过创新土地政策推进城市更新改造,为产业发展腾出土地空间，带动效应明显推动了土地的精细化管理，是深圳土地政策的成功经验之一。从深圳旧工业区改造的政策过程可以发现，深圳工业区改造政策经历了模糊化、明细化、系统化和规范化四个阶段。从2013年开始，政府对工业区改造开始重视，政策逐渐形成体系，随着工业楼宇及配套设施可分割转让叠加房价持续上涨，工业区改造项目利润空间大增，地产商纷纷参与工业区改造项目，引领了深圳工业区改造大潮。但是，由于监管体系尚未形成，地产化操作方式在市场上普遍存在。限制产业空间地产化，鼓励"工改M1"，收紧"工改M0"，是工改政策的未来方向。从建筑年限、合法权属要求、更新范围要求等方面看，政策是逐步放松的，支持工业区的改造升级且对工业区改造方向有所控制。工业区改造项目涉及的资金量大、土地成本高、收益周期长、产业要求高，要求开发商企业必须同时具备产业规划能力、招商能力和运营能力。开发商不能停留在原有的住宅思维，物业销售短周期和快周期获取收益的传统手法已行不通，未来开发商要与产业运营者紧密联系在一起，从原来传统的开发商转变为城市配套服务商，从单纯的开发销售升级为持有资产、运营资产。政策趋势虽然是去房地产化，但并未限制房地产企业参与工业区改造项目，房地产企业在资金、市场、整合和建筑等方面具有优势，房地产企业的参与能推动工业区的改造升级，快速实现产业载体的全面升级。

可以看出，深圳的成功经验源于对市场经济规律的尊重，但在实施的过程中也暴露出了一些问题，有些在改革之初预想到但却没有防止住，有些则根本没有预见到。在迈入高质量发展阶段后，深圳土地制度需要在成功经验的基础上不断探索、突破，以土地制度优化城市空间资源的重新配置，撬动产业结构、就业人口乃至社会结构的整体联动转型，进而实现经济增长与用地、人口、环境、资源的协调。

（二）
高房价下的土地制度变革[①]

深圳城市更新类政策在存量建设用地供应中起到关键作用，为解决历史遗留问题提供了新思路，对城市未来面貌改善起到了推动作用。但是，为了完善更新拆建改造对原利益主体的补偿标准，补偿价格不断升高，这与深圳房价飙升现象一起引发了人们对更新改造的质疑。在城市更新释放土地资源的关键时期，一系列改造措施被看成是深圳高房价的隐形推手。因此，探究深圳高房价的影响因素，明晰更新改造在何等程度上影响了房价，城市更新能否在高房价的背景下继续推进，是值得本书思考论证的重要问题。

从长远看，成本对价格有明显影响，但在市场经济中，价格归根结底是由市场的供求关系决定的。我国实行社会主义市场经济，商品价格不再由计划经济时期的成本加利润决定，而是由商品的供求关系来决定。房价是由房屋的供求关系决定的，城市的房价上涨，本质上是由于其房地产需求大于供给。

由于房屋市场与土地市场有着密切的联动关系，特别是从长远和整体上看，地价高低对长远房价变化有很大影响（长远看房价与地价可以相互制约。如果房屋需求不变，地价等房屋成本持续上涨，会使开发商利润降低，当房地产开发利润低于社会平均利润时，竞争会促使一部分房地产开发投资转向其他产业，进而对土地需求压力减弱，地价下降。同时，由于房地产开发投资减少，房屋可供量减少，会促使房价上涨。两者共同作用并保证开发平均利润维持在社会平均水平）。但是，就一定时期而言，决定房价的最重要因素就是房屋市场的供求关系，土地只是构成房地产的一个生

[①] 详见本书专题报告二。

产要素。①

假设技术条件不变,生产要素成本上升会挤压收益空间。资源高度集聚会推动城市经济有取有舍从而向高质量发展,更高质量的生产要素供给为城市经济持续增长提供可能。人口、经济聚集加剧土地资源稀缺,生产要素成本也相应抬高。在规模报酬递增的城市中,集聚收益不断提高,高收益同时容纳高成本,追求集聚收益大于集聚成本成为城市持续发展的基础。但不可否认的是,房价与地价之间存在内生性关系,相互影响的方向均为正向,房价对地价的影响远远大于地价对房价的影响。人均可支配收入不仅是地价的重要影响因素,同时也对房价有显著的影响作用,在房价滞后期对房价的影响程度最大,说明房价的预期效应是推动房价上涨的主要原因。②

在现实中,有观点认为城市更新改造会推高房价,城市更新改造与深圳房价飙升的内在关系值得我们深入研究。在理论和实践层面,房价变化是多因素共同影响的结果,明确房价变化影响因素是厘清深圳高房价内涵所在的关键。从全球的情况看,房地产价格主要受到国家贷款利率标准、货币供给量、地区发展水平、供给、需求等因素影响。此外,由于集聚、发展水平等条件不同,城市之间也会存在明显的房价空间异质性。

以美国为例,长期以来美国东、西部都市区的房价指数高于全美都市区平均房价指数。近十年,西、南部都市区的房价指数涨幅最大,都市区的经济聚集程度是房价上升的重要因素(见图3-4)。进一步分析,房地产是不充分流动商品,具有显著的局部均衡特征。都市区房价差异与所在区域经济增长有关,区域经济的快速聚集与繁荣会带动房价较快上涨,如美国西部(西雅图和波特兰)和美国南部(亚特兰大和迈阿密)。

---

① 参见岳晓武:《房价、地价与土地招拍挂》,载《中国土地》2005年第1期。
② 参见韩凌芬:《房价地价关系再思考》,载《中国土地》2009年第8期。

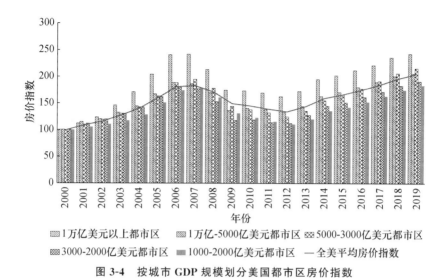

图 3-4　按城市 GDP 规模划分美国都市区房价指数

与美国都市区房地产市场类似,我国四个一线城市房价也明显高于全国平均水平,主要有四个原因:第一,四个一线城市的人均、地均产出效率高于全国平均水平;第二,一线城市的经济聚集能力强,对房地产的需求更加强烈;第三,相对于全国平均水平,一线城市的土地稀缺性更加突出;第四,持续上涨的房价会推高对房价的乐观预期。在四个一线城市中,深圳尤为突出。深圳的房价最高、可建设用地最少、单位建成区产出最高(见图 3-5)。

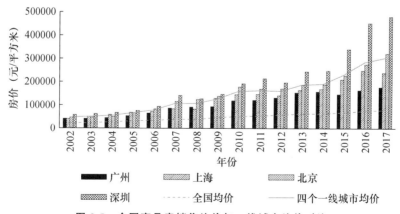

图 3-5　全国商品房销售均价与一线城市均价对比

精准解析不同城市、不同状态下的房价是个难题,我们尝试分离影响房价的要素,模拟局部市场的供求关系。在现实中,商品房销售面积是代表房屋供给的重要指标之一,四个一线城市房屋供给存在明显差异。2017年深圳实际销售面积供应量为670万平方米,是四个一线城市中最少的,北京、上海、广州的销售面积分别为深圳的1.3、2.5、2.6倍;自2002年起累计供给量分别为深圳的3.1、4.2、2.2倍;年均人均销售面积分别为深圳的1.7、1.9、1.8倍。2017年深圳平均房价为4.79万元/平方米,若只考虑供需关系,当深圳的房屋供给量达到北京、上海、广州的水平,其理论房价应在3.85—4.63万元/平方米的范围内,均价在4.13万元/平方米左右。

同样的,人均GDP与人口密度可作为需求指标。2017年深圳的人均GDP是四个一线城市中最高的,约为18万元,分别为北京、上海、广州的1.42倍、1.45倍、1.21倍。假设四个一线城市的供给一定,深圳人均GDP若维持在北京、上海、广州的水平,深圳理论房价应为3.5—4.1万元/平方米,均价在3.7万元/平方米左右(见表3-7)。这种局部市场的供求均衡也可用另外一种方式表达:当北京、上海、广州的供给量降至深圳水平时,三地的理论房价应上升至3.38—4.8万元/平方米,均价在4.33万元/平方米左右;若三个城市的需求增加至深圳水平,理论房价则在4.44—4.79万元/平方米,均价在4.56万元/平方米左右。

表3-7 推算深圳2017年的理论房价

以下城市为基准	供给角度		需求角度		实际房价(万元/平方米)
	商品房销售面积(百万平方米)	供给增加与深圳理论房价(万元/平方米)	人均GDP(万元)	收入变化与深圳理论房价(万元/平方米)	
北京	8.70	4.63	12.90	3.56	3.21
上海	16.92	3.91	12.66	3.50	2.38
广州	17.58	3.85	15.07	4.05	1.76

（续表）

以下城市为基准	供给角度		需求角度		实际房价（万元/平方米）
	商品房销售面积（百万平方米）	供给增加与深圳理论房价（万元/平方米）	人均GDP（万元）	收入变化与深圳理论房价（万元/平方米）	
三个一线城市平均	14.40	4.13	13.54	3.70	2.45
深圳实际	6.70	4.79	18.31	4.79	4.79

资料来源：数据整理自国家统计局与各地区统计年鉴。

以上分析可用图3-6表示。深圳在2017年供给与需求状态下房价达到4.8万元/平方米，若深圳房地产年均供给量增加至北上广水平，则由S1移动至S2，深圳的房地产价格下降至4.1万元/平方米；同理，若深圳的人均GDP水平降至北上广的平均水平，深圳的房地产价格可降至3.7万元/平方米。由此可见，深圳房价高于其他三个一线城市，大致反映了经济与人口集聚程度的差别，并非严重的房地产泡沫。

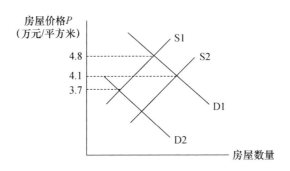

图3-6 深圳房地产市场供给需求变动（模拟）

需要指出的是，房产是一种资产，具有资产预期收益变化的特点，房价等于房产未来预期收益折现。当房价上升时，房产未来的预期收益也会上升，买房意愿增强。人们对于房价预期过度乐观也会导致当前房价升高。在现实中，往往会出现房价下降预期下降、房价上升预期上升的现象，预期房价与当前房价呈现交错式变化。实际房价持续下降引起悲观预期,实际房价持续上升引起乐观预期,从而加大了房价的波动。根据我们的实证检验结果,四个一线城市的房价变动中存在比较明显的预期因素(见图3-7),当房价从2万元/平方米降到1万元/平方米时,预期因素影响约占50%,从1万元/平方米升到2万元/平方米时,预期影响约占50%,2万以上的上升,预期影响降至约25%。①

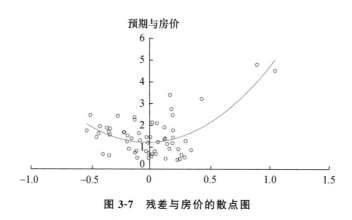

图3-7 残差与房价的散点图

由此看来,与同为一线城市的北上广比较,深圳似乎并不存在明显的泡沫问题,城市更新改造与房价上涨之间的关系仍待深入研究,利用市场化的方式解决历史遗留问题是一个可行的方案,但仍需关注乐观预期推高房价对更新改造的影响。由此可以得出推论,保持"两个市场"不失为约束房价的好办法。深圳的土地集约利用水平高,与土地资源严重稀缺状况并存,采取单一市场的方式解决住房问题不现实。能够释放的供给量也不足以完全满足需要。因此,在"两个市场"下将大规模的城中村廉租房屋纳入保障性住房体系,有助于优化城市房屋供给结构,拓宽城市更新内涵,对进一步明确深圳未来土地的改革方向有重要意义。

---

① 假定需求回归方程的残差为预期,与房价拟合得出U形曲线(见图3-7)。当拟合房价低于真实房价时(残差即预期大于0),房价呈现上升趋势;反之下降。

（三）
政策实施案例分析

深圳的未来发展必须依赖空间资源的合理配置和高效利用，而空间资源高效利用的基础是清晰的土地产权制度。有效的确权思路是在村民和政府之间找到合理的利益平衡点，在确权的同时政府收回部分公共用地，农民借此换取余下土地的合法使用、流通、转让等权利，政府利用得来的土地建设公共基础设施、美化城市、促进产业升级。

在存量土地开发的模式探索中，深圳市政府主要采取两种方式来确权：土地整备和城市更新。从规模和利益分配主体上说，土地整备的规模更大，是由原权利人与政府分配利益；城市更新规模较小，是原权利人与政府和市场分配利益。

1. 三围社区土地整备

三围社区位于宝安区西乡街道，占地398.6万平方米。社区内流动人口居多，截至2015年年底，辖区居民约46400人，其中户籍人口约700人，非户籍人口约45700人，比例达1∶36.7。辖区内建设用地共计296.92万平方米，缺乏完善的管控机制。社区总建筑面积约110.5万平方米，以私宅和厂房为主。

以宝安大道为界，辖区东部区域土地权属关系较为混乱，但基本都掌握在社区股份公司手中。三围社区利益统筹试点项目申报范围为282万平方米，其中社区实际占有国有土地24.81万平方米、其他国有土地188.27万平方米、未征转土地68.92万平方米。

三围社区"整村统筹"土地整备项目的启动，一方面与政府面临的深中通道巨大土地收储压力有密切关系，另一方面也与三围社区自身发展的强烈意愿有关。同时，2015年坪山区沙湖、南布社区"整村统筹"项目经验的推广，让政府和三围社区看到了解决现实困境的希望，为项目的启动提供了良好的契机。

三围社区"整村统筹"土地整备项目正式开始于2016年4月。土地整备分为四个阶段。在前期准备阶段，经过土地权属调查划定初步整备范围，确定初步整备范围面积为49.65万平方米，但是在确定收回土地和社区留用地过程中，双方出现了矛盾，几个方案均不能达到利益平衡，社区主动放弃了关于历史合法指标的落地诉求。尽管如此，双方依然表示项目可继续推进。"整村统筹"阶段，社区欲对公共用地规模、性质等进行调整，而政府认为应该严守城市规划的公共利益底线，并坚持城市规划的调规原则，致使利益依旧无法得到平衡。在"打包征地"阶段，政府第一次降低预期，权衡之下放弃了部分未征转地合法化的诉求，保留规划公共用地落地的初衷，主动尝试调整现行城市规划，但是难度较大，依然无法达到利益平衡。最后在政府和社区的博弈下，土地整备变为以收缩深中通道为目标的"项目征地"，双方预期均未达到。政府收回储备用地5.76万平方米，其中5.35万平方米用于落实深中通道。

在土地整备过程中，两方就代表社区利益的留用土地规模和价值与代表公共利益的公共用地土地规模和价值无法达成一致。政府和社区都屡次降低自己的预期，导致运行过程偏离预设，放弃了"解决历史遗留问题"的初衷，放弃了使用产权空间腾挪和重构，偏离了"整村统筹"预设的目标和路径，最后异化为针对深中通道的"项目征地"。

2. 岗厦河园片区城市更新

岗厦村位于深圳福田中心区的东南片区，由楼园片区和河园片区两部分组成。1998年，深圳启动中心区建设，岗厦成为中心区内唯一旧村。河园片区改造规划用地面积15万平方米，改造前，该区拥有总人口6.8万人，其中本地户籍人口1153人、外籍人口843人、暂住人口6.6万人，常暂比达1∶34。同时，该区村内私房建设缺乏规划和合理管制，村内抢建违建现象严重，合法外建筑总面积达51.43万平方米。

岗厦河园片区的土地权属关系复杂，主要用途为居住和工业。更新改造前原村集体及其成员用地占11.74万平方米,其他国有用地1.65万平方米,土地权属争议地达5.5万平方米。

1998年,深圳市政府决定对河园片区进行全面改造,后因改造困难极大,并未真正实施。2002年,福田区政府接市政府命令,负责组织该片区的改造任务。直到2006年,金地大百汇房地产开发公司、岗厦村股份合作公司以及福田区政府终于达成一致意见,签订《岗厦河园片区改造项目合作协议》,正式推动整体改造。但2007年蔡屋围村"钉子户"得到高价补偿新闻的曝光和《中华人民共和国物权法》的出台,使得原村民的预期收益膨胀,对原补偿标准认可度下降,岗厦村改造刚启动便陷入僵局。2008年年底,经历十年之久的改造工程正式进入私人签约环节。2009年年初,签约率达91.25%。

岗厦村旧改最终采取"政府＋开发商＋村股份公司"的开发模式,在福田区政府扶持下(补贴资金2.5亿元),改造方案由村股份合作公司与金地集团实施。该改造注重村民生活保障和改善股份公司经济结构:全部村民住宅一层补偿商业,集体物业全部返还商业,村股份合作公司获得1万平方米土地自行建设集体物业。村股份公司与金地集团合作成立商业经营公司,经营商业项目,培养股份公司人才,村民入股参与分红。

岗厦改造的推进过程非常困难,历经了几个阶段的博弈,也尝试过多种模式,对深圳随后的城市更新有重要的借鉴作用。在"政府＋开发商＋村股份公司"的模式中,村集体组成股份公司,保障了村民的知情权、自由选择权(任意选择房屋置换与现金补偿组合)、经济保障权及自由表达权(充分听取民众意见),引入市场主体,加快了确权和补偿谈判的进度。福田区政府在改造拆迁监管、补偿监督、村民回迁等方面发挥了良好的督导作用,同时政府还通过直接介入专项以服务和监督等形式指导城市更新工作。

3. 小结与思考

土地整备是一种空间增量拓展和已建成区用地、空间重新整合的有效途径,根本目的在于落实规划,进一步优化调整用地结构,提高土地资源利用率,从而实现在空间约束条件下更好地适应城市发展对土地的需求。土地整备主要由政府调控,能够有效主导利益分配的格局,有利于一次性解决社区既存与未来发展的问题。

但是,土地整备的实际效果还有待检验。一方面,政府所能支配的财务预算相对受到限制,土地整备补偿标准弹性较小,无法提供足够的激励以推动权属分配。在土地整备的谈判博弈中,政府追求的是代表公共利益的公共用地土地规模,社区追求的是代表社区利益的留用土地规模。由于原先权属不明晰,双方利益由于各自目标往往会产生很大的冲突,导致谈判的进度较慢且容易停滞。土地整备周期相对较长,容易让政府陷入治理困境,原先的谈判成果可能会随着社会经济环境变化而被否定。谈判周期的拉长,双方的让步容易使双方偏离原先的预期。例如,在三围社区的改造中,双方最后放弃了解决历史问题的初衷,从"整村统筹"最后异化成为"项目征地"。综上所述,由于现实的种种困难,土地整备较难推进。

深圳的"城市更新"政策,引入市场主体参与,从政府主导变成市场主导,打破了由政府进行征地、卖地的传统城市用地体制,政府不再把全部土地先集中到自己手里,再出让给市场。政府需要做的,只是确保项目开发的公共用地,对土地确权设置必要的门槛条件,保障过程的社会公正,就可以把其余的事务交给市场,让相关各方按契约原则进行交易。政府适时转变职能,更集中于确保公共与配套设施的提供,突破了"唯有国有化、才能市场化"的模式,对深圳乃至全国城市土地制度的变革具有实质性的开拓意义。

土地作为生产要素,尤其在深圳这样高度集聚的城市能带来巨大的经济利润,这使得深圳的市场化活跃程度要远远高于其他城市。如今,深圳每年新增用地有限,为了获得建设用地,市场有足够的动力加入政府存量盘活的活动中。同时借助市场力量,政府对于拆迁补偿不作具体的规定,由市场来决定。在现实案例中,如岗厦河园片区改造案例,为了保证改造的顺利实施,市场主体在与原始权利主体的谈判过程中,将一部分利益转移给了原始权利主体。在与政府的博弈过程中,开发商为了保障自身利益最大化,常常将容积率作为谈判重点,进而将这部分收益的亏损转移给了政府。从政府角度出发,为了让权属尽快确立、改造顺利实施,这一损失通常被认为是可以接受的。

专栏 3-3 纽约"高线公园"改造案例

"高线"(High Line)建于1930年,原是一条从纽约市肉类加工区直通曼哈顿西城区哈德逊港口的货运专用工业高架铁路线,曾被视为纽约工业区的"交通生命线"。[①] "高线"总长约2.4千米,高约9.1米,沿途可欣赏美景和哈德逊河,还能经过一些地标性建筑,比如自由女神像、帝国大厦、洛克菲勒中心等。20世纪80年代,由于美国州际公路货运业务快速发展,铁路运输业务萎缩,"高线"铁路在运输完最后三车冷冻火鸡后退出历史舞台,停止运营,并曾一度面临被拆除的命运。[②]

1999年,"高线"铁路沿线的市民Joshua David和Robert Hammond创立了社区团体"高线之友"(Friends of High Line),致力于推动保护"高线"铁路及倡导空间再开发,将废弃的铁路打造成开放的公共空间(其理念与法国的线性公园(Promenade Plantée)一致,即将废弃的高架铁路改造成开放的公园)。2002年,"高线之友"向美国地面运输委员会提交基于现有铁路改造线性公园的申请,并获得了布隆伯格市政府的支持。2005年6月,美国地面运输委员会发出临时使用证明书,"高线"铁路改造项目获得批准。纽约市由此开始了"高线"铁路改造设计方案的竞赛,以James Corner Field景观建筑事务所联合Diller Scofidio + Renfro及Piet Oudolf绿化设计公司胜出,并邀请灯光、结构工程等专家,为"高线"铁路设计改造方案。2005年11月,CSX运输公司将"高线"铁路三十街以南的所有权移交给了市政府,2006年4月,"高线公园"改造项目开始动工。2009年6月9日完成第1段(Gansevoort街道西二十街)的建设,并对公

---

① See Joel Strenfeld, *Walking the High Line*, Gerhard Steidl Verlag, 2009.
② 参见王琰、张华:《城市废弃工业高架铁路桥的重生——纽约高线公园更新改造及启示》,载《四川建筑科学研究》2016年第4期。

众开放;2011年6月8日完成第2段(西二十街道西三十街)的建设,并对公众开放;2012年9月20日,"高线"铁路车场开工建设,意味着"高线公园"第3段(最北段)开始改造。这一段于2014年9月21日完工并向公众开放。除了20世纪60年代拆除的从Gansevoort街至Spring街部分,"高线"铁路完成改造,"高线公园"全线完工并对公众开放。

"高线公园"建成后,其98%的运营费用由"高线之友"筹集,主要依靠个人捐赠来资助公园的运营及文化、艺术和社区活动。"高线公园"全线开通后运营情况良好,2014年及2015年运营出现净收益,在经济上实现了可持续发展(见表3-8)。

表3-8　2014—2015年"高线公园"运营情况　　　　单位:千美元

	2014年	2015年
运营收入	10953	11823
运营费用	10941	11593
净收益	12	230

资料来源:孙媛、青木信夫、张天洁:《从废弃高架铁路到创意空中公园——纽约高线的再生1930—2009》,载《装饰》2011年第1期。

【"高线公园"的改造模式】

与传统的政府和开发商主导下的"公众参与"模式不同,"高线公园"是在"高线之友"的主导下进行开发的,是一种自下而上的开发管理模式。同时,"高线之友"还与纽约市政府一起全程参与了"高线公园"的设计过程,一起评选确定最终的设计开发团队。在这种自下而上的公众主导的开发模式下,市民成为项目甲方,政府有关部门则成为项目的监管方与协调者,设计师通过自己的设计来满足城市与市民的各种需求。

"高线"改造中有四大特点:一是利用土地重划置换和建筑面积容积率奖励政策营造高品质公共空间;二是非营利组织成为更新计划的重要推动者;三是社会捐赠和物业增值收益是重要资金来源和回笼途径;四是以容积率奖励作为重要支撑政策推动更新计划实施。

表 3-9　"高线公园"改造的资金来源　　　　　　单位:百万美元

改造成本		资金来源	
第1段、第2段	152.3	市政府	122.2
第3段	35.0	联邦政府	20.3
—	—	高线之友	44.0
—	—	州政府	0.4
共计	187.3	共计	186.9

资料来源:https://edc.nyc/project/high-line,2020 年 7 月 23 日访问。

【启示与现状】

　　一个好的公共空间的创造绝不仅限于自身的开发和设计,还需要和周边区域协同发展。"高线公园"通过对周边街区和建筑的更新和控制,为"高线"再开发创造了良好的先期环境。事实上,"高线"轨道构筑物本身并没有被认定为历史地标建筑,它东侧大部分地区也不是历史地区,这样的条件使一些新建筑能够有机会见缝插针地被安排在"高线"两侧,成为新的风景线。在"高线"改造之前的 20 世纪后期,切尔西地区一直处于相对脏乱差的境况之中。"高线公园"的成功改造给沿线地区的整体复兴带来了重要影响,周边地区的房地产开发也跟着兴旺起来。公园第 1 段及第 2 段开通后,纽约市经济发展公司(NYCEDC)对周边地产价格的统计分析发现:2003 年"高线"铁路改造之前,铁路周边住宅地产的价格比曼哈顿整体水平低 8%,"高线公园"建成之后的 2011 年,距离"高线公园"步行 5 分钟范围内的住宅地产价格上涨了 103%,高于其他区域住宅地产价格的增幅。然而,随着物业价值的上涨,租金不可避免的上涨也导致了社区居民构成的改变,使一些长期在切尔西地区经营的传统商家因为失去以前的顾客群而不得不关门大吉。也就是说,"高线"的成功改造带来了显著的士绅化(Gentrification)现象,由此而来,被斥为"哈德逊的迪士尼世界"的批评声在纽约媒体上也没有间断过。[①]

　　[①] 参见张一枫、张松:《高线公园:大都会纽约的工业遗产复兴故事》,载《人类居住》2015 年第 2 期。

四
土地制度改革未来探索新方向

从历史梳理、政策演变分析中,可以看出深圳对土地问题的认识在不断深化,政府持续创新土地改造的实践,推动务实土地政策的制定,以租代售,用土地权属租赁盘活市场,满足城市多样化需求。市场化的存量土地开发是未来主要利用方式,政府要处理好短期市场利益与长期发展需求的关系,提炼现有高效政策关键要素,进一步优化管制体系。

(一)
国内外土地制度先进经验

随着社会经济的迅速发展和人类利用土地资源的显著提高,土地制度成为国际城市关注的重点。世界各国在城市化发展过程中均产生过土地征收、开发利用、权利归属等一系列问题,各国为应对这些问题有各种不同的经验和做法。我们选取了新加坡、美国、德国与中国香港四地进行比较分析,通过梳理国内外土地制度改革的经验做法,加强对土地制度相关内容和实践的研究,对深圳在新时期构建相关制度起到有力的理论支撑作用,对完善深圳的土地发展制度具有重要的借鉴意义(见表4-1)。

表 4-1　国内外城市土地制度改革经验

类别	国家或地区			
	新加坡	美国	德国	中国香港
土地制度	土地国有为主；基于公众利益，政府有权收购；统筹规划，提高土地效益	私有为主，公有土地主要服务于公共利益；政府为了公共利益，经规划许可，按征用时交易市场上的公平价值，对被征地者进行补偿；土地管理制度方面，政府侧重服务市场，重视农地保护	绝大部分土地所有权归自然人、法人等私人所有，少部分归联邦、州、乡镇等政府所有	所有权国有，使用权批租；以公开拍卖为主的土地出让方式
住房体系	成立政府法定、非营利的建屋发展局；控制土地成本，保证售房成本；实行中央公积金制度；租售并重，满足中低收入居民的住房需求	租金优惠券计划或货币租金补助政策	居住导向的住房制度设计，并以法律形式保障；充足稳定的住房供给、多元化市场规范发展。合理稳定的住房投资回报率，遏制投机性需求和开发商暴利行为	住房供给呈现"双轨制"
税收制度	—	轻买方重卖方，支持住房自有，抑制投机作用有限	—	炒房成本高，持有成本低

1. 新加坡土地制度及管理

新加坡的土地所有制是国有和私有的混合制度，国有土地通过《土地征用法》从私有土地征用，目前政府及其法定机构拥有90%的土地。新加坡土地资源非常稀缺，为保证国家规划的实施和推动城市建设发展，新加坡《土地收购法》第5条授权总统宣布收购私人土地产权，只要收购目的是为了公共用途；或是基于公众利益，如果执行部长认为有必要，可以指定任何人、公司或法定机构进行征地；或是任何为了住宅、商用建筑或者工业发展目的都可以进行征地。①

为加强统筹规划利用,提高土地使用效益,新加坡对整个城市作了建设发展长远概念规划和总体规划。其中,长远概念规划是一种土地综合利用和交通规划的结构图,用来指导未来40—50年新加坡全国的城市发展、基础设施建设和公共事业发展;总体规划是长远概念规划在各个具体时期和具体空间上的落实,为未来10—15年城市建设和土地利用提供指导并带有法令性。②

在住房方面,新加坡的公共住房制度被称为组屋制度或组屋政策,又称组屋(组合房屋)。在政府的积极推动下,80%以上的新加坡人拥有自己的组屋,剩下不到20%收入特别低的困难家庭租赁廉租组屋。同时,高收入者还可以购买市场上的商品房,真正实现了"居者有其屋"的目标。其中成功经验主要有:

第一,李光耀执政期间,政府以民为本的执政理念和强大的行政能力。李光耀提出并践行了"居者有其屋"政策理念。新加坡于1960年成立了建屋发展局,推行政府的组屋政策,为确保建屋发展局工作的顺利推进,新加坡采取了三大策略:成立政府法定、非营利的建屋发展局,让建屋发展局专司其职,授予其获得土地、原材料和人工的权力;采取整体策略,把设计、整理土地和建造房屋视为一个完整的流程来管理;强有力的政府支持,表现为毫不含糊的政治意愿、资金投入和立法支持等。③ 这为包括中低收入者在内的所有买不起房子的家庭提供了经济实惠、性价比高的住房。

第二,控制土地成本保证售房成本。由于有《土地收购法》的支持,政府在使用城市土地资源中占据主导地位,而且法律规定政府有权调整被征用土地的价格,保证以低价得到大量用地,这解决了其他国家在城市化中

---

① 参见王江雨:《新加坡土地管理制度——私权、民生和国家利益之间的平衡》,载《城乡规划、土地征收与农民权利保障学术研讨会暨第二届世界宪政论坛论文集》2011年8月。

② 参见张祚、朱介鸣、李江风:《新加坡大规模公共住房在城市中的空间组织和分布》,载《城市规划学刊》2010年第1期。

③ 参见刘鹏:《新加坡建屋发展局经验借鉴》,载《山东建材》2008第2期。

土地增值过快、售价过高等问题。①

第三，实行中央公积金制度。新加坡强制实施个人储蓄式的中央公积金制度，规定雇主和雇员按照法定的公积金缴纳率将个人月薪的一部分存入中央公积金局的个人账户，每月缴交的公积金连同利息均归雇员所有。使用中，除支付雇员5%—10%的正常提款外，中央公积金全部用于购买政府债券。通过这种方式，公积金的储蓄积累实际上转到政府，其中大部分由政府用于组屋建设和个人购房贷款。正因为有中央公积金制度的支持作用，不仅使得政府"建得起"组屋，也让居民"买得起"组屋。可以说，住房制度的成功，公积金制度功不可没。

第四，租售并重满足中低收入居民的住房需求。新加坡向收入特别低的特困家庭推出廉租组屋，政府每个月象征性地收取少量房租。政府对首次申请购买组屋的中低收入者设定了等级和门槛。首先，必须是新加坡公民；其次，必须是每月收入不超过5000新元的家庭，收入越低，补贴越高；再次，每月家庭总收入不超过10000新元，在国内外未拥有任何私人住宅产业，申请日前30个月内不曾售卖任何私人住宅产业的，购买组屋后5年内不得自行在市场上出售。

新加坡在长期实践中也积累了一些经验。比如，政府倡导的执政理念就包括："不搞施舍"，不搞消费补贴，但要"通过让资产增值来重新分配财富"，为的是让人们拥有可支配的财产。

2. 美国土地制度及管理

在土地所有制上，美国现有陆地面积23亿英亩②，其中美国联邦政府拥有28%，约6.4亿英亩；而私人拥有的土地大约58%，约13.3亿英亩；另有12%为州、县、市拥有土地，约2.8亿英亩；2%保留为印第安人托管的土地，约0.5亿英亩。联邦政府的土地，主要包括联邦政府机关及派驻各

---

① 参见郭雪剑：《土地住房制度的国际比较与经验借鉴》，载《财经问题研究》2016年第1期。
② 英亩是英美制面积单位，一般在英国、美国等地区使用，1英亩＝0.004047平方千米。

州、县、市机构的土地和军事用地等。州、县、市政府也各自拥有自己的土地。联邦、州、县、市在土地的所有权、使用权和受益权上各自独立,不存在任意占用或平调,确实需要,也要依法通过买卖、租赁等有偿方式取得。在联邦政府拥有的 6.4 亿英亩土地中,也存在多元化的形式,隶属农业部的国家森林局控制 30%,隶属内政部的国家土地管理局控制 42%、国家渔业和野生动植物局控制 13%、国家公园局控制 12%,国防部管理 3%。①

在土地管理制度上,美国政府职能侧重服务市场,重视农地保护。美国在内政部设土地管理局,负责联邦政府所有土地的管理,并对州政府和私人所有土地进行协调。对于私人所有土地,州和地方政府也有独立的规划系统。法律对土地的交易、使用作出明确规定。美国法律赋予政府对土地的终决权,包括占有、控制、管理、优先购买权等。这主要表现为:(1) 对土地拥有权的限制,包括土地的取得与征收,拥有土地的种类、数量、位置等;(2) 对土地使用的限制,包括土地用途、规划、禁止闲置土地等;(3) 对土地交易的限制,包括变更登记、租赁期限和对土地投机的控制等;(4) 对公共用地的管理,包括向某些行业提供廉价的土地,为中产收入者提供优惠住房用地等。

美国法律和土地政策重视和强调土壤保护。针对农村土地的公共政策,其关键目标是保护资源的生产潜力或"持续性"以满足未来国内外的需求。不可逆转的农村土地用途变更限制了农用土地非农化使用。

美国地产市场发达,政府职能以服务为主。在地产市场上,土地的买卖价格完全由当事人双方根据土地的经济价值自行确定,或者由私人估价公司帮助双方达成协议,②政府相对中立,除了对土地买卖投机等行为进行必要的监管外,更多的是为买卖双方提供服务。

美国政府在住房供应和租房保障方面也有重要影响。针对二战后"婴儿潮"的状况,约翰逊总统实施了房租援助计划和抵押贷款援助,其中房租

---

① 参见魏景明:《美国的土地管理与利用》,载《中国土地》2002 年第 11 期。
② 参见刘亚萍:《美国的土地征用制度》,载蔡继明、邝梅主编:《论中国土地制度改革:中国土地制度改革国际研讨会论文集》,中国财政经济出版社 2009 年版。

援助计划既直接向低收入家庭提供租金补贴,又向住宅开发商提供低于正常市场水平的贷款利率,使其为中低收入者提供低于正常市场租金水平的住房。随着住房领域的主要矛盾从住房短缺变为低收入阶层租房租金大于收入,美国政府住房政策的重点调整为对低收入租户房租的直接补助。《住房和社会发展法案》规定,符合条件的租户可以通过从地方住房管理机构获得租住金证明,到市场上租住定额租金范围内的住房。之后,美国政府相继出台了租金优惠券计划,租户可以在市场自由租用住房。与限制较多的租金证明计划相比,租金优惠券计划让租户自主性更大,也更受租户青睐。此后,租金优惠券计划或类似的货币租金补助政策一直是历届美国政府住房政策的重点。

在税收制度上,美国轻买方重卖方,支持住房自有,但抑制投机作用有限。保有环节主要是房地产税的税负较轻。税率以支定收,实际税率不高,主要用于区域内的公共服务,有助于提升区域内房地产价值,有房户直接受益,对居民房价预期影响不大。交易环节轻买方重卖方,抑制短期投机。房地产转让税费,包括转让税、记录税(费)、抵押贷款税等项目,主要以成交房价为税基,通常总和成本不超过5%,买卖双方共同分担。购房者承担的交易成本通常不超过3%;卖方需承担双方的经纪人佣金,总交易成本可达10%。对卖方还征收资本利得税,持有1年以上的,联邦税率为0—20%,持有不到1年的则纳入个人所得税综合征收,联邦税率为10%—37%,税负更重。

总体来看,美国的土地和住房政策是相对成功的,有约2/3的美国家庭拥有属于自己的住宅,低收入家庭也通过政府租金支持等政策解决了居住问题。但需要注意的是,美国的成功,与其说是由于自由放任的私有化政策,不如说是因为得天独厚的优越条件:

一是幅员辽阔、土地肥沃,人口又相对比较少。与人多地少的中国不同,历史上美国农民几乎不存在追求"耕者有其田"的苦恼。

二是经济发展水平比较高,经济实力雄厚。美国经济实力之强举世公认,到20世纪70年代就已经不存在住房短缺问题,这在世界上是很少的。

在这样的经济基础上,对于少数低收入家庭的住房保障问题,美国政府完全有能力包揽下来。①

三是市场经济体制比较健全,法治基础环境较好。除了必要的管制和规划外,美国的土地住宅资源几乎完全由市场机制配置,政府只是充当"守夜人"的角色,这都是以美国比较健全的市场经济体制为基础。市场经济顺畅运行离不开良好的法治环境,美国对土地住宅领域的相关重要事项会严格按法定程序实施。②

3. 德国土地制度及管理

按土地所有者类型看,德国的土地可以划分为联邦政府(国有)土地、州和乡镇政府所有土地、教堂所有土地、私人所有土地。其中,绝大部分土地所有权归自然人、法人等私人所有,少部分归联邦、州、乡镇等政府所有。德国在土地私有产权之外,还有土地共同所有权的规定,多个人可以共同拥有某一块土地的所有权,即一块土地的所有权人不止一个。德国还形成了独具特色的住房市场结构,即在居住结构上以租房为主流,德国住房自有率为45%,55%的人口租房居住,租赁群体的人均住房面积为38平方米,租赁条件较好;在供应结构上以居民所有为主、多类机构有力补充,居民家庭持有住房81%;在房龄结构上展现"住房质量奇迹",住房持久耐用,70%以上的住房房龄超过40年,27%超过70年,14%为百年老宅。

在住房供给制度上,德国经验主要有以下几点:一是居住导向的住房制度设计,并以法律形式保障。德国《宪法》和《住宅建设法》都明确规定,保障居民住房是联邦政府首要的政策目标之一。建造面积、布局、租金适合广大居民需要的住房,是德国政府制定房地产政策的出发点。德国政府始终把房地产业看作国家社会福利体系的一个重要组成部分,没有过多地强调其"支柱产业"的地位。德国的《住房建设法》《住房补助金法》《住房租

---

① 参见郭雪剑:《土地住宅制度的国际比较与经验借鉴》,载《财经问题研究》2016年第1期。
② 参见文贯中:《吾民无地:城市化、土地制度与户籍制度的内在逻辑》,东方出版社2014年版,第120—121页。

赁法》和《私人住房补助金法》分别为社会保障住房供给、中低收入的房租补贴、租赁市场的规范和私有住房提供了法律框架,被称为德国住房政策的"四大支柱"。

二是充足稳定的住房供给、多元化市场规范发展。德国的住房套户比(住房套数/家庭户数)在1978年就达到了1.21,随后一直稳定在1以上。德国平均住房拥有率超过40%,有一半多的家庭均通过租房解决住房问题。德国拥有欧洲最大的租赁市场,受《住房租赁法》保护,有90%的家庭在市场上自由租房,另外10%是租用社会住房或廉租房,受政策性住房法律调节。政府根据家庭人口、收入、房租给予居民房租补贴,确保每个家庭有足够的租房支付能力,86%的德国人可以享受不同额度的租房补贴。德国出台了《租房法》和《经济犯罪法》,用来保护租客利益和遏制投资投机性需求。《租房法》规定房租涨幅不能超过合理租金的20%,否则房东就构成违法行为,房客可以向法庭起诉;如果超过50%,就构成犯罪,房东甚至会被判刑。合理租金的界定标准非常严格,是由当地房屋管理部门与房客协会、中介组织沟通协商得出的,它们会定期给出不同类型、不同地理位置房屋的合理租价水平。合理租金也是法庭判定房租是否合理的重要依据。

三是配套及监管制度。为了实现合理稳定的住房投资回报率,德国严厉遏制投机性需求和开发商暴利行为。德国的住房市场具有较为稳定的投资回报率,长期稳定在4%—5%之间,对于追求长期稳定投资回报的投资者有足够的吸引力。与其他投资工具相比,住房投资回报率具有一定的比较优势。在住房交易中,若未满10年出售,需缴纳25%的资本利得税。如果开发商制订的房价超过合理房价的20%,购房者就可以向法庭起诉。如果超过50%,就可以定性为"获取暴利",开发商将面临高额罚款和最高3年刑期的严厉惩罚。

4. 中国香港地区土地制度及管理

在土地制度上,香港特区土地所有权属于国有,使用权批租。《中华人民共和国香港特别行政区基本法》(以下简称《香港特别行政区基本法》)第

7条规定:"香港特别行政区境内的土地和自然资源属于国家所有,由香港特别行政区政府负责管理、使用、开发、出租或批给个人、法人或团体使用或开发,其收入全归香港特别行政区政府支配。"香港特区政府颁布新政,新批租的土地除特殊用地外,租期一律为50年。

在土地出让方式上,包括公开拍卖、投标、协议与勾地,以公开拍卖为主。公开拍卖适用于一般住宅、工业等用途的土地,是主要出让方式;投标、协议主要用于涉及社会公益、公共事业或政府鼓励投资建设的土地;勾地则是在土地拍卖前增加询价程序,避免土地贱卖与流拍(于2013年取消)。政府还可通过两家公营机构(市区重建局与香港地铁有限公司)对外出售土地。市区重建局负责确定需要重建的市区地皮,邀请私人地产商提交有关地皮的发展建议书;也有权收回市区的残破旧楼进行重建,并与业主商讨赔偿方案。香港地铁公司有权出售获批土地(邻近铁路的土地或地铁站"上盖物业")的发展权,为铁路建设筹集资金。市建局与香港地铁公司的地皮招标采用半公开式进行,中标者需向政府补缴地价。

从市场结构看,香港住房供给呈现"双轨制"。一是政府主导建设的公营房屋数量众多,居住人口占比近半。公营房屋供应以房屋委员会为主,房屋协会为辅。公营房屋包括公营租住房屋(简称公屋,类似廉租房)与资助出售单位(类似经济适用房,以居屋为主)两类。2016年,公屋居住人口占香港人口的29%,资助出售单位居住人口占16%,合计占比45%。二是公屋数量众多,叠加房价过高,香港近一半家庭选择租房。2016年,租住公屋与私人房屋的家庭合计122.4万户,占香港家庭总数的49%。尽管香港政府兴建了大量的公营房屋,2016年香港房屋套户比仍达到1.09,且租金低廉,但条件偏差,轮候时间长。

在税收制度上,香港特区炒房成本高,持有成本低。在香港税收制度中,与居民相关的房地产税种主要包括差饷(即地税)、土地租金、物业税、从价印花税、买家印花税、额外印花税、租约印花税。税负设置上,香港在交易环节多层次加征印花税,抑制投机炒房,但保有环节差饷与土地租金只占物业价值的0.2%—0.5%,与欧美物业税的1%—2%相比偏低。

香港模式是深圳早期房地产市场的启蒙。深圳房地产市场迅速发展的同时,也面临着同样的房价困境。因此,深入研究香港住房制度,对反思深圳住房制度、解决高房价难题有积极意义。香港住房制度存在以下问题:

一是人均住房面积过低。香港人均住房面积只有16平方米,落后于其他发达经济体。2015年,香港公屋、居屋、私人楼宇的面积中位数分别为23平方米、51平方米与52平方米,房屋单位普遍小型化。

二是可开发土地有限,土地储备少。香港重视生态保护,占地37%的郊野公园无法开发。政府新增土地供应主要来自填海造地与土地征收。但2005年以来填海造地大幅减少,而土地征收耗时较长,导致政府可出让土地资源较少。土地出让减少,加剧供给不足。

三是房价攀升带来的财富效应,加大社会贫富差距。香港绝对房价与房价收入比位居国际大都市前列。1986—2017年,港岛、九龙、"新界"的私人房屋均价分别上涨20倍、20倍和14倍,年均增长10%、10%和9%。2018年11月,香港城区平均房价为2.88万美元/平方米,郊区平均房价为1.85万美元/平方米,房价收入比达到47.81倍,绝对房价与房价收入比均位居国际大都市前列。香港贫富差距较大,高于欧美等发达经济体,2017年逼近联合国规定的0.6的危险水平。

四是房租水涨船高,租住私人房屋家庭负担较大。香港近一半家庭选择租房。2016年,租住公屋家庭有76.4万户,租住私人房屋的家庭有45.9万户,租房家庭合计122.4万户,占香港总人口数的49%;自有房屋家庭125.8万户,占比50%。尽管公屋家庭房租负担小,但租住私人房屋的家庭(占比18%)面临较大的住房负担。1986—2017年,港岛、九龙、"新界"的私人房屋租金均价分别上涨3.7倍、3.5倍和3.4倍,年均增长5%。租金等住房相关支出也取代食品烟草,成为居民主要消费支出。

（二）
土地改革新一轮实践探索

针对持续改造中的潜在问题，深圳继续在制度改革上进行了一系列探索，通过合理手段形成持续改造中系统化、规范化的土地制度，为亟待解决的潜在问题提供创新思路。深圳在贯彻可持续高质量发展的精神下，继续通过不断试错，完善土地制度改革。可以看到，深圳目前仍在根据城市发展需要不断优化完善土地制度，即在前海改革创新中，针对性地根据地区发展需要进行制度创新；通过重申"综合整治"类更新改造模式的重要性，强化城中村更新统筹，梳理多种存量开发实施手段，建立协调互促的存量开发机制；通过开展已批未建土地①处置专项行动，建立长效监管机制，加快国土空间提质增效，为经济社会高质量发展提供充足的空间保障；通过探索"先租后让"存量用地盘活新机制，降低企业用地成本。不难看出，深圳土地改革新一轮实践探索紧密围绕着城市发展需要，以创新高质量经济发展为引领，完成深度城市化任务。

1. "因需制宜"——前海改革创新

前海地区位于深圳南山半岛西部，伶仃洋东侧，珠江口东岸，包括南头半岛西部、宝安中心区，是"珠三角湾区"穗—深—港发展主轴上的重要节点，总占地面积约为 18.04 平方千米。前海合作区的功能定位为：深港合作先导区、体制机制创新区、现代服务业集聚区、结构调整区，重点发展创新金融、现代物流、总部经济、科技及专业服务、通讯及媒体服务、商业服务六大领域，优先发展前海湾保税港区和前海商务中心区。前海地区的建设借鉴了中国香港地区及国际先进地区的成功经验，充分利用山、海资源，建

---

① 已批未建土地是指已签订土地使用权出让合同满 2 年仍未开发建设的土地。

设和谐、宜居、优美的山海城相融合的生态型滨海城区。前海官方的数据显示,前海固定资产投资逐年递增,从2011年的18亿元增长到2017年的385亿元,七年累计完成固定资产投资约1100亿元。前海实际利用港资达到的年均增长率为206%。2018年上半年,前海蛇口自贸片区新增注册港资企业1836家,新增注册资本426亿元。截至2018年6月底,该地累计注册港企8938家,注册资本达到9129亿元。

前海地区的制度创新需求有三大方面。一是以实施都市综合体开发为主,服务于都市综合体开发的相关土地政策设计。按照前海综合规划,该地区以都市综合体开发为主,因此,首先研究都市综合体的内涵与内部功能组织,论证该开发模式的特殊性,提出对现有规划管理、土地管理的实际管理要求。结合都市综合体开发,对土地开发规模、开发主体资质、土地出让方式、土地出让合同管理与地价征收提出创新需求。二是以深港合作的现代服务业为主,服务于高端服务业发展的相关土地政策设计。前海地区定位为深港合作的现代服务业综合示范区,要突出"深港合作"和"现代服务业"发展,因此,相关土地政策设计需要围绕这两大关键词来进行组织。制度创新需求包括前海产业准入门槛如何设置、地价政策如何配合、在前海的相关管理部门如何协同管理等。三是前海地区可开发用地面积不足。前海自贸区约15平方千米的土地由填海而来。由于早年被深圳市政府定位为用于发展现代物流业,因此这片填海地由政府和物流企业一起管理,企业占据了大量地块。深圳官方资料显示,前海自贸区在设立以前,其土地已出让了一半以上,其中招商局、中集、深国际西部物流三家企业的用地达4.8平方千米,占前海总用地的32.3%。截至2016年9月,前海14.92平方千米总用地中,扣除市政基础设施、公共服务设施、水廊道、公共绿地和已出让土地外,剩余经营性用地仅1平方千米左右。

在此背景下,前海土地管理改革创新要点及配套政策在2013年5月以文件形式正式对外发布,其主要创新点见表4-2。

四、土地制度改革未来探索新方向

表 4-2 前海土地管理改革创新点

创新点	具体内容
20% 土地出让金用以奖励"绿色"项目	为鼓励节约集约用地,前海把土地使用权出让收入(扣除政策性刚性支出)的 15%—20% 划入前海深港合作区产业发展基金。以"绿色""低碳"为特色的建设项目可申请该项基金,前海将综合考虑经济贡献、节约环保等因素予以奖励
土地出让采取弹性年期	一般而言,国内法定的一次性出让土地使用权的年限是 40 年(最高年限)。在前海,土地使用权可分期出让、分段计收地价。其中,自用部分首次出让年限一般为 20 年,到期后经评估按 10 年续期。具有重大影响和特殊意义的产业项目用地,可按法定最高年限出让。出售部分,按最高年限出让。土地使用期限届满申请续期的,经评审符合前海产业政策的可以续期,最长可续期法定最高年限
供地方式告别"大一统"	前海区内,不同产业将采取不同的供地方式。除试行建设项目用地预申请外,产业带动性强、项目辐射面广、事关前海发展全局的特别重大高端项目用地,试行公告出让,并防止恶性竞争导致高地价、高楼价、高租金。为提高土地利用效益,实行有条件的"带设计方案"出让。创新产业用地用房管理,实行"带管理方案"出让
分片区标价抑制地价异常	为稳定市场预期,避免不实炒作误导大众,前海将综合考虑片区的宗地属性、土地用途、市场情况等各项因素,采取分片区标定地价,并保持每年更新
每一个单元都是一个"小宇宙"	前海初步划定 22 个单元 102 个街区,按照单元开发和街区开发的模式,单元内的楼宇将全部打通,每一个 200 米左右的单元能够解决片区内的基本工作、生活、购物和社区服务。目前比较成熟的单元开发模式有深圳的万象城、香港的西九龙等。对于资本实力雄厚、开发经验丰富、综合招商能力强、运营成效明显的企业,前海还将鼓励和支持企业一起参与土地开发、招商引资和运营管理。包括土地的成片开发、定制开发、带资开发、一级开发等多种开发模式都在考虑范围之内。不少新区常见的开发进度慢、不成规模、规划不统一将不会在前海出现
产业用地将向企业总部倾斜	在前海产业用地里,自用部分的建筑面积一般不得低于总建筑面积的 50%。不过,以企业招商引资和运营管理为主的项目,自用比例可以适当降低。建成后,物业自用部分原则上 10 年内不得转让,出售部分原则上 5 年内不得再转让。在持有年限内经前海管理局批准可以转让的,转让方应将一定比例的增值收益上缴前海管理局。另外需要注意的是,办公类物业的租售对象为符合产业导向和入区规定且注册地在区内的法人;公寓类物业的租售对象为在区内工作的个人或上述法人

(续表)

创新点	具体内容
研究设立前海土地审裁机构	前海拟借鉴境外地区的先进土地审裁经验和制度,研究设立前海土地审裁机构,探索建立土地和房产审裁制度,提高土地和房产权益纠纷裁决的效率。土地审裁制度将出让土地的政府和购买土地的企业置于平等的地位,双方关系为平等的民事关系,有了问题找审裁机构解决,减少政府权力部门的干预,通过法律的介入倡导平等及合约精神,有助于提高裁决效率
囤地炒地将收回用地	对不按合同履行开发责任和义务,存在囤地、炒地、闲置等行为的,前海管理局将严厉打击,通过协商、仲裁、审裁或司法裁决等途径收回用地。此外,前海将把土地使用权出让合同验收制度作为房地产权登记前置条件。前海合作区内,所有拟转让物业包括通过招拍挂方式公开出让的土地,原则上不得转让,但确需转让的,前海管理局都可以优先回购。另外,经营状况较差的企业或项目,其物业也由前海管理局参照市场价格优先回购

前海土地面积小加上权属复杂,使得深圳在前海土地开发上不得不另辟蹊径,最后的结果就是采用了全国首创的"梯级土地开发模式"。与国内主流土地开发仅有1级和2级不同,前海的土地开发模式共有5级,两者差别在于后者的土地使用期限和地面建筑的性质分类更多更细(见表4-3)。2014年前海创新运用1.5级土地开发模式,提升土地开发进度和灵活性,其土地出让的年限可以从8年到10年,不像传统的2级开发一般在40年到50年,而且其地上的建筑也不像是2级开发的永久建筑,而是装配式可移动建筑,寿命比永久建筑要短,但是建筑期非常短,建筑成本也更低。这样一来,整个前海的土地开发进度和灵活性提升。在无须进行土地出让的前提下,通过土地短期租赁和限期运营方式,快速建成了多个矮层建筑群。企业公馆、深港青年梦工场、港货中心、深港创新中心都是通过这一模式,快速建成投入使用的。这一模式吸引了港交所、周大福、恒生等一批港企入驻。截至2018年,前海共出让土地31宗,用地面积共71.94万平方米,建筑面积526.96万平方米,在建项目约80个,62栋100米以上建筑已封顶。全新开发模式的探索和尝试针对土地少价值高的核心区域

的用地开发发挥了试点的作用。

表 4-3 前海梯级土地开发模式

梯级	内容	补充
0 级	城市开发建设前,建立前海的网络虚拟平台,实现三维展现、虚拟入驻、电子商务、智慧运营、信息服务等	项目开发前的发展方向与定位
0.5 级	进行土地、海域、沟渠等受污染区域的环境整治,为城市建设提供一个好的建设基础	项目用地的综合治理,主要为环境治理
1 级	城市基础设施建设,形成城市后续建设运营的结构骨架	项目用地的征地拆迁、安置及基础设施建设等工作
1.5 级	根据基础设施建设情况和土地开发时序,选择基础设施完备、土地出让较慢、土地价值空间高的地块,采用建设可移动、可生长的建筑和设施,开展品牌及影响力活动,在建设过程中展现前海未来形象,挖掘土地价值,形成滚动开发	—
2 级	商业、办公、配套服务、居住等地产开发项目和城市建设等	土地招拍挂之后进行开发、建设、招商、运营等

由万科地产开发的前海企业公馆就是 1.5 级土地开发的样本。万科以"零"地价的方式向前海管理局租赁相关土地 8 年经营权建设写字楼,期限届满后建筑将无偿移交给政府。该项目已经建成且已经完全出租,共 64 家企业入驻,以金融企业为主。另一个 1.5 级开发项目为前海创新商务中心,其土地租期为 10 年,建造时采用"工厂制造+现场安装"的模块化建造方式,半年内就建好交付使用,成本相较钢结构则减少 1/8—1/6,且绿色环保可重复使用,快速解决了前海相当一部分企业的办公需求。

前海模式,不仅包括开发模式,还包括融资模式,两者是紧密相关的。前海改变了"政府卖地、开发商卖楼"的传统开发模式。前海在对存量土地采取五级土地开发模式的同时,也可以腾出"另一只手"同囤地的国企进行谈判。

2."综合整治"——多元更新改造

深圳已经意识到持续改造过程中内生推高房价的隐患,在《深圳市城中村(旧村)总体规划(2018—2025)(征求意见稿)》中调整了改造模式,重申"综合整治"类更新改造模式的重要性,通过强化城中村更新统筹,梳理多种存量开发实施手段,建立协调互促的存量开发机制。深圳以综合整治分区为抓手,通过整治手段改造,避免大规模的大拆大建式更新,规范引导推进住房规模化统租改造,控制改造节奏,预防更新改造项目内生推高房价,促进可持续发展。

上述文件针对深圳城中村居住用地划定了综合整治分区范围。全市综合整治分区划定对象总规模约为99平方千米,规划期内综合整治分区用地规模为55平方千米,将未纳入更新单元计划、土地整备计划、棚户区改造计划、建设用地清退计划及合法外建筑空间管控专项行动等城中村居住用地划入城中村综合整治分区,以健全更新管理机制、优化综合整治实施、强化租赁市场管理、完善政策保障等为核心,全面开展综合整治工作,建立实施保障机制。其中,优化综合整治实施主要强调强化政府主导和统筹作用、完善市场主体参与机制、强化城中村综合整治质量、加强经费支持等;强化租赁市场管理主要强调加强城中村租赁市场监管和引导存量房屋开展规模化租赁业务。综合整治旨在增加保障性租赁住房的供应。总体规划要求,政府相关部门应通过计划引导、规划统筹、价格指导等手段,引导各区在综合整治分区内有序推进城中村规模化租赁改造,满足条件的可纳入政策性住房保障体系。经政府统租后实施综合整治类更新的城中村居住用房全部纳入政策性住房保障体系,进行统筹管理。

同时,上述文件中提出三大配套政策建议:构建政府主导管理机制、鼓励多方参与、明确综合整治相关标准。以定期组织编制更新计划规划、混合局部拆建、降低合法用地准入比例、简化局部拆建区域规划容积率的测算规则、减轻政策性住房配建责任等一系列手段规范完善有关政策制度。

此外,旧工业区的综合整治也是持续改造中的关注要点。深圳城市更新"十三五"规划中计划完成100个旧工业区复合式更新，以旧工业区综合整治升级改造为践行"城市双修"工作、促进产业转型升级、实现老旧工业区有机更新的有效途径。2016年计划完成旧工业区综合整治建筑面积60万平方米，实际完成78.52万平方米；2017年计划完成旧工业区综合整治建筑面积100万平方米，实际完成116万平方米，均超额完成计划任务。

《深圳市综合整治类旧工业区升级改造操作规定（征求意见稿）》规定，要以衔接相关政策、打通关键环节、破解待完善手续建筑物处理难题、优化审批程序、提高行政效率、完善综合整治全链条操作流程、建立激励机制、鼓励市场参与、加速老旧工业区改造与转型升级为创新核心思路，充分尊重了市场规律，通过规范申报主体条件、细化单元计划申报条件与要求、规范单元规划审查、奖励城市公共用地贡献、推进历史用地处置、简化待完善手续、完善全链条项目管理流程等一系列手段，将政府引导作用和市场运作优势结合起来，规范完善以综合整治为主的多元更新改造。这也是未来深圳发展的一条可行道路。

3. "高效利用"——土地提质增效

针对持续改造中的土地闲置问题，深圳在《深圳已批未建土地处置专项行动方案》（以下简称《行动方案》）中，提出以优化国土空间、保障发展空间、提升城市质量为根本目标，于2019—2020年开展已批未建土地处置专项行动，努力做到2年内高标准、高质量地彻底解决所有已批未建土地问题，建立长效监管机制，加快国土空间提质增效，为经济社会高质量发展提供充足的空间保障。

根据深圳市规划和自然资源局的调查显示，截至2017年年底，深圳已签订土地使用权出让合同满2年仍未开发建设的土地共564宗，总用地面积为11.94平方千米。已批未建土地在空间上主要分布在原特区外，土地用途以工业、仓储为主，宗地面积以1万平方米以上为主，部分用地未建时间超过10年。其中涉及土地、规划、产业等政策变化或调整，部分用地还涉及不同程度的权属或经济纠纷，历史情况纷繁复杂。

《行动方案》要求按照全面清理、限期处置、依法依规、实事求是，创新思路、综合施策的工作原则，确保2020年11月30日前完成全市已批未建土地处置工作。强调要加强土地批后监管，在积极稳妥推进已批未建土地处置工作的同时，严防新增已批未建土地的出现，建立已批未建土地动态管理长效机制。文件以优化国土空间、提升城市质量为根本目标，系统清理已批未建土地，在行动期限内高标准、高质量彻底解决所有已批未建土地问题，通过采取"案例＋政策""问题＋工具箱"的工作方法，综合运用城市更新、土地整备、违建查处等解决空间瓶颈问题的方式展开。

同时，在对已批未建土地核实确认建库的基础上，文件还提出区分企业自身原因、政府政策调整、规划调整、非净地出让以及外部因素等具体原因，区分政府部门用地和企业用地两类用地主体，结合不同土地用途，对不同情形下的历史遗留已批未建土地进行系统处置。处置方案包括依法收回土地使用权、限期1年内开发建设、按照评估地价给予补偿、用地置换、按人才和保障性住房相关政策开发建设、限期6个月理顺经济利益关系开发建设等多种处置方式。

随着深圳的发展，该城市的集聚化水平还会不断提高，单位土地的产出效益将是深圳未来发展的重要考虑，应继续深入挖掘，最大限度利用好每一寸土地，在存量土地二次开发阶段，实现高效用地下的城市产业聚集。

4. "先租后让"——降低用地成本

针对持续改造中地价上涨速度过快，产业大量外迁的潜在问题，深圳在《深圳规划和国土资源委员会与龙岗区人民政府共同推进规划国土管理改革与实践合作框架协议》下，探索"先租后让"存量用地盘活新机制。

"先租后让"模式是指政府以租赁方式供应一宗产业用地，租赁期限为5年。企业竞得该地块，需与政府签订土地使用权租赁合同及产业发展监管协议。在租赁期限内，企业的产值、税收等各项指标通过履约考核，则上述土地使用权由租赁转为出让，如果未能通过履约考核，租赁期满政府将收回土地使用权。

在该文件下,通过科学设置准入门槛,降低竞得企业用地成本及投资风险,提高企业生产积极性,促进企业加大科技投入,推动实体经济发展、产业结构转型升级;鼓励多家企业"联合竞买"产业用地,优化产业空间资源配置,促进土地集约高效利用;加大对已租赁用地和联合竞买用地监管力度,分时段、分时点对产业项目的履约情况及用地开发建设情况,实施多部门联动的"全生命周期管理"机制,确保真正想做实业的优质企业能够专注于事业发展和转型升级,形成良性循环。深圳龙岗区于2018年年底成功交易"先租后让"产业用地,这意味着深圳率先探索试行"先租后让、租让结合"的产业用地供给新模式,为城市更新改造提供了新思路。这同时也是土地功能属性细分化与细分化定价机制不断完善的又一重大举措。

城市经济的高质量发展离不开产业的兴旺,"先租后让"的模式一方面允许深圳选择并留住地均产出高的企业;另一方面,又预留了城市土地出让的弹性空间,对深圳未来的产业发展是一个不错的路径选择。

(三)
持续探索下的政策建议

不难看出,深圳土地制度变革与城市发展长期以来互进互促,通过制度变革以实现城市发展目标,在城市发展过程中不断积累和深化对城市土地制度的认识,逐渐深化制度变革。在上一阶段,深圳正式进入存量开发阶段,土地动态定价机制基本构建完善,开始了空间资源循环化和复合型利用,开启了以地调控城市系统的深度城市化。通过规范完善有关配套政策规划工具,在持续发展中不断改革创新。

深圳通过与城市化相关的土地市场化改革和管制放松,降低了制度性交易成本,促进了土地要素的自由流动和市场化配置,大大提高了资源配置效率和要素报酬水平,实现了城市经济的飞跃式发展。深圳以不断完善调整的土地动态定价机制促进城市的全面、可持续发展。在持续发展中不断改革创新,不断修补、规范、完善有关配套政策规划工具,形成了深圳土地制度变革与城市发展互进互促、综合发展的业态。延续深圳既有的发展逻辑，我们可以从三个大方面来提出对未来深圳土地制度改革促进深圳深度城市化的政策建议。首先，可以通过综合评判深圳合法外建筑存在的意义与必要性，确认深圳未来发展深化改革的方向。其次，可以在深圳城市高质量发展的新阶段，提出更加适应深度城市化发展需求的土地利用方式。最后，在城市土地空间管控和拓展方面，我们可以发现如何规划与进行法定图则的优化，另外，区域协同下的城市空间共同开发也不失为深圳未来深化土地制度改革的方向。

1. 保留并继续完善"两个市场"的基本结构

深圳目前以合法外建筑为主的租赁市场和以商品房为主的销售市场相对分离，相互影响，廉价房租赁与商品房销售共同支撑起了深圳人口的多样化需求。"两个市场"结构创造了一个通过住房补贴实业的渠道，在一定程度上对冲了"格雷欣效应"向高贴现率部门转移财富的效应，实现了深圳由"三来一补"到高端制造业的升级跨越。深圳的合法外建筑是深圳快速城市化发展的必然产物。在深圳快速城市化发展历程中，仅凭规划内住房供应难以满足大量人口涌入的居住与生产经营需求。大量合法外建筑的存在限制了深圳土地和空间要塞的整体流动性，难以再开发、再利用，与经济结构急速转型的要求严重相悖。过去 40 年间，深圳通过政府土地管理与供应制度的完善和分区规划水平的提高，在引入市场化方式下，建立了有效的动态补偿机制，成功地遏制了合法外建筑的蔓延，开启了合法外建筑动态归零的阶段。在传统思维下，合法外建筑归零的条件是建立单一的国有土地市场，但当存量合法外建筑规模过于巨大时，以单一国有土地市场为基准的城市二次开发改造的成本高、周期长、效率低，能够释放的供给量无法完全满足深度城市化和城市功能调整的需要。根据计算，目前距离彻底消除合法外建筑还有较大差距，依照目前速率，仍需要至少 40 年的时间。在此过程中，合法外建筑仍会客观存在。

因此，我们认为，保留并继续完善"两个市场"租售分离结构是风险较小、收益较大的发展方向。在逐渐消除合法外建筑的过程中,应继续保留并完善"租赁市场+销售市场"的基本结构,在坚持"住房是用来住的,不是用来炒的"、防止出现系统性风险的大背景下,保留现有商品住宅的资本功能,同时继续维持租赁市场中针对"住"的房屋。为了实现这一目标,需要做到以下几点:一是防止合法外建筑通过更新改造大量纳入商品房销售体系,维持"租售并举"的城市房屋供给结构。通过维持"两个市场"的价格差异,稳定深圳的租金收入比。① 在信用货币制度下,同样贴现率的货币对应的是不同贴现率的资产,在"格雷欣效应"驱使下,要素只能流向高贴现率的虚拟经济部门。"两个市场"的优势在于其将资本性住房和商品性住房分开,通过一定比例的租售双重结构既创造了服务于高技术创新的资本(信用),也构建了服务于实体经济运营的租赁市场。二是严格区分更新改造后的"两个市场"基本属性,防止套利空间。销售市场与租赁市场应继续采用不同的房地产政策:前者应当由金融部门按照资本市场的规则进行管理,目标是资本供给的稳定;后者则应当由住房保障部门按照居住的需要进行管理,目标是保证城市就业者低成本获得居住空间。必须严格防止"仅租不售"类房屋进入销售市场交易体系,进一步加强这方面的监管与规定,进行常规性的审查。

2. 以高质量城市发展为导向调整土地利用

土地需求是人类为了生存和发展利用土地进行各种生产和消费活动的需求。城市土地需求包括工业、仓储、市政公用设施、道路广场、住宅、绿化等各项建设用地的需求,具体表现为对各种用途土地的需求。城市土地需求包括两个方面:一是经济增长和人口的积聚引起土地需求总量的扩

---

① 2018年,深圳全市出租住房占存量住房的71.1%,全市商品住房、商务公寓、保障性住房、单位自建房等功能完善、配套较好的住房仅占总量的34%;功能不完善、配套较差的城中村住房、工业区配套宿舍占住房总量的66%。在2000万左右的实际管理人口中,超过80%的人群长期租房居住。全市房屋租金收入比呈二元特征,商品房住房租金收入比已高达50%左右,而城中村租金收入比则为25%左右。

大；二是经济、社会发展以及产业结构变化导致土地需求结构的变化。城市用地需求将随着城市化水平的提高而增加，也会随着社会、经济发展发生需求结构的变化。城市土地需求的驱动力是城市发展，主要由居住、工商业及公共服务用地组成。一个城市的经济增长主要是人口和就业。人口的增长带来了对住宅的需求，而城市经济活动的增长带来了对用于各种经济活动（如工业、商业、零售业、办公等）的建筑空间的需求。同时为支持人和经济活动，还需要城市基础设施（如道路等）和服务设施（如学校、医院、绿地和公园等）。

高质量城市发展（深度城市化）是深圳下一阶段的主要发展目标，即应通过土地供给调控城市系统运行方向和城市空间资源的重新配置，撬动产业结构、就业人口乃至社会结构的整体联动转型，进而实现经济增长与用地、人口、环境、资源的协调。为达成深度城市化发展目标，我们根据此阶段城市土地需求，对居住用地与工商业用地的利用方向提出了调整建议。

（1）居住用地：进一步提高保障性住房比例，完善住房"双轨制"

深圳作为我国人口密度与人口净流入最高的城市之一，住房供需不平衡、结构不合理、保障不充分等问题日益突出。现行住房制度已难以满足广大市民对改善住房条件的新需求，难以满足深圳实施人才强市战略的新需要，难以满足深圳建设创新引领型全球城市的新要求。在高质量城市发展阶段，需进一步深化住房制度改革，加大住房供应，扩大保障范围，不断提升城市对人才的吸引力，不断增强人民群众的获得感、幸福感、归属感。在"以人为本"的核心理念下，推动高质量城市发展，在尊重需求多样性的前提下，为城市的多元人口结构提供空间，实现"居者有其屋"。在上述保留并完善"两个市场"的基本逻辑下，我们建议，应进一步提高保障性住房比例，完善商品房销售与"保障房＋城中村"租赁住房的"双轨制"供给结构。

首先，需进一步完善住房规划体系，促进保障性住房供应的可持续性。

完善住房规划体系既是惠民政策中的一项基础工作,又是体现城市综合水平的重要指标和提高城市竞争力的有效途径。应提高对住房规划的关注度,将住房规划看作是与电力等市政规划、交通发展策略等元素同样重要的版块纳入城市总体规划的编制。在这方面,《深圳市住房建设规划(2016—2020)》已基本达成目标。不仅提出到2020年要新增8平方千米的居住用地供应,而且落实了各分区保障性住房和人才住房新供用地的选址和规模。

完善的住房体系还应制定合理的建设目标,并制定相匹配的政策和措施促进该目标的实现。2018年《深圳市人民政府关于深化住房制度改革加快建立多主体供给多渠道保障租购并举的住房供应与保障体系的意见》提出坚持以住房供给侧结构性改革为主线,突出多层次、差异化、全覆盖,针对不同收入水平的居民和专业人才等各类群体,构建多主体供给、多渠道保障、租购并举的住房供应和保障体系。值得肯定的是,政策中对新增住房供应提出了"商品房40%,人才房、安居房和公租房60%"的规划方向,对人才房、安居房和公租房的大小、所面向的人群及其相关租售价格进行了详细的规定。未来,需在此方向下继续努力,对于住房种类、低收入人群界定方法的说明等进行进一步细化,在设计高质量、满足不同住户群体需求的房子,以及保证分配制度公正、精细化管理保障房等方面需继续深化,从而确保保障性住房供应的可持续性。

其次,需加强保障性住房资金监管,积极拓宽社会投资渠道。在保障房资金来源方面,应确保政府投资足额且按时到位,同时积极拓宽社会投资渠道。《深圳市住房保障发展规划(2016—2020)》提出"将全市年度土地出让净收益以不低于10%的比例"投到保障房的建设中,这项惠民政策保证了政府拥有充足的投资资金。未来,需进一步指定专门的机构负责监督该项资金的使用,并定时评估和敦促资金足额、准时到位,通报批评不规范的行为。

此外,建设保障房仅仅依赖政府投资是不够的,这样不仅资金来源单一,给政府带来沉重的财政负担,而且容易导致不可持续。因此,还有必要积极拓宽社会投资渠道,探索运用公积金和房地产投资信托基金、搭建融资平台等方式丰富资金的来源途径。其中,具有可支付性等特点的社区土地信托制度便是有效的融资途径。社区土地信托公司的土地一般不通过市场竞拍得来,因此能大大减低住房价格。其管理层一般由多利益群体构成,对保障房的质量和配套设施的监督力度也较大。其退出机制也将房屋售价约束在低收入群体能负担的水平上,因此有利于保障房的循环性和持久性。从政府管理的角度看,社区土地信托制度积极发挥了社会非营利性组织在保障房建设和管理方面不容忽视的作用。

最后,需拓宽保障性住房供给渠道,探索住房新供应模式。在保障性住房供给方面,需加快保障性住房建设步伐,推动保障性住房和商品房协同发展。具体来看,在"保留并完善两个市场"的基本逻辑下,需深入推进综合整治类更新中的"推进住房规模化统租改造",继续通过"仅租不售"等方式,维持"两个市场"价格差异的基本结构;通过引入租金补偿机制等方式鼓励开发商进行整治改造,从而兼顾经济效益和社会效益。同时,针对在综合整治更新后纳入保障性住房体系的原城中村居住用房,要设立专门机构对其运营进行定期监管,确保其运行的公平性。

此外,应继续探索住房新供应模式。在推进住房新双轨制的大前提下,可探索推进"先租后售"机制(详见专栏 2-1)。结合深圳中心区外和高科技企业职住需要,出台"先租后售"的相应试点办法,吸引有经济实力、创新能力的科技企业,以前期签订合同的形式,制定以地均产出、产业增加值、环境指标等为约束的出让条例,允许企业在产业用地中提出改变功能属性需求,为企业员工建设住宅用地。以前 5 年为租赁期,期满后员工有权按照当时市场价的 50% 或较低的价格购买房屋完整产权,购买 10 年后允许转让。同时,政府建立事后评估监督体系,对企业的相关指标进行考核,防止企业借此牟利。循此途径,不仅员工能够获得较为稳定的收入和住所,而且能促进中心区外的土地吸引更多高科技企业,同时平衡全市职住压力。

(2) 工业用地：分区推进"先租后让"机制，全面提高企业竞争力

在深圳未来发展中，应继续探索平衡土地资源与产业发展之间的关系。一个健康的土地市场应当对不同区域的土地功能属性进行确认，遵从经济学上的 AMM 模型和 RR 模型①，完善不同位置、不同功能属性的土地使用政策。随着深圳单位土地产出的不断增加，土地价格不断上升，企业用地贵、用地难、用地慢等问题日益突出。现行工商业用地出让制度可能无法支撑城市高质量发展目标。因此，我们建议对新增产业用地采取"先租后让"模式，通过降低企业用地成本，帮助企业将资金用于科研投入，有效服务产业项目。

深圳可以借鉴龙岗区已取得的有效经验，分区推进"先租后让"机制。让企业通过竞标的方式获得产业用地，与政府签订土地使用权租赁合同及产业发展监管协议。在租赁期内，政府考核履约企业的主营业务增加值、税收等各项指标；同时，为促进企业创新能力，若企业科研支出达到一定规模，可减短租赁期限或现金奖励，以确保优质的实体企业能够专注于主营业务发展和转型升级，促进实体经济发展。若企业在租赁期内完成考核，则土地使用权由租赁转为出让；如果未能通过履约考核，租赁期满政府将收回土地使用权。

(3) 工商业用地：构建并完善低效产业用地的市场退出机制，实现土地利用的动态优化调整

存量建设用地循环利用是破解资源瓶颈、节约集约用地的重要途径。深圳的发展与土地资源瓶颈的矛盾倒逼土地资源要在市场规则、市场价格、市场竞争三原则的指导下实现效益最大化，实现对城市土地资源的重新配置。目前来看，居住用地的商业在开发和政府改造方面都是卓有成效

---

① AMM(Alonso-Muth-Mills)模型和 RR(Rose-Roback)模型的基本结论为：单位产出占用土地多少，决定了产业空间配置的成本差异，单位产出需要土地越多的产业，距城市中心区或是距离大城市越远；反之，使用单位土地能够创造更多就业和更多产出的经济活动会靠近城市中心区或是大城市。

的，比较突出的问题仍然集中在产业用地方面，这也是深圳未来实现高质量发展的重中之重。基于对深圳土地制度与城市发展的认识，我们认为深圳土地制度的深化改革需逐步建立规范有序的低效产业用地土地市场退出机制，并不断促进其科学化、合理化。目前，深圳通过对土地开发手段全面系统的梳理整合，已经形成了囊括土地整备、城市更新、综合整治、违建处置、闲置用地处置等在内的"工具箱"。为了探索出一整套工作机制，深圳应在现有基础上进一步完善低效土地利用的市场退出设计，拓宽退出机制覆盖范围，促进土地资源的循环利用，形成土地利用的提质增效长久机制。

首先，探索市场主导的土地退出模式，采取市场回购等多种方式收回低效用地使用权，再通过土地二次出让、二次招商引资，引进新项目落地，提高用地集约利用水平。对无法继续开发建设的低密度产业用地，依法收回土地使用权，按照市场评估地价给予补偿。因片区产业规划定位调整等原因需要调整的产业用地空间，由产业部门对拟建设的产业项目进行评估；属于限制发展类或禁止发展类的产业项目，依法收回土地使用权，按照市场评估地价给予补偿。此外，可考虑设置产业清退名单，对不符合深圳未来发展需求的企业，实行空间腾退。

其次，要实现产业用地的差别化、精细化管理，制定不同标准的产业用地要求。围绕单位土地投资强度、单位用地产值、单位用地达产税收、万元增加值综合能耗、容积率控制等指标建立产业项目用地达产验收管理制度，对于达标企业，可给予税收等政策优惠激励。同时，要区别企业类型，制定不同措施：对属于传统优势产业的企业，土地政策应围绕完善周边空间基础服务能力、提高公共服务水平；对属于新一代信息技术、高端装备制造、绿色低碳、生物医药、数字经济、新材料、海洋经济等七大战略性新兴产业的企业可适当放宽准入标准，放宽达产验收年限，设定相应门槛；对累计几年验收不通过的企业，可逐步引导市场回购。

3. 探索改革土地拓展、管控的制度创新

严法重治、精规细管、高效开发、永续利用,是土地资源保障高质量发展的本质要义。深度城市化离不开土地管理制度,需要加强科学引领。土地实行精细调查、精明利用、精准整治和智能管控是城市土地资源管理的必然要求,要运用不断发展完善的规划、工程等手段助力深度城市化。从上文的整理分析中,不难看出深圳城市发展空间的管控与拓展在深圳的发展脉络中承担了重要的作用,未来仍需进一步在城市空间管控和拓展上不断深入创新。

(1) 探索完善社会主义先行示范区的区域协同新模式

深圳依靠统征统转成功把全市域土地转化为城市发展用地,极大地拓展了城市发展空间。未来,要推动深圳的健康发展,建设社会主义现代化先行示范区,需要逐步突破行政界限下的区域封锁,按照市场机制推动与周边区域的合作,拓展行政区划外的空间。应继续遵循全面改革开放的思想引领,不仅要"由内而生"地解决城市用地问题,同时,也要着眼全局,不断"向外而求"。《粤港澳大湾区发展规划纲要》中提及"飞地经济",强调了深化区域合作的重要性。按照该纲要的布局,将完善大湾区至泛珠三角区域其他省区的交通网络,促进泛珠三角区域要素流动和产业转移,形成梯度发展、分工合理、优势互补的产业协作体系。毫无疑问,深圳作为粤港澳大湾区的核心城市之一,将承担与周边区域协作分工的重任。未来以飞地为代表的新型区域协同模式也是深圳未来发展的着力点之一。

首先,积极完善"飞地经济"发展模式,进一步引导破除在大湾区城市内影响人员、物资、资金、信息自由流动的制约和瓶颈。深汕特别合作区作为深圳单独管理型、深度全面整合型"飞地模式"的全国唯一案例,是深圳通过"飞地模式"寻求大发展的一大机遇。深汕合作区的发展模式要不断深化创新,进一步就市场化原则和方式开始规划建设、营运管理等方面的深化改革,找到最有效的分工明确、权责对等的共建共享发展模式,寻找更

合理的土地收益分配机制,完善区域间的土地开发利用模式。

其次,创新区域间协作治理方式。新区域主义倡导地方政府吸纳非营利组织、私营部门和民众共同参与区域治理,建立区域性协作组织,用灵活的横向治理网络替代单一的政府管理模式,从而整合和协调区域的发展。构建跨部门的伙伴关系就是要在公共部门、私人部门与第三部门之间建立以协作为目的的治理结构,通过协作性治理结构安排形成新的融合力,以解决日益复杂的区域管理问题。在解决深圳未来发展的土地问题的基础上,创新区域间的协作治理模式,共同利用区域间的空间资源,为解决深圳土地问题提供一些新的思路。

(2) 探索具有动态适应性的控制性详细规划,鼓励多方参与

自上而下的规划体系与市场经济体制自下而上的城市开发建设有着天然的不适应,控制性详细规划作为二者相衔接的关键,应改变传统的政府强势主导的规划方式。在规划编制之前将政府、业主和开发商置于同一平台上就各自的发展诉求进行协商。法定图则较传统控制性规划在公众参与制度的设置上有了较大的改进,但法定图则编制完成后的公示和意见反馈尚处于象征意义的表面的公众参与阶段,并不能让市民大众真正参与规划决策。开发商作为城市开发建设的重要主体,缺乏表达发展意愿的合理途径,一方面开放的市场经济让其"用脚投票",自由地选择契合自身利益的发展机会;另一方面,自上而下的强势的城市规划忽略市场规律、滞后于市场需求。

在深圳未来的发展中,应鼓励社会群体参与城市空间设计,提高规划的动态适应性。土地的不可移动性及区位的唯一性造就了土地商品化的异质性,这就意味着,自由的土地市场是不可能达到完全竞争市场的最佳状态的。因此,进一步提高土地利用效率,就要不断改进市场经济中的土地管理规范。

首先,要以技术合理性为主要原则开展法定图则编制。法定图则设计审批、社会发展动态需求、实施操作过程三者的有机动态结合是未来完善

的重要着力方向。法定图则的编制既要从城市总体发展角度识别片区的发展要求，也要从流转政策适用性角度拟合可能的存量地盘活模式，更需依据规划技术逻辑并结合利益平衡考虑来构思方案。对于建设年代较早、区位条件较好、权属相对清晰的存量发展地区，法定图则编制可结合"城市更新单元"的划定，通过布局结构的调整对改造后的存量用地重新进行地块划分并分类确权，可借鉴美国"高线公园"改造模式（详见专栏3-3），通过自下而上，引进多方主体参与，打造深圳特色化街区，实现土地增值、功能结构优化和配套设施完善的综合目标。对于城市长远发展所需的大型公共服务设施、城市基础设施及重大产业项目所需的用地，通过局部城市更新项目贡献的供应用地有时难以满足其规模和布局要求，法定图则编制中可结合较大片区的"整村统筹"或"利益统筹"整备实施，以多方参与、协商谈判和面向实施为原则，通过精细规划与协商弹性的预留结合，协调三者在时间轴发展上的关系，在用地布局、开发强度及配套设施等方面给予原村镇社区留用地的方案优化自主权，充分发挥留用地的土地效益。

其次，创新规划决策方式，增强公共空间设计的公众参与度。法定图则是衔接两个市场的关键，要进一步完善法定图则动态调整机制，鼓励社区、非营利性组织、第三方团体等民间组织参与空间调整与建设。一方面可增加非官方代表在规划委员会中的比重，拓宽利益诉求渠道，延长诉求表达期限，使公众参与贯穿法定图则从编制到实施的全过程，尊重多样化需求；另一方面，法定图则公示征询意见过程可采取运用数字化、趣味性的软件工具（如"Minecraft"，详见专栏4-1），开展社区参与公共空间设计等，保证信息透明度，提高公众参与度。此外，可以街道或社区为单位加强法定图则的宣传宣讲，引导公众积极参与规划研究，使公众更好地参与法定图则的制定和实施。

专栏 4-1　"Block by Block"社区参与规划决策的新范式[①]

2012年,联合国人居署与流行电脑游戏"Minecraft"的制作商——瑞典电脑游戏公司Mojang AB建立了创新伙伴关系,共同开发了"Block by Block"项目,运用"Minecraft"软件工具开展社区参与公共空间设计,并指导资助公共空间项目实施。该工具简单直观,充满趣味,受到非专业人士的普遍欢迎。迄今为止,联合国人居署已在全球许多国家和地区,包括尼日利亚、秘鲁、墨西哥、科索沃和尼泊尔等地,开展了"Block by Block"社区参与公共空间项目。

"Block by Block"进行社区参与的方法主要包括以下几个步骤:

(1) 准备"Minecraft"模型。项目团队收集现状场地图片、视频、谷歌地图、街道地图和其他相关材料。"Minecraft"技术团队根据场地信息,制作Minecraft模型。

(2) 选择参与者。选择25—30位当地居民参加"Block by Block"工作营。关于参与者的选择,应确保广泛的代表性,需要重点考虑不同年龄、不同性别、不同收入,关注低收入群体、妇女和女孩,确保包容残疾人、地方当局或市政当局(伙伴机构)、非政府组织或民间社会组织的代表。

(3) 开展工作营。联合国人居署专家和地方合作伙伴组织工作营的工作内容包括:全球公共空间方案的介绍、公共空间基础知识培训、"Minecraft"使用培训、模型设计和建设、方案集中研讨、公众意见和设计思想整合、向利益相关方展示综合设计模型等。

(4) 落实工作营成果。将工作营的设计提案融入专业城市规划和设计工作,指导实施公共空间。

【武汉市二曜路试点】

二曜路片区位于汉口租界区原德租界历史风貌核心区,保存了坤厚里、延庆里、德国领事馆、美最时洋行、德国巡捕房等20余处历史建筑,以

[①] 参见洪孟良、亢德芝、柳应飞、戚伟:《联合国人居署"中国改善城市公共空间"试点项目——汉口租界区二曜路公共空间"Block by Block"实践》,载《国际城市规划》2018年第2期。

及完整的方格网街巷格局,是一元路历史文化街区的核心组成部分。为有效推进二曜路片区历史文化保护和空间品质提升,激发片区活力,在保护规划的基础上,武汉市土地利用和城市空间规划研究中心开展了片区修建性详细规划编制工作。本次规划的重要内容之一是以公共利益价值为导向,重点梳理并完善街巷、街头广场、庭院、屋顶花园等公共空间网络,提高公共空间的可达性。经过前期与联合国人居署专家现场踏勘,结合片区修建性详细规划,在二曜路片选取了两处公共空间进行社区参与设计。一处位于一元路和胜利街交叉口,属于街头型公共空间,现状为单位大院,约4500平方米;另一处位于二曜路和胜利街交叉口,属于庭院型公共空间,现状被私人搭建危房占据,约 2000 平方米。

二曜路公共空间"Block by Block"实践,通过提供一个开放的公共参与平台,促进了不同群体之间的对话,特别是儿童、老年人等特殊群体,增加了社区居民对历史文化风貌街区改造规划和政策的了解,形成了要在历史保护与生活之间取得平衡的共识。比如,年轻人更加强调羽毛球场、多媒体活动室等个性化的公共空间,而老年人对街区历史文化和传统生活方式表现出更多的关注,通过交流讨论,二者最终在空间分配上基本取得了平衡;另外,"拆除封闭围墙,清理乱搭建构筑物,增加入口和活动场地,提高场地的开放性和可达性"成为绝大多数人的想法。结合公众参与的建议和共识,对自上而下编制的规划设计进行了修正,特别是在庭院型公共空间增加了社区小型花园、健身区、文化阅读等生活设施,在街头型公共空间增加了喷泉广场、历史文化展示等内容。同时,二曜路公共空间"Block by Block"实践,通过与政府建立合作机制,调动了市、区、街道、社区等各级政府机构的积极性,指导并有效推动了试点公共空间的实施。

【小结与思考】

1977 年《马丘比丘宪章》提出,"城市规划必须建立在各专业设计者、城市居民以及公众和政治领导人之间的、系统的、不断的、互相协作配合的基础上"。公共参与城市规划,通过将拥有不同信息、知识、技能和想法的人聚集在一起，促进相互学习和个人成长，形成归属感和共识，有助于制定更为公众接受的政策，提高公众对政府的信任。联合国人居署开发的全球公共空间方案，以其包容性和简单有趣的特点，为非专业人士提供了亲自表达想法和参与公共空间设计的机会，提高了社区居民参与城市建设管理的热情。同时，这一项目也为专业人士设计公共空间提供了广泛的思路，增强了公共空间的可实施性和使用性。二曜路片试点公共空间"Block by Block"项目，是武汉市进行社区参与公共空间设计和决策的初步尝试，能够为其他城市改善公共空间品质、促进社区参与提供一定的参考。

结　语

深圳自改革开放以来不断深化改革创新,在坚持市场化不动摇的前提下不断发展。用不到40年的时间实现了地区生产总值从亿元级到万亿元级的奇迹跨越,而这离不开土地制度改革深化与城市经济发展的匹配偕行。

任何改革都不是一蹴而就的,它往往与种种问题伴生。城市发展的瓶颈和历史改革中的沉没成本成为深圳的"绊脚石",深圳未来的继续发展深受土地空间供给不足和历史遗留问题的牵制和掣肘,难以支撑深度城市化下的经济高质量发展。

改革的本质就是在创新的过程中不断试错,归纳成功经验、反思问题症结也是走向深化发展的关键。深圳在土地利用与城市发展上不断探索实践,逐渐形成了规范化、市场化的深圳经验。在城市发展过程中,深圳不断尝试土地制度的深化改革,围绕存量土地二次开发和新增供地的高效利用,设计了一系列的政策措施,其结果是成效与问题并存。但是,只需不断去总结和反思,总能实现"帕累托优化",要在不断的试错中静心沉潜搞发展,坚守创新谋突破。深圳城市在转向高质量发展阶段的同时,土地制度改革也步入了"深水区",要在"提高土地利用效率"和"尊重需求多元化"的理念准则下,通过土地制度变革调控城市系统,实现城市高质量发展。

未来,深圳应在这条道路上继续探寻,建设突出后工业化城市文明色彩的、以人为本的多元化城市,顺应全国改革转型的趋势,继续发挥创新探索作用。

附　录

专题报告一

香港住房问题：深、港、新住房政策比较视角

张致鹏　戴　欣　李　珏

一、香港的住房制度问题与原因

香港公共住房制度相对完善。低收入阶层的居住保障制度包括公屋（廉租房）、居屋（经济适用房）和夹心层房。低收入家庭可以先申请公屋租住，待条件有所改善后再申请购买居屋，空出新的公屋可以租住给其他申请者，条件进一步改善的居民可以购买私人住宅。制度层次分明，考虑了多个阶层的诉求，按照收入由少到多，依次申请。香港政府提供免费土地和资金资助建造公屋，约45%的香港居民由公营房屋提供住房保障，其中约30%的香港居民在公屋居住，约15%在居屋居住。在公屋、居屋之外，香港还推出过夹心层住屋计划，是为收入高于公屋要求，但是又低于买居屋者设计的，于1990年开始至2000年被终止。

香港公屋基本覆盖低收入人群需要，近年来有供不应求的趋势。香港公屋的平均面积约30平方米，2017年第一季度的平均租金为60港元/平方米，大致是私人房屋租金的1/4—1/6，并随居民收入的上升与下降进行合理小幅调整。公营租住房屋单位80余万个，占全港住房的30%，与之对应的月收入低于1万元的就业人口占总就业人口的23%左右，考虑到香港长期失业率为3%，公屋应当是基本覆盖了低收入人群。值得注意的是，公屋的申请轮候时间从2005—2009年的2年以下上升为2018—2019年的5.5年，显示出公屋供给出现不足。

香港房地产市场价格畸高,居民负担过高。2018 年香港的商业化住宅价格均位居国际大都市前列,房价收入在过去 20 年里翻了近一番。中心市区的平均房价为 22 万港元/平方米,是非中心区房价的 1.5 倍以上。高房价脱离了香港居民的购买能力,2019 年约 37% 的香港居民居住在自有商业化房产中。在购买政府居屋的比例不变的情况下,15 年间拥有商品房的香港家庭占比下降了约 4 个百分点。形成了一个约占香港居民 18% 左右、无力购买商业化住宅、不能享有公共住宅体系、需按照市场价格租住商业化住宅的群体,他们受居住环境和房地产价格高企的影响可能更为显著。

自 2003 年香港房地产复苏后,房价持续上涨,中产阶级置业缺乏收入增长支持,居民租房比例上升,公屋供给不足,中低收入群体购房困难,住房阶层逐渐固化,居民住房条件难以有效改善。房价攀升带来的财富效应成为房价进一步上升的内生压力,香港经济社会逐渐走向畸形发展。住宅超小型化与过度密集成为香港房地产的突出特征,2009—2017 年,40 平方米以下私人房屋竣工量占私人房屋竣工量的比重从 5% 提高到 39%。从世界范围进行比较,香港已经是国际大都市中人均居住面积最小的城市,社会贫富差距也在持续扩大。

香港住宅及房地产业困境的出现有以下几点原因:

一是香港以"四大家族"为代表的垄断程度过高,土地收入在香港财政中地位比较突出,有持续推升香港房价的作用。需要关注的是,高房价趋势的形成会自然而然地形成房价可以涨但不可以跌的社会棘轮效应。香港拥有房产的居民所占比例是少数,但他们作为既得利益者的影响力更大。

二是香港特殊的政治因素。《香港特别行政区基本法》规定了香港特别行政区立法会相关权限。在香港立法会中,只有不到 3% 的议员在公屋内居住,政府有关扩大公屋与居屋的提案往往会遭到泛民主派的反对,他们有可能拖延法案的通过。2014 年《长远房屋策略》的实施仍然举步维艰。在开发"新界"土地的讨论上,就有议员以及社会人士以"防止发展成深圳富豪后花园""保护当地农业生产方式"为由提出反对。林郑月娥在施政报告中曾指出："较大型的土地开发工作举步维艰,上届政府全力推进改划用地的短中期措施和古洞北/粉岭北,以及东涌新发展区等项目,但受制于项目的复杂性和漫长的程序,加上发展土地触及土地业权人以至其他持份者的利益,要理顺这些矛盾需要时间,令项目出现延误或规模缩小。"

三是住房问题的根源是土地问题。根据《香港特别行政区基本法》的规定,香港的土地制度为两权分离制,香港土地所有权归中华人民共和国所有,土地使用权归香港政府所有。香港政府负责管理、使用、开发和将土地使用权批租给个人、法人团体开发利用。因地理、历史、法律和政策等原因,香港长期实施高密度集中开发模式,七百多万的居民高度集中于25%已经开发的土地上,有相当多土地作为乡郊式低密度发展,剔除40%的公园郊野和难以开发的土地,未开发的土地超过300多平方千米,还不包括填海造陆的部分。此外,香港总体规划相对保守,居住用地占比过低,原中心区过度成熟,城市公共服务体系运转高效,城市建筑人口产业的土地占用高度集约,能源、公交及城市基础设施非常高效和绿色低碳,引发人口与建筑和产业的集聚程度不断强化,导致住房供需矛盾增加。

四是香港城市形态过度中心化。香港近年来住房供需矛盾与副城市中心发展过于缓慢有密切关系,且有自身强化的趋势。人口与产业高度聚集于中心区或老城区,住房需求过度集中,新区相比于老区基础设施不配套,交通成本过高。这诱发新区发展缓慢,区域密度的"马太效应"愈发明显。公共住房的区域不平衡现象也很突出,中心区需求旺而供应少,非中心区供多需少。无效供给过剩与有效供给不足并存,潜在需求庞大与有效需求不足并存,形成了住房市场结构性供需失衡。

五是香港产业结构比较单一影响副中心建设。劳动密集型制造业北移至深莞后,香港产业结构集中于金融、贸易、港口、餐饮酒店与房地产业,这是港岛与九龙成为寸土寸金之地的原因。从企业看,距港岛与九龙越远地价确实越低,但市场也越小,越难发展;从居民看,新区房价低,但就业机会少,还是要乘车到港岛、九龙工作,副城市中心建设发展自然会缓慢。

二、深圳和新加坡与香港对比

深圳和新加坡与香港相似,均属高人口密度的土地资源稀缺地区。两地均形成了与香港类似的"二元制"住房体系。截至 2018 年,深圳市政府出资的房屋占住房存量约 20%,低于香港 45% 的水平;新加坡则达到 80% 以上,远高于香港。通过对比香港"公私两手抓"的"公屋—居屋(含夹心层住宅)—商业化住宅"模式、深圳"二元制"住房体系的"高房价商品房+政府保障房+廉价城中村"模式、新加坡"二元制"住房体系(以公共性住宅为主的"廉租房—组屋—执行共管公寓"),新加坡在空间上整体开发较为均衡,现公租房制度实施较好,民生幸福指数较高。

深圳与新加坡"政府+市场化"的"二元制"住房体系与香港的最大区别在于供给,对比香港,两地房价表现为持续上升但尚有序可控。深圳住宅体系建设无疑是三个地区中难度最大的,因为当地人口近乎完全自由流动、人口聚集速度最快、人口密度最高,在不到 40 年时间内,人口数从 30 万增长到了近 1800 万,其中常住人口数接近 1400 万。新加坡和深圳居住用地占比约为香港的一倍。除了军事用途、郊野公园、水库和其他用途外,新加坡有超过 53% 的面积是民生可利用土地,总面积为 381 平方千米,远高于香港的 269 平方千米。需要说明的是,相对于香港,深圳城市发展代价比较高,为适应人口的高速成长,可供开发的土地几乎殆尽,比较早地进入了城市土地二次开发的阶段。深圳和新加坡在城市发展方面与香港形成比较鲜明对比的还包括:

一是比较早地推动多中心化城市发展模式。与香港城市发展过度集中在港岛和九龙不同,深圳城市发展在规划阶段就突出了多中心组团式发展的特征,40 年来这一规划原则得到了较好的贯彻,形成了相对均衡的人口空间分布。与深圳比较,新加坡城市副中心建设要弱,与香港比较,人口分布则更加均衡。

二是提升交通基础设施的均匀分布,着力扩散住房需求。香港交通基础高度集中在港岛、九龙,资源配置效率高,但妨碍了住房需求有效扩散。大量中低收入人群受制于新区低价公屋基础设施不完善,只得选择居住港岛、九龙的劏房[①]。深圳和新加坡都是通过整合交通运输体系和土地利用规划推动了新区建设,有效扩散了住房需求。

三是完善公共服务配套,打造职住合一区域。香港整体医疗、教育等公共服务水平优于深圳,受限于整体土地开发利用水平与住房需求形成闭环,空间分布不均衡;深圳则更加重视公共服务配套在空间上均衡覆盖,在城市更新中通过实施"20-80-15"政策保障公共服务用地的均衡分布,形成了人口扩散居住相适应的分区公共服务体系。

制造业是去中心城区化的产业,在城市发展过程中,制造业有序从中心市区迁出,为新市区建设发展提供了比较充分的产业与人口基础。30年前,劳动密集型制造业北上进入深莞后,香港在客观上失去了城市顺序开发均衡分布的条件。深圳与新加坡制造业比例均明显高于香港。深圳与新加坡在建设新市镇区或是城市副中心的过程中,产生了聚集企业带动产业发展、导入大量劳动力、吸引集聚人气、完善城市功能,以及产业要素聚集、产城融合和职住协调等经济增长点。

三、结语

香港住宅体制机制是健全的,香港高房价对民生造成的严重负面影响又是客观的。香港缓解高房价对城市经济社会发展遏制问题需要多管齐下和多策并举。其中,加快新市镇建设的影响是长期的、可持续的,也是最容易得到香港广泛共识的政策措施。为解决产业聚集能力弱的难题,应加大深圳与香港交界地区的合作,以深圳最发达的中心区域提供初期基础设施支持,以深圳发达的数字产业为香港年轻一代提供创新创业支撑,创造出香港副中心建设与新经济增长点的新模式。

---

① 劏房即分间楼宇单位,指住宅单位被分成两个或以上较小单位用于出租。2016年,劏房居住人口20万,人均居住面积仅5.8平方米。

专题报告二

一线城市房价与影响因素分析

戴 欣 李 珏

一、引言

中国的商品房市场在20世纪90年代后期才作为一个商业化运作的市场,逐渐在全国范围内形成。我国房地产业的迅速成长对促进国民经济增长、改善人民生活发挥了重要的作用。但是,同绝大多数的房地产繁荣期一样,我国目前的房地产市场也存在一些问题,如部分地区房价飞涨、供需结构不均衡等。随着城市化进程的加快,城市土地资源的稀缺性越来越明显,地价的上升趋势几乎很难逆转,当房价增长高于常规均衡水平、房地产价格与价值产生严重背离的时候,泡沫现象就产生了。

世界各国的统计数据表明,各国的房价均在相当长的时间内保持着上升趋势。从2005年开始,深圳房价虽然在短期有过回调和下降,但总体处于不断上升的态势,在10年左右的时间里,深圳房价上涨了10倍以上。随着城市迅猛发展,深圳城市土地资源的稀缺性愈发明显,深圳房价在短期内跳跃上涨对深圳的经济增长、财政收入、城市建设以及部分居民生活水平的改善发挥了重要作用。但同时,从深圳经济社会的发展全局、长远利益来看,飞涨的房价同样产生了负面影响。例如,拉动了深圳的消费品和服务价格的全面提高,降低了中低收入居民的实际生活水平,对深圳制造业、物流业产生了巨大的挤出效应,使深圳的产业面临空心化的风险。

不失一般性,假设技术条件不变,生产要素成本上升会挤压收益空间。

资源高度集聚会推动城市经济有取有舍高向质量发展,更高质量的生产要素供给为城市经济持续增长提供可能。人口、经济聚集加剧土地资源稀缺,生产要素成本也相应抬高。在规模报酬递增的城市中,集聚收益不断提高,高收益同时容纳高成本,追求集聚收益大于集聚成本成为城市持续发展的基础。但不可否认的是,房价变化是许多因素共同作用的结果。根据房地产价格计算的国际惯例,房地产价格=土地成本(30%)+开发费用(10%)+建安成本(20%)+税费(15%)+利润(25%)。从房地产开发的角度出发,土地价格对房屋价格影响最为直观,房价与地价之间存在内生性关系,相互影响的方向均为正向,房价对地价的影响远远大于地价对房价的影响。由于房屋市场与土地市场有着密切的联动关系,特别是从长远和整体上看,地价高低对长远房价变化有很大影响。但是,就一定时期而言,决定房价的最重要因素就是房屋市场的供求关系,土地只是构成房地产的一个生产要素。城市的房价上涨,本质上是其房地产需求大于供给。

从图 A-1 中明显能够观察到,我国房地产平均销售价格与经济发展水平、货币供给量有着显著正相关的关系,且拟合程度良好。据此我们能够初步证明房价上涨与全国经济发展有关。对比美国城市来看,长期以来,美国东、西部都市区的房价指数高于全美都市区平均房价指数。近十年,西、南部都市区的房价指数涨幅最高,都市区的经济聚集程度是房价上升的重要因素(见图 3-4)。进一步分析,房地产是不充分流动商品,具有显著的局部均衡特征。都市区房价差异与所在区域经济增长有关,区域经济的快速聚集与繁荣会带动房价较快上涨,如美国西部(西雅图和波特兰)和美国南部(亚特兰大和迈阿密)。美国的房价在 2003—2005 年是价格涨幅最大的时期,当房地产价格上升与 1 年期的大都市地区滞后价格回归时,系数大于 1。价格上升看起来是因为自身的缘故。这个现象体现了一个更加常见的现象——价格上涨趋势与 1 年的频率显示出强烈的正相关。[1]还

---

[1] See Karl E. Case, Robert J. Shiller, The Efficiency of the Market for Single-Family Homes, *The American Economic Review*, 79(1)(1989), pp. 125-137.

有一个清晰的相关关系,沿海地区的价格上升看起来会蔓延到邻近的内陆大城市地区。①

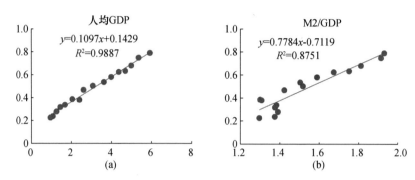

图 A-1　全国商品房销售价格与人均 GDP、货币供给量的关系

由图 3-5 可知,一线城市的均价明显高于全国平均水平,四个城市中近些年深圳的房价明显高于其他三个城市。对比美国的核心城市与全国水平也同样是此趋势。由此不禁让人思考这似乎成为一种普遍现象背后的原因:为什么核心大城市的房价会如此高?核心大城市的房地产泡沫最严重吗?虚高的程度有多少?要在一个统一的背景下探讨房价上涨的原因并解答这样的疑问,需要排除全国经济的发展水平、价格上涨等有关的因素。

此外,近年深圳合法外建筑停滞伴随房价高增长的现象引起越来越多人的讨论。深圳城市更新类政策在存量建设用地供应中发挥了关键作用,为解决历史遗留问题提供了新思考,对城市未来面貌改善起到了推动作用。但是,为了完善更新拆建改造对原利益主体的补偿标准,补偿价格不断升高与深圳房价飙升这两个现象引发了人们对更新改造的质疑。在城市更新释放土地资源的关键时期,城中村、"工改工"等一系列改造措施不禁被看成是深圳高房价的隐藏推手。因此,探究深圳高房价的影响因素,

---

① See Ferreira Fernando, Joseph Gyourko, Heterogeneity in Neighborhood-Level Price Growth in the United States, 1993-2009, *The American Economic Review*, 102(3)(2012), pp. 134-140.

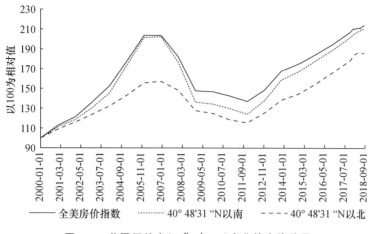

图 A-2　美国纽约市(40″48′31N)南北纬房价差异

明晰更新改造在何种程度上影响房价，城市更新能否在高房价的背景下继续推进，深圳内部改造更新在多大程度上抬高房价，是值得我们思考论证的重要问题。

二、国外研究文献

在 2000 年至 2012 年期间，美国经历了一场巨大的房地产风暴。这场风暴具有房地产泡沫的所有经典属性，房价急剧上涨，然后下跌，2012 年的平均实际房价不高于 2000 年。美国并不是唯一经历这样波折的国家。其他国家比如冰岛和西班牙也在几年间经历了房价的快速上涨和下跌；日本的房地产交易市场是在 2000 年后才维持平稳趋势的，该国在 20 世纪 80—90 年代经历了房地产周期。从建国之初到 20 世纪 80 年代，美国历史上充斥着房地产繁荣和萧条的例子。在总结这些事件时，格莱泽认为这些现象明显是泡沫，即使在房地产价格最高的时候，也能够用一些标准模型衡量房地产价格。黑德等人的线性资产定价模型(LAPM)在房地产和住房经济中有着深刻的内涵,但它不同于宏观经济学家所偏好的一般均衡方法。① 在任何一个由波特巴发展而来的使用者成本模型中,价格等于其由于拥有房产而获得的预期未来收益的折现。格莱泽注意到美国房地产市场繁荣和萧条的空间异质性。一般来说,住房中的理性泡沫需要违反标准的边界条件:有了这些泡沫,住房的贴现无限期预期价值是绝对正的。此外,合理的泡沫在适度弹性供应的情况下尤其难以实现。② 如果违约风险定价过低,那么即使在适度弹性供应的情况下、在不违反任何边界条件的情况下,也可能出现理性泡沫。

与房地产泡沫有关的政策领域涉及地方政府的土地利用。住房供应至少有一部分由地方一级的条例决定。住房供应反过来又影响房地产泡沫的性质和持续时间。美国2000年到2006年的房价增长表现出不一样的形势,有些城市房价的增长比起其他城市高得多,还有一些房价原本增长最多的城市反而下跌最多。更值得注意的是,有些突出的房价上涨现象发生在菲尼克斯和拉斯维加斯等地,这些地方似乎对新增建筑几乎没有短期限制。③

从美国房地产起落的经验中能够得出的是,投资者的主要错误是低估了土地、结构和作物的弹性长期供应对未来土地价值的影响。投资者往往根据房地产相关资本的未来预期价值对其进行估值。如果一个事件使预期的房价升值突出,那么买家就开始对未来的房价增长作出可能有偏见的预测。比如在1819年亚拉巴马州的土地繁荣期间,土地买家看起来很明智,考虑到了当时的棉花价格和趋势,但后来,随着美国和全球供应的增

---

① See Head Allen, Huw Lloyd-Ellis, Hongfei Sun, Search, Liquidity, and the Dynamics of House Prices and Construction, *The American Economic Review*, 104(4)(2014), pp. 1172-1210.

② See Edward L. Glaeser, Joseph Gyourko, Albert Saiz, Housing Supply and Housing Bubbles, *Journal of Urban Economics*, 64(2)(2008), pp. 198-217.

③ See Charles G. Nathanson, Eric Zwick, Arrested Development: Theory and Evidence of Supply-Side Speculation in the Housing Market, *The Journal of Finance*, 73(6)(2018), pp. 2587-2633;Gao Zhenyu, Housing Boom and Bust with Elastic Supplies, Job Market Paper, Princeton University,2014; Davidoff Thomas, Supply Elasticity and the Housing Cycle of the 2000s, *Real Estate Economics*, 41(4)(2013), pp. 793-813.

加,棉花价格下跌,土地贬值;相反,20 世纪 20 年代的摩天大楼建造者似乎低估了办公室和公寓空间的巨大增加对长期租金的影响。在繁荣时期,许多买家似乎有着非常乐观的期望,而且往往与经济学家的观点和长期价格趋势的经验相矛盾。格莱泽、莫妮卡、施奈德以及内桑森和兹维克等人使用外生性模型分析,均证明出非理性因素与房地产市场的相关性。这些因素有助于对房地产市场进行预期分析,但不能在根本上对房价作出解释。① 富斯特等人在研究自然预期时提到,普通人通常只使用有限的历史信息,用简单的模型来预测未来。用短期历史信息对房价进行预测可能使得买房者忽略低频率的平均数反转和供给弹性的长期性影响,导致预期房价降低。格莱泽认为忽略弹性供给对于房价的长期影响是美国房地产投机者普遍存在的错误。通常,住房供应的变化需要一定的时间才能在房价上有所反应,当投机者没有意识到供应正在逐步调整时,房价很有可能会在暴涨后随之明显回落。当然,在新房供给数量足够小的城市,忽视弹性供应对房价的影响在很大程度上是无关紧要的。公共政策对于房地产市场的影响作用也不容忽视。房地产市场存在波动,并且有着破坏金融系统的潜在可能性,即使无法识别房地产泡沫膨胀期,也能够采取一些保护措施来保证未来泡沫破裂时不会产生太大伤害。

还有研究指出,许多城市的住房成本上涨主要是由于对住房和土地市场的过度监管。公共政策通常会对可用于住房的土地施加严格的限制。土地人工配给政策的实行,降低了住房供应的价格弹性,加剧了地租和人口、就业增长的不平等性。由于边际城市成本增加,年轻人和新居民,特别是最贫穷的人成为这些价格上涨和拥挤效应的受害者,他们的生活条件常常陷入困境。② 因此,在一个房地产泡沫的世界中,减少新

---

① See Piazzesi Monika, Martin Schneider, Momentum Traders in the Housing Market: Survey Evidence and a Search Model, *The American Economic Review*, 99(2)(2009), pp.406-411; Charles G. Nathanson, Eric Zwick, Arrested Development: Theory and Evidence of Supply-Side Speculation in the Housing Market, *The Journal of Finance*, 73(6)(2018), pp.2587-2633.

② See Stef Proost, Jacques-Francois Thisse, What can be Learned from Spatial Economics? National Research University Higher School of Economics, 2017.

建筑的障碍更有价值吗？不一定。即使我们相信，对建筑的限制减少可能会使泡沫不那么常见或不那么极端，也不能得出减少土地使用限制将降低泡沫的社会成本这样的结论。因为其中一个成本是过度建设，在土地使用受到更多限制的地方，过度建设将使泡沫更加严重。

弹性供给可以减少供给端因素的影响，比如信用条件。利率作为信用市场的一个方面，未来再融资的能力同样会影响房价波动。有理论尝试弱化利率和房价的关系，即如果买家使用其自己的折现要素而不是市场利率来对未来进行折现，那么市场利率对价格的影响程度将会降低。最常见的观点是房价提升带来了违约，信用违约反作用于房地产市场的健康发展。帕尔默在其论述中强调 2007 年美国房价泡沫破裂后的违约风波便是房价下降的结果；同时，信用违约会引起房屋价格的波动。① 亚当和麦奎德强调，失望的卖家会变得不耐心并且卖得更低，买家会变得更挑剔因为有更多的机会挑选卖家，违约的房屋拥有者通常会自动呈现低于市场的定价。②

住房和运输都是与空间有关的典型商品。在美国，住房的平均支出份额为 24%，而在法国则为 27%。美国的交通支出占 17%，法国则为 13.5%，在家庭支出中分别排名第一和第二。但是，住房成本因城市的规模和组成而有很大差异，其原因并不取决于住房结构的质量。因此，土地价格实际上反映出与土地本身不同的某种稀缺性。③ 住房市场实际上是高度分散的市场，具有很大的异质性。切希尔等人报告称，2010 年英格兰东南部的住房土地价值是其农田价值的 430 倍。④ 在美国各地，甚至在大都市地区，市场的异质性都是巨大的。在 2004—2006 年期间，美国联邦住

---

① See Palmer Christopher, Why Did So Many Subprime Borrowers Default During the Crisis: Loose Credit or Plummeting Prices?, *SSRN Electronic Journal*, 10. 2139/ssrn. 2665762, 2013.

② See Guren Adam, Tim McQuade, How Do Foreclosures Exacerbate Housing Downturns?, *The Review of Economic Studies*, 87(3)(2013), pp. 1331-1364.

③ See Stef Proost, Jacques-Francois Thisse, What can be Learned from Spatial Economics?, *Journal of Economic Literature*, 57(3)(2019), pp. 573-643.

④ See Paul C. Cheshire, Max Nathan, Henry G. Overman, *Urban Economics and Urban Policy*, Edward Elgar Publishing, 2014.

房金融局的价格数据显示,菲尼克斯的房屋价值增加了50%以上;在新墨西哥州阿尔伯克基附近,价格在同一时期仅上涨17%;在科罗拉多州的柯林斯堡,实际价格则在这两年里下跌了。① 大都市地区住房市场价格变化的标准差有多大?格莱泽等人报告称,1990—2004年期间,美国一年住房市场价格变化的标准差从"太阳带"的2000美元到沿海城市的13300美元不等。② 5年的价格波动范围从"太阳带"的5400美元到沿海城市的48000美元。利用所有美国联邦住房金融局数据的城市样本,格莱泽估计1980—2004年期间价格变化的标准差略低于10000美元。③ 谢长泰和莫雷蒂发现,如果降低纽约、旧金山和圣何塞等这些高生产率城市对住房供应的限制,将使美国GDP增长9.4%。④

结合上文相近位置都市区房价指数(LNHPI)的时间趋势相似,判断房价与区域位置有关。为进一步探究区域位置是否影响房价,将美国20个都市区划分为东、南、西、北部四个方位,以20个都市区的截距计算四个区位的平均截距值,可绘出图A-3。根据双固定回归模型得出房价增长与城市规模显著相关,但仍存在个体效应。可以看出,城市房价差异与所在区域经济增长有关,经济成长快、经济繁荣,会带动房价较快上涨,如美国西部(西雅图和波特兰)和南部。

从美国经验看,房地产价格会受到预期和局部市场特征的影响。房地产属于非流动资产,性质类似于股票式的买涨不买跌的资产,在持续升高的环境下,预期收益也成比例增长,尤其在一线城市高速发展的环境下,房

---

① See Edward L. Glaeser, Charles G. Nathanson, Housing Bubbles, Gilles Druanton, J. Vernon Henderson, William C. Strange (eds.), *Handbook of Regional and Urban Economics*, Elsevier, 2015, pp. 701-751.

② See Edward L. Glaeser, Joseph Gyourko, Eduardo Morales, Charles G. Nathanson, Housing dynamics: An Urban Approach, *Journal of Urban Economics*, 81 (2014), pp. 45-56.

③ See Edward L. Glaeser Charles G. Nathanson, Housing Bubbles, Gilles Druanton, J. Vernon Henderson, William C. Strange (eds.), *Handbook of Regional and Urban Economics*, Elsevier, 2015, pp. 701-751.

④ See Hsieh Chang-Tai, Enrico Moretti, Why do cities matter? Local growth and aggregate growth, *SSRN Electronic Journal*, 10.2139/ssrn.2693282, 2015.

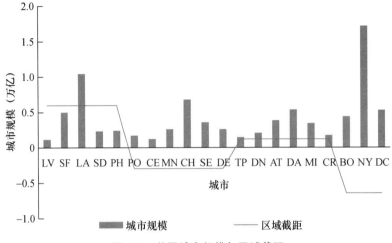

图 A-3 美国城市规模与区域截距

地产价格会持续上升。扣除全国货币因素后,受空间聚集影响,城市间土地供给与需求不能依赖竞争市场均衡实现,需要分析局部市场均衡。精准解析不同城市、不同状态下的房价是个难题,针对这个问题我们尝试分离影响房价的要素,模拟局部市场的供求关系。我们从经济学的角度,从供给与需求两方面分析了房地产价格上升的影响因素。

我们先从供给角度分析房价的影响因素。为此我们搜集了相关数据,建立了面板数据回归模型:

$$HP_{it} = \beta_0 + \beta_1 housearea_{it} + \beta_2 hsarea/HA_{it} + \varepsilon_{it}$$

其中 HP_{it} 代表第 i 个城市第 t 年的商品房销售价格,$housearea_{it}$ 代表第 i 个城市第 t 年的商品房销售面积,$hsarea/HA_{it}$ 代表第 i 个城市第 t 年的商品房销售面积与 2016 年总销售面积的比值。采用面板数据回归方法中的固定效应回归模型,得出的最终模型结果为:

$$HP_{it} = 1.527 - 0.087 housearea_{it} + 20.872 hsarea/HA_{it}$$

由方程我们能够分析出,当保持其他因素不变,销售面积增加 100 万平方米时,房价会随之降低 870 元/平方米。除此之外,我们试图将供给项表达出来,即在需求不变、供给增长时的房价变化,分别以北京、上海、广州为基准城市,列出销售面积一定时对应的深圳理论房价(见表 A-1)。

表 A-1 从供给角度推算 2017 年深圳房价

城市	商品房销售面积 (百万平方米)	深圳的理论房价 (万元/平方米)
北京	8.70	4.63
上海	16.92	3.91
广州	17.58	3.85
三个一线城市平均	14.40	4.13
深圳(实际)	6.70	4.79

除了全国大环境下的货币供给和经济发展水平等外因影响的房价升高外,在每个城市内部也存在着供给与需求的差异。在现实中,商品房销售面积是代表房屋供给的重要指标之一,四个一线城市房屋供给存在明显差异。2017 年深圳实际销售面积供应量为 670 万平方米,是四个一线城市中最少的,北京、上海、广州销售面积分别为深圳的 1.3 倍、2.5 倍、2.6 倍;自 2002 年起累计供给量分别为深圳的 3.1 倍、4.2 倍、2.2 倍;年均人均销售面积分别为深圳的 1.7 倍、1.9 倍、1.8 倍。2017 年深圳平均房价为 4.79 万元/平方米,若只考虑供需关系,当深圳的房屋供给量达到北京、上海、广州的水平时,其理论房价应在 3.85—4.63 万元/平方米的范围,均价在 4.13 万元/平方米左右。

从需求角度分析一线城市房价变化的因素,我们同样可以建立一个面板数据回归模型:

$$HP_{it} = \beta_0 + \beta_1 lnpergdp_{it} + \beta_2 M2/GDP_{it} + \beta_3 den * djgdp_{it} + \varepsilon_{it}$$

其中 HP_{it} 代表第 i 个城市第 t 年的商品房销售价格,$lnpergdp_{it}$ 代表第 i 个城市第 t 年的人均 GDP 取对数值,$M2/GDP_{it}$ 代表第 t 年的全国货币供给量(M2)与 GDP 的比值,$den * djgdp_{it}$ 代表第 i 个城市第 t 年的人口密度与地均 GDP 的乘积值(地均 GDP 用的是建成区面积)。采用面板数据回归方法中的固定效应回归模型,得出的模型结果为:

$$HP_{it} = -7.243 + 0.58 \ln pergdp_{it} + 0.925 M2/GDP_{it} + 0.155 den * djgdp_{it}$$

经过计算可知,人均 GDP 的对数值影响比例占 35%,M2/GDP 影响比例占 55%。[①] 由此可得出似乎合理的解释:在经济发展的快速驱动下,货币量供给带来物价上涨合理的推动房价上涨因素占到一半;人均 GDP 经济发展指标也同样解释了不同等级城市经济发展水平存在差异,进而影响房价上涨幅度不同的原因。

为了更为准确地分析城市发展差异影响房价的幅度,我们另外建立第三个回归模型:

$$HP_{it} = \beta_0 + \beta_1 pergdp_{it} + \beta_2 den1_{it} + \varepsilon_{it}$$

与上文一致,HP_{it} 代表第 i 个城市第 t 年的商品房销售价格,$pergdp_{it}$ 代表第 i 个城市第 t 年的人均 GDP,$den1_{it}$ 代表第 i 个城市第 t 年的建成区人口密度。采用面板数据回归方法中的固定效应回归模型,得出的模型结果为:

$$HP_{it} = -2.2718 + 0.2285 pergdp_{it} + 1.136 den1_{it}$$

由该方程我们能够分析出,当保持其他因素不变、人均 GDP 增加或人口密度增加时,房价会随之升高。我们同样试图将需求项表达出来,在不考虑供给的情况下,分别以北京、上海、广州为基准城市,列出在人均 GDP 一定时对应的深圳理论房价(见表 A-2)。

表 A-2 从需求角度推算 2017 年深圳房价

城市	人均 GDP (万元)	深圳的理论房价 (万元/平方米)
北京	12.8994	3.5567
上海	12.6634	3.5027
广州	15.0678	4.0521
三个一线城市平均	13.5435	3.7038
深圳(实际)	18.3127	4.7936

---

① 因该模型的准确性(显著性检验)有待进一步核实,所以在这个方程中我们仅用来参照考虑三个因素分解的影响程度。

同样的,人均 GDP 与人口密度可作为需求指标。2017 年深圳的人均 GDP 是四个一线城市中最高的,约为 18 万元,分别为北京、上海、广州的 1.42 倍、1.45 倍、1.21 倍。假设四个一线城市的供给一定,深圳人均 GDP 若维持在北京、上海、广州的水平,深圳理论房价应为 3.5 万—4.1 万元/平方米,均价在 3.7 万元/平方米左右(见表 A-2)。这种局部市场的供求均衡也可用另外一种方式表达:当北京、上海、广州的供给量降至深圳水平时,三地的理论房价应上升至 3.38 万—4.8 万元/平方米,均价在 4.33 万元/平方米;若三个城市的需求增加至深圳水平,理论房价在 4.44 万—4.79 万元/平方米,均价在 4.56 万元/平方米。

综合供给与需求的方程回归结果分析后,我们可以得出,深圳在目前的供给与需求下,房价达到 4.8 万元/平方米,当深圳房地产年均供给量增加至北上广水平时,由 S1 移动至 S2,深圳的房地产价格下降至 4.1 万元/平方米;同理,当深圳的人均 GDP 水平降至北京、上海、广州的平均水平时,深圳的房地产价格可降至 3.7 万元/平方米。也就是说,在供给和需求与三座城市大致相符时粗略推出深圳的理论房价应在 3.7—4.13 万元/平方米。由此可见,与同为一线城市的北京、上海、广州比较,深圳房价高于其他三个一线城市,大致反映了经济与人口集聚程度的差别,似乎并不存在明显的泡沫问题。深圳房价看起来如此高可解释为,土地市场是固定不可流动的,深圳供给需求是个局部市场,由于土地供应有限,需求过高,因此深圳房价一定会相应抬高,这是一个可接受的经济规律。

房地产价格上涨受多重因素影响,上文着重从三个角度来分析:货币供给增加、需求与供给。首先,泡沫化的因素与整体一线城市的效率提高有关,在宽松的货币形式下资产泡沫是全国蔓延的,在高速聚集的一线城市就更为突出;其次,房价与城市化、人口与经济总量集聚有关,人口密集和经济总量越高的城市需求量越大,房价越高;最后,房价与有限的土地供给有关,相对人口的稀缺房屋供给在一定程度上推动房价升高。通过以上分析,我们试图回答深圳的房价是否存在虚高,并区分除三个影响因素以外深圳内在房价高的原因。

除此之外,还有一个重要的影响因素是预期。因为房地产是一个不可流动的资产,有它自身的局部均衡性,作为资产,它有着股票式的投资倾向。理性经济人有着"买涨不买跌"的共同趋势。房地产价格越高,人们对于未来房产的收益乐观指数增长越快,就会热衷于买房。为了更好地表示当期房价,有学者这样描述:价格等于由于拥有房产而获得的预期未来收益折现。据此我们似乎可以有这样的判断:人们对于房价未来收益的预期是影响现阶段房价升高的因素之一。为了分离出预期对房价的影响,我们将模型三的残差和房价作一个简单回归,假设预期因素存在没有考虑到的残差中,观察它与房价的关系,制作出散点图(见图3-7)。

需要指出的是,房产是一种资产,具有资产预期收益变化的特点,房价等于房产未来预期收益折现。当房价上升时,房产未来的预期收益也会上升,买房意愿增强。人们对于房价预期过度乐观也会导致当前房价升高。在现实中,往往会出现房价下降预期下降、房价上升预期上升的现象,预期房价与当前房价呈现交错式变化。实际房价持续下降引起悲观预期,实际房价持续上升引起乐观预期,从而加大了房价的波动。根据我们的实证检验结果,四个一线城市的房价变动存在比较明显的预期因素(见图3-7),当房价从2万元/平方米降到1万元/平方米时,预期因素影响约占50%,从1万元/平方米升到2万元/平方米时,预期影响约占50%,2万元/平方米以上的上升,预期影响降至约25%。[①]

城市更新改造与房价上涨之间的关系仍待深入研究,利用市场化的方式解决历史遗留问题仍是一个可行的方案,但需要关注乐观预期推高房价对更新改造的影响。保持"两个市场"不失为约束房价的好办法。深圳的土地集约利用水平高,与土地资源严重稀缺状况并存,采取单一市场的方式解决住房问题不现实,能够释放的供给量也不足以完全满足需要。因此,在"两个市场"下将大规模的城中村廉租房屋纳入保障性住房体系,有

---

① 假定需求回归方程的残差为预期,与房价拟合得出U形曲线。当拟合房价低于真实房价时(残差即预期大于0),房价呈现上升趋势;反之下降。

助于优化城市房屋供给结构,拓宽城市更新内涵,对进一步明确深圳未来土地的改革方向有重要意义。

中国经济正进入提高质量发展阶段,当未来发展稳定,房地产泡沫得到有效控制时会进入房地产健康发展阶段,那时人们购买房屋目的是为了居住而不是投资。当城市发展进入城市群、都市圈的模式,城际交通便捷发达时,人口增长与房屋需求并不一定维持现阶段的比例,而是向着人们工作在中心、住在中心外围的纽约模式靠拢。另外,深圳如今提供公租房等策略已经在解决城市房屋供给稀缺问题,可以更宽范围地将城中村改造纳入城市更新提供住房的策略中,拓宽城市更新的内涵。

专题报告三

福田区下沙村功能演进历程

刘建党

下沙村位于深圳福田区西南部的深圳湾畔,属福田区西南端滨海的沙头角片区,是福田区四个次区级中心之一,北侧是福田商务办公的行政、文化中心,南侧靠近深圳到香港的福田口岸,西侧紧邻深圳特色的红树林景观区。下沙村北临滨河路、西侧和南侧被福荣路和广深高速公路环绕。

下沙村与车公庙形成一个整体的城市功能区,是城中村升级改造、历史传承和功能演进的优秀范例。但是,下沙村的空间形成并非一蹴而就,为全面了解下沙村的功能演进及环境特征,需要对下沙村的空间形成过程及各主要阶段特征等加以梳理。与深圳的大部分城中村相似,下沙村的空间建设没有经过自上而下的规划,由于下沙村历史较为悠久,各阶段村民的建设方式不尽相同,因此建筑的形态也不尽相同。依据下沙村的发展时序可以将其空间的形成历程大致分为三个阶段,总结各个发展阶段空间的形成特征和演进原因可以发现,下沙村功能演进原因有:城市化、大量外来人口的涌入、空间布局的不断规划和更新、村民生产生活方式的转变、投资建设的再叠加。

一、阶段一:传统村庄(改革开放以前)

原始的下沙村村落包括东涌、大围、围仔、村仔、新村、东头六个自然村,面积约为0.35平方千米。在本阶段,下沙村是一个传统渔村,土地全部属于集体所有,土地功能主要以农田、鱼塘为主,建筑形态是以传统砖瓦房为主的农舍,产业形态以种植业、渔业为主,村集体活动场地(或公共空间)以宗族祠堂为主,居住人群以本村人为主,只有少量的交通性道路。

下沙村主要建筑背山面海,村后是丘陵和农田,村屋前为海滩。下沙村建筑以沿海的深圳湾为依托,呈线状排列,由传统的农舍构成。农舍主要是砖瓦房,一般以一层为主,有少量的二层,以青砖抹灰、黑瓦盖顶为主要的外部特点,装饰细部有浓郁的传统与地方特色。除了居住性建筑之外,同时拥有一些大规模的"开放空间",主要由鱼塘、农田、晒谷场、休耕地以及尚未被开发的闲置地组成,初期的村落只有少量的交通性道路,宗族祠堂是村民最重要的"公共空间"。村民大多属于黄氏宗族,以前一直靠耕种、渔猎和养蚝为生。

二、阶段二:工业化(1979—1991年)

在本阶段,集体土地逐步被国有化,土地集体所有制与国有制并存;建筑形态兼有横向扩张和纵向延伸的特征,建筑占地面积扩大、建筑之间的密度增加、建筑层数增多;部分流动人口开始涌入下沙村,建筑用途兼顾自住和出租两大功能;初始工业化启动,农业与工业共同发展;宗族祠堂趋于衰败,简单体育场所兴起。

20世纪70年代末深圳伴随着中国的改革开放,进入了快速发展的阶段。在20世纪80年代中期,下沙村周围的区域已开始被部分城市化。部分流动人口开始涌入该村,进行一些简单的工业产业和手工业制造。这一时期,除了村民部分的居住建筑外,开始逐渐建造个体出租屋,这些建筑沿村屋的建筑肌理进行建设(见图A-4),主要建筑都是集中在中心区的下沙村的宗祠进行布置,一般以3层或4层建筑为主,建筑以灰色水刷石为主要外部特征。

该阶段下沙村村民在紧邻老村屋(图A-6右侧建筑)的西侧和北侧建设住宅。老村屋的建筑主要形式得到了保留,只在建筑的层数上进行了改

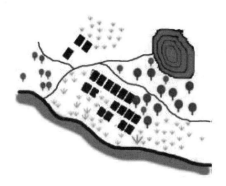 

图 A-4　下沙村初期布局图　　　图 A-5　下沙村初期示意图

建,旧村屋的布局较为随意,南侧建筑存在原本的行列式布局,而新建成的住宅(图 A-7(a)左侧区域)则明显地呈现类似矩阵的布局模式。1986—1991 年,下沙村原有建筑的东侧,以及与该区域相隔较远的北侧建设了新的住宅。通过比较,可以知道这一阶段的空间肌理较上一时期发生了分化,建筑之间的密度增加。

图 A-6　下沙村民活动场地

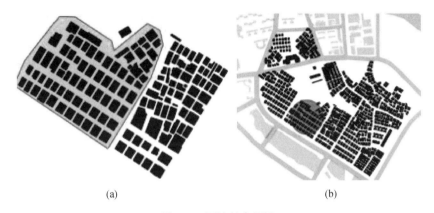

(a) (b)

图 A-7　下沙村布局图

20世纪90年代初期,下沙村的公共空间是一个位于旧村边缘的村民活动场地,它由一个简陋的水泥地面篮球场和与之相连的两个小型多功能运动场地构成。简单的设施限制了村民日常休闲及娱乐活动的范围和类型,尤其缺乏对儿童和年长者的日常活动的考虑。广场中两座代表下沙乡村文化的祠堂,属于文物保护对象,也是构成村文化认同的一部分,却被紧邻的、形态各异的农民房所环绕。一般在城中村中起着公共广场作用的祠庙前空地,在下沙却几乎被建满了建筑。像祭祖、舞狮、闹元宵这样的大型传统乡村文化活动,在当时几乎被村民们忽略和遗忘了。建造私人住房成了村民最关切的事,两座祠堂也常年失修。

三、阶段三:城市化(1992—2007年)

在本阶段,集体土地名义上全部被国有化,但原村集体和原村民实际占据部分土地,下沙村委会改名为下沙社区居委会;城中村边缘部分建筑被拆除,兴建了高层高档住宅小区,吸引白领和境外商人集聚;城中村建筑形态侧重纵向扩张,建筑层数进一步增加,"握手楼""一线天"等典型格局涌现;城中村八成居住人口为外来人口,将近九成居民是女性,住宅用途侧重对外出租;传统农业逐步销声匿迹,非农经济蓬勃发展,绝大多数企业属于消费场所,80%以上是24小时营业;自发启动首次旧村改造工程,提升改善下沙村整体居住环境;乡村传统文化开始复苏,下沙生态公园升级为下沙文化广场,多功能的公共开放空间呼之欲出。

1. 首次旧村改造

1992年,在下沙实业股份有限公司成立之后,原六个自然村被正式合并为一个行政村。下沙村发起了由村股份公司自主启动的首次改造工程,它采用了由英国联利设计公司设计的下沙总体规划概念。旧村改造工程包括了升级路网系统、给排水管道系统、修缮两座祠堂(见图A-8)以及在村中心建造下沙生态公园,该工程的主要目的是改善村子的空间结构。下沙实业股份有限公司董事长黄英超称,"为了让村民在家门口就能享受到充足的阳光、新鲜的空气和小桥流水,为了改善下沙村的整体居住环境,我们当时拆除了约380间村民的祖屋,腾出了约2万平方米的空地,用于建设下沙村生态公园"。

图 A-8 修缮后的黄氏宗族祠堂(a)和陈杨侯庙(b)

2. 下沙生态公园

经过几年的建设工作,下沙生态公园在20世纪90年代后期已经初具雏形:位于村子历史核心且环绕在两座祠堂周围的老旧建筑均被拆除,并被公共开放空间和体育设施所取代,而这一核心区周围较新的、为大多数村内居民提供居所的公寓建筑则被完全保留了下来。大型的广场公园为修缮后的两座祠堂营造了一种独特的环境氛围。这两座祠堂共同构成了下沙生态公园的东侧主入口,并担当着最为重要的历史性建筑的角色。生态公园南面配有一个综合运动场地、一个游泳池和若干公园基础设施。沿广场北面边界设置的休息座椅满足了村民和居民的休息需求,广场北侧和西侧外沿的绿化带将广场与邻近的居住区域有效地分隔开来。2002年6月,下沙村被福田区政府命名为"生态示范村"。

图 A-9 20 世纪 90 年代后期的下沙生态公园

3. 下沙文化广场

广场北侧原生态公园的绿地被重新设计成由池塘、流水和一座小桥相映成趣的布局,并增加了像观音、如来、弥勒佛和八仙这样的传统神明雕像。村民可以在平日或是中国农历的初一、十五来此敬拜。运动场的设施也变得愈加综合全面,设有一个小型足球/健身场、一个篮球场和一个排球场,能够完全满足当地居民对于群体运动和体育竞技活动的需求。其位置有助于形成一种更为明晰的功能分区,公园北部承载的更多是公共功能,南部则是多样化的休闲和与活动相关的功能。广场周围,人们还建造了其他几处小型雕像。

与此同时,文化类的基础设施也在不断得到完善。2002 年,下沙实业股份有限公司投资了 1000 万元,在广场北面建造了一个综合文化中心。

这栋建筑集博物馆、图书馆、老年人活动中心、幼儿园和其他设施于一体。纪念性的雕塑以及文化类的基础设施逐渐与公园的绿色元素混合交融成一个多功能的公共开放空间,这种布置带动了生态公园向文化广场的转型。其核心处的下沙文化广场承载着多重功能:它是祭祖活动中舞狮和举行献祭仪式的地方,是每五年在元宵节期间举办一次的下沙大盆菜宴的集会场所,是全民健身的集体活动场地、消夏舞会的舞池,甚至可以作为义诊和绿色环保活动的宣传点。2001年,下沙大盆菜宴被市旅游局指定为"深圳民间特色项目"和"深圳南粤一日游"的指定项目。2006年,下沙村被评为深圳乡村旅游定点。

4. 八成居住人口为外来人口

据下沙村的一个村干部介绍,2002年,该村出租物业非常繁荣,村民自建的六七层高的"握手楼"就有1000栋左右。以平均每栋楼住50人计算,人口规模达到5万人,其中暂住人口超过4万人,男女比例突破1:5。据一位"黑诊所"的老板讲,下沙村起码有1万多个"小姐",大多是来自外地的年轻打工妹,年纪小的才十五六岁。她们没有足够的文化知识和技能技术,面对残酷的现实生存压力,进入服务消费场所,提供"性服务"对她们产生了巨大的诱惑。一位在下沙村工作了两年多的保安说,这里住的香港人不下于4000人,他们当中有很多人是卡车司机、出租车司机、建筑装修工人、清洁环卫工人及小摊小贩。这些香港人在下沙村包养年轻姑娘,下沙村因此成为深圳最有名的"二奶村"。

5. 绝大多数企业属于消费场所

2002年,下沙村拥有各类生产企业26家、工商户800多家。绝大多数工商户经营的是美容美发、保健按摩、休闲娱乐、餐饮等消费场所,其中80%以上是24小时营业,从业人员达到1万人以上,其中大多数是外来工。在下沙村,各种各样的美容美发店、按摩洗脚店、歌舞厅、酒吧、夜总会等消费场所密密麻麻。

6. 用地功能和建筑形态

下沙村的主要环境问题影响了周边用地的品质,同时其内部的环境与城市的整体发展也不相协调。2002年之后,下沙村开始拆迁部分工业区。此外,在南面和西面建造的高层住宅楼带来了另外一种景象:白领阶层的长期定居者、港澳或外籍商人住进了位于村住区边缘、能俯瞰中心广场且享受着物业管理的公寓。由于20世纪90年代的管理问题,下沙村内的建筑密度也同深圳其他城中村一样开始大幅提高,主要是对之前的建筑进行加建,建设5—8层的建筑,逐步形成了紧密排列的"握手楼"典型格局。2005年后,下沙村进行了对建筑形态、建筑层数的局部改造和拆建。

四、阶段四:全面升级(2008年至今)

在本阶段,工业用地改为综合性功能用地,用地功能结构进一步优化;大体量商业办公建筑兴建,原村民私宅外观得到升级改善;公共空间类型变得多样化、具象化,外向型多元文化公共开放空间成型,文化旅游业发展势头良好;原村民与新移民融合度提高,都市居住性社区雏形显现。

1. 用地功能结构

下沙村总用地面积约为55.31万平方米,主要为村民住宅、单元式住宅、多层工业厂房以及公共服务设施。下沙村周边用地的功能分区如图A-10所示,图中被浅色区域标识出来的是下沙村所属用地范围,主要包括了三块用地。其中1号为下沙村村落的中心范围,3号用地属于高档住宅,但同时有福田泰然小学等服务设施用地,因此划在浅色区域内,2号区域是由原本的下沙工业区改造成的建筑综合体,集商业、办公、酒店、商务公寓、住宅、大型地下停车场于一体,下沙村是福田地区主要的流动人口聚居地。中心广场被高密度的私建公寓楼环绕,西面和南面是高层住宅小区,北面是制造业建筑区。该阶段改建了下沙村的工业用地,这一拆建所形成的空间肌理差异十分明显。对该村北面区域进行的改造,一方面会在中心广场和毗邻的产业园之间形成更好的通道,另一方面会建造更多对外租赁的商业和居住空间。

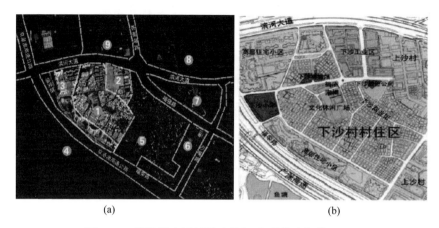

图 A-10　下沙村主要用地功能(a)和现状空间格局(b)

2. 建筑功能结构

下沙村内私宅总建筑面积约为 59.26 万平方米,集体物业总建筑总面积约为 13.68 万平方米。① 建筑密度为 65%,建筑较为密集。下沙村主要道路附近的建筑肌理的最大变化是建筑体量和建筑层数的改变,少数大体量的商业、商住和办公类建筑兴建起来,不再是清一色的居住建筑。同时,在文化广场周围的中心区域,自 20 世纪 90 年代以来建造的自建公寓楼,在"穿衣戴帽"项目中也得到了升级,这一项目使这些建筑的外立面焕然一新。尽管添加斜屋顶和以同样的方式粉刷所有外立面的做法乍一看可能太简单,但是这一项目可看作是建筑物进行更谨慎升级的第一步,因为这些建筑在几年前还是城中村改造中等待被拆除的对象。

3. 公共空间改造

作为该区域中土地利用差分化的一个结果,下沙可供使用的公共空间类型变得多样化,同时也更加具象化。下沙公共空间现由不同的成分构成,如村入口空间、道路空间、停车场、公共建筑周围的开放空间、商业街、下沙市场、文化广场、牌坊、体育场、小型休憩场所和闲置地等。其中,位于

---

① 参见娄云:《深圳城中村发展历程——以福田下沙村为例》,载《城市建设理论研究(电子版)》2015 年第 19 期。

图 A-11　与下沙文化广场毗邻的外立面升级

城中村中央地带的下沙文化广场成为一个环绕下沙祖庙——陈杨侯庙和黄氏宗祠的"现代"公共开放空间。它配置有一定数量的公共设施,成为下沙村的多功能中心。此外,内向型乡村公共开放空间开始向外向型多元文化公共开放空间转型。下沙文化广场的重建从 2009 年 6 月启动。该项目的思路是打破广场南部的栅栏形成的大院式的组织方式,这要求对广场南部进行彻底的重组。广场上反映下沙村根源的元素被保留了下来(祠堂、农蚝民雕塑及池塘等),而原广场硬质铺装地面及南部运动场地下新建了一座地下车库,以应对到访车辆和居民日益增加的停车需求。内向型的游泳池综合体被开放式的广场空间所取代,而去往体育馆的通道也得到了相应改善,广场南端会因一个带顶棚的露天舞台而更显突出,地面的铺装设计也有了改善。下沙大盆菜厨房仍在原来的位置上,即在黄氏宗祠旁被重新建造,其外墙用来展示下沙历史。广场西南部原先被树篱环绕的、勉强才能进入的椰树林,被公共开放绿色空间和一个现代化室外游泳池所取代。

改造完成后,下沙文化广场不再是用作传统文化活动场地和邻里聚会点的内向型乡村文化公共空间,它在本质上发生变化,从半开放的、带有一个通向毗邻居住区的明显入口的公共空间,转变为在多方位上开放并可为不同使用者服务的公共空间。它发挥多重作用,既可以作为社区举行普及文化活动的载体,又能作为增进本地村民与移民邻里关系的纽带,还可以成为推广本地文化产业的公众平台。这一点特别关系到下沙大盆菜宴,以及为了满足对深圳乡村既往史的典型文化特征有兴趣的游客需求而举办的活动。它也有助于高层公寓大厦中的居民能更好地融入村社区环境。在这座新广场的帮助下,下沙村努力将其基础设施向着一种更为稳定的社区需求方向重新调整。在这样的社区中,流动人口和移民工可能有一天会转变为更为长期的居民,同时与他们的生活环境形成个性化的联系。

4. 都市社区

随着时间的推移,下沙村基本空间格局逐渐转变为一种居住性社区:村民的私人住房被下沙工业区、高层住宅小区和下沙小学所环绕。下沙村内可供使用的公共空间居于这些区域的中心位置,主要包括商业街、下沙市场、文化广场、牌坊、体育场、小型休憩场所和闲置地。下沙村成功地实现了升级,并逐渐融入城市结构之中,这有别于其他将重心放在通过租赁收入来实现增值的城中村。下沙已经享有宜居之地的声誉,特别是对于较年轻的人,他们被多样化的购物场所和娱乐设施以及这一城中村所提供的相对较高的安全保障所吸引。深圳城市规划专家们承认,下沙村努力缩小了原村民和移民人口之间的隔阂,以实现社区融合。

5. 二元结构

尽管人口发展和人口结构发生了变化,但下沙人口的二元化结构特征并未得到本质上的改变。原村民与居住于该村并在人数上远远超过原村民的移民工之间,仍然存在着一种无形的界限。居民阶层差别影响着对重要公共区域的使用。黄氏宗祠入口处的拱廊下平台以及祠堂内的麻将娱乐区基本上由本地村民使用,而大多数的移民居民则选择在祠堂外面的广场上休憩。虽然这种分隔根植于原有村民对祠堂的宗族式占有权,并且仍然有大量可供移民人口使用的公共开放空间,但这与没有提供类似空间的其他城中村形成了对比。在每年春季和秋季举行的祭祖活动过程中,本地村民聚集于下沙文化广场内,而众多的租客只是从远处观望,或者表现得全无兴趣。

6. 文化旅游

下沙村是一个包容性的良好的社区,具有良好的传统文化。下沙村内有300多年历史的黄思铭公世祠,也有记载了下沙800多年的发展历史的博物馆,下沙村有良好的传统文化和独特风俗民情。下沙村有下沙牌坊、黄思铭公世祠、陈杨侯庙、佛祖像等一批深受游客欢迎的历史古迹;有村建博物馆及风景怡人的休闲公园;下沙村人闹元宵、食盆菜的场面极为壮观,举世罕有,其大盆菜宴在2002年打破了吉尼斯世界纪录,吸引了众多的海内外游客和黄氏宗亲;舞狮、舞龙、武术、粤剧表演等也是下沙民俗风情的一大特色。下沙博物馆是深圳唯一一座村自建博物馆,从某种程度上带动了区域性旅游业的发展。对于海内外游客来说,下沙已经成了一个重要的旅游景点。2008年,下沙村被省旅游局授予广东省旅游特色村称号,每天接待约300名海内外游客参观,这也为城中村及城市的发展带来一定的经济效益和发展的空间。

专题报告四

城中村的历史价值

刘建党　白燕飞

不可否认,合法外建筑给深圳的城市发展带来了巨大的制约,暂且抛开对合法外建筑的成见,重新回归历史情境,以城中村为代表的合法外建筑集聚地在深圳城市化的过程中发挥了重要作用。

以城中村为代表的合法外建筑集聚地大大降低了深圳外来人口城市化的成本。低廉的租金让低收入群体得以负担得起在深圳的生活成本,为四面八方来到深圳追求梦想的人提供了第一落脚点;同时也是40年来深圳缺乏完善住房保障体系却依然可以持续地吸纳外来劳动力的原因。2005年,城中村私宅提供了深圳所有住房类型的49%。客观上讲,这保证了深圳完成早期工业积累,为深圳长期发展提供了充足的人力资源。以城中村为代表的合法外建筑集聚地所提供的居住功能在40年的改革中也有着较大的变化,整体呈现出从违法低效供应到合法高效供应的转变。从城中村的改造方式中能发现它对保障深圳住房市场的贡献(表A-3)。

表 A-3　城中村改造模式的演变

改造方式	更新阶段	主要特征
自发零星式	1980—1992年	村落住房形态,以开发单元和旧村自发性的小规模拆旧建新为主
粗放成片式	1993—2003年	由传统村落向城中村形态转变,以市场为动力的自发式更新为主;政府、企业开始参与局部片区改造

(续表)

改造方式	更新阶段	主要特征
大规模专门化改造	2004—2008年	成熟的城中村非正规住房市场形成。改造规模扩大、方式更多样;政府、企业积极参与,出台一系列政策法规,并成立专门机构,违建情况得到遏制
协调自主发展	2009年至今	城市更新政策下的住房形态优化。创新"发展单元+子单元"模式,依法行政保证社会公共利益

前两个阶段内的城中村主要是扮演着工厂宿舍、城市落脚地的角色,是原城中村村民由"种地"向"种房子"转变的结果,大量、快速的建设保障了大批涌入深圳的外来劳动力的生活。随着土地所有权国有的深化以及一系列政策的推动实施,"种房子"已不再可行,住房保障的功能也面临升级改造。在2004年10月28日所有土地转为国有化之后,市场化进程加快,前两阶段产生的合法外建筑通过产权多元化等方式"合法入市",政府、企业、村集体三个主体积极参与,各种改造社区进入住房市场,做到了有效供应,部分代表性村集体成功由"种房子"走上了"种高新企业、文创企业"的道路,进入了相对高端的居住市场,做强了自身经济。总体上看,深圳城中村提供的居住功能经历了从违法低效供应到合法高效供应的转变。城市化的重要表现是要留得住人,深圳城中村居住功能的演化契合了城市化发展的要求,并且城中村伴随着城市升级也实现了自我升级。

首先,城中村的商业模式、空间分布对城市交通和通勤的改善有重要影响。城中村商业是社区商业中的一种特殊的商业形式,是为满足居住于其中的外来居民和原村民的基本生活需求而自发形成的,因为没有经过统一的组织规划而表现出一种无序的商业形态。城中村商业形态纷杂,以服务业和零售业为主,商业形态流动性大,不固定,但是可以满足居民的基本生活需求。[①] 城中村商铺种类一应俱全,包括水果蔬菜、日杂五金、服饰布

---

① 参见杨豪中、王劲、周昭俊:《"有机更新"理论在城中村改造中的应用原则浅析》,载《前沿》2011年第10期。

料、家具家电、美容美发等。商业用房和住宅呈网络状的空间交织,这种商业供给是最为直接和便利的;空间分布上,全市村落均匀散落在市域范围,外来人口可以就近选择居住,客观上减轻了交通压力。1984年,城中村住房市场基本上集中在罗湖区,少量分布在福田区和南山区,该时期更多地表现出城市建成规模从小到大积聚的效应,轴向性并不强烈;而在1994年,则可以明显地看出居住形态分布集中于高速公路、城市干道等主要交通轴线的两侧,在特区外的龙岗区和宝安区表现得尤为明显;到了2000年,居住分布更是加强了这种特征,其居住区非常集中地分布在城市轴线的两侧。① 城中村的分布形式和空间演变有效地吸收了城市流动人口,分散了人口集中对交通的压力。

其次,"应转未转"的合法外建筑缓解了原住村集体与政府之间的矛盾,同时,也提高了原住村集体及村民参与城市建设的积极性。"应转未转"现象的存在,是使用权和所有权分离的外在表现,深圳快速的增长带来了经济收益暴涨,使得原住居民不满足于统征统转的补偿,这些在村集体手中"应转未转"的土地就成了原村民获取城市发展收益差价的筹码,经济利益在一定程度上得到了补偿。根据周其仁教授的描述,合法外建筑大体可分两类:一类描述具体的违法条件,另一类则叙述各时间段未经处理确认的存量合法外建筑与新增合法外建筑。具体违法条件又按照用地合法性分为两种:一种是在所谓的合法外土地上的建筑,这部分土地名义上已经属于国有,但由于征地补偿不到位、生态控制线规划不合理、返还用地指标落不下等原因"应转未转",还处于原住民的实际控制中;另一种则是取得合法土地使用权,但因改建、加建和扩建,政府不予颁发"五证"的建筑。客观上看,这些合法外建筑的产生也是城市化的一部分,村民、村集体出于追求经济利益而自发升级城中村建筑的行为客观上加速了城市化的建设,促进了城市化的发展。

---

① 参见马航、王耀武:《深圳城中村的空间演变与整合》,知识产权出版社2011年版,第105—118页;马航:《非正规住房市场下深圳城中村空间形态特征与演化研究》,载《南方建筑》2013年第2期。

最后,城中村的文化结构演变使得城市更具多样性和发展活力。由城乡二元经济结构所引发的"城中村"景观,不仅是当代中国所特有的经济现象,更是一个独特的文化现象。城中村文化成分复杂,流变多端,传统农村文化和现代都市文化、本土文化和移民文化、主流文化和亚文化都以"原住民"和"租住客"这两个人群为载体,你中有我,我中有你,在这里进行着复杂的冲突与融合。城中村文化的复杂多变主要体现为:宗族纽带和土地崇拜中的农耕文化传承、以民俗文化为主要载体的本土文化的坚持与弘扬、原住民的文化自觉、城中村移民文化的初步形成、网络与城中村虚拟文化空间的建构等。① 城中村文化的多元、包容、和谐特征,造就了"来了就是深圳人"的文化传统。城中村逐渐从闭塞走向开放,从本土走向全球。长期以来移民文化和创新息息相关,城中村文化的先锋性、创新性和开放多元的移民文化本身就是一个激发创造性的摇篮,"大量抱着城市生活希望的年轻人的进入,让城中村表现出香港廉租屋区和国外贫民区所没有的勃勃生机"②。

1. 合法外建筑为初始工业化提供了重要支撑——硬价值

深圳经济特区前身为原宝安县的县城,1978年全县工业总产值仅有6000万元。为了加快推动全市从农业经济向工业经济转型,深圳经济特区成立后,最先发展了蛇口、罗湖、上步等几个区域,其中上步工业区位于福田村北部约1.5千米处,是一个以电子工业和来料加工为主的工业区。在深圳发展初期,上步工业区接纳了大量从香港转移过来的大型加工工厂,如夏巴汽车厂、嘉年印刷厂,因此带来了大量流动人口,产生了大量的租房需求。此时,一方面,深圳市政府并没有经济能力,也没有快速见效的方案来解决数量巨大又"来势汹汹"的流动人口;另一方面,特区内原村民在分配宅基地后,产生了大量无实际居住需求的宅基地,一部分经济条件较好的村民在宅基地上新建了住宅,产生了少量无实际需求的住宅。这

---

① 参见田欢:《城中村文化的结构与变迁——以深圳为例》,载《深圳信息职业技术学院学报》2014年第2期。
② 李津逵:《城中村的真问题》,载《开放导报》2005年第3期。

样,外来流动人口的租房需求与原村民少量无实际需求的住宅正好形成供需相匹配的关系。从 1983 年起,福田村等原村集体部分村民开始对外租房。

同时,面对"三来一补"(来料加工、来样加工、来件装配和补偿贸易)企业向深圳转移的良好势头,深圳市革委会下发《深圳市农村实行特殊政策、灵活措施有关问题的暂行规定》和《关于恢复宝安县建制若干政策措施》,要求把"三来一补"工厂引到特区外,并把审批权下放给当时的宝安县政府。当时深圳重点发展特区内的基础设施,宝安县财政拮据,无力提供配套厂房和宿舍。农村社队响应号召,集体建厂房和房屋对外出租,增加了对外商的吸引力。1992 年,邓小平南方谈话以后,不少社队为适应招商引资,采取灵活的方式与外商合作,比如,合资建厂房、把土地租赁给外商建厂、与外地人合作建出租屋等。这些行为当时受到市、县政府的支持、宽容或默许。GDP 增长需要招商引资量的增长、"三来一补"工厂大规模引入、工业企业吸引了大量外来的劳动力,这些必然带来低收入群体数量的增长。以电子加工业为例,每引进 1 亿元的固定资产投资,相应地就要引进上千名流水线上的工人。加工业利润率低,流水线上的工人月工资收入微薄,不可能买商品房,只能依靠廉价简单的城中村出租屋。此外,合法外建筑在乡镇企业的发展中也扮演了重要角色,城中村是深圳乡镇企业的发源地,乡镇企业实际上构成了早期城中村聚落的重要组成部分。

综上所述,原村集体或原村民通过建造合法外厂房,为"三来一补"企业提供了廉价生产、办公场所,有效降低了外商投资企业和乡镇企业等内资企业的生产经营成本。同时,由于标准化的厂房已经建好,企业只需完成设备安装调试、工人培训等工作,就可以快速投入到生产经营活动中去,从而大大缩短了企业的投产周期。此外,原村集体或原村民通过建造合法外宿舍或住宅,有效满足了流水线工人对低端住房的庞大需求,有助于降低员工生活成本,进而降低企业的人工成本,从而增强企业的市场竞争力。同时,原村集体或原村民专注于提供大规模住房服务,免除了企业和工人的后顾之忧,有助于企业和员工专注于生产经营活动,从而增强企业产品的竞争力。显然,企业竞争力的增强,势必带来企业规模的扩大,进而衍生出更多厂房需求、更多流水线工人需求,以及更多低廉住宅需求,而更多厂房和更多住宅则进一步推动企业发展壮大,二者之间形成了良好的正向反馈效应,从而有效推动了深圳初始工业化进程。

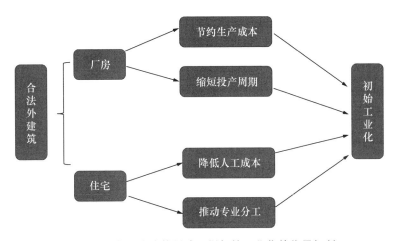

图 A-12　合法外建筑影响深圳初始工业化的作用机制

2. 合法外建筑为文化创意产业提供了初始空间——硬价值

自 2003 年深圳确立"文化立市"以来,除了转型升级为高技术制造业,一些"三来一补"产业和乡镇企业逐渐消失,其所拥有的旧厂房也被改造为办公楼、写字楼或艺术家 LOFT 工作室。例如,被联合国教科文组织纳入全球创意城市网络的深圳"设计之都"的标志性创意园,就是由深圳田面村这个城中村的老旧厂房改造而成的。此外,许多深圳著名歌曲的词曲作者、平面设计大师、钢琴大师、话剧剧本作者,甚至主持城中村规划的专业人士们,当年住在哪里?答案都是"城中村"。城中村是文化创意重要的载体。类似的情形,比如上海苏州河仓库和广州 PARK19,都是从低成本地区培养出来的文化创意产业园区。

非正规生产文化既是城中村独特的生产文化,也代表了整个城市甚至国家在特定转型阶段的历史、记忆和缩影,有的厂房还具有工业遗产价值。例如,位于深圳宝安的"三来一补"乡镇企业上屋大队热线圈厂,因于 2008

年改造为我国首个以劳务工为内容的专题博物馆,得以保留下来。蟑螂奇观以及老鼠过街横冲直撞的景象,甚至成为艺术家创作的素材。例如,白石洲艺术家马立安曾发动艺术家通过亲身体验城中村生活,来理解城中村;她还注意到深圳不少城中村曾经是临海养蚝的渔村,因填海造地的城市化而逐渐消失,"蚝"被她转化为2014年深圳公共雕塑展的作品与符号。城中村大规模成片的蟑螂群、老鼠群,对于从事设计工作的人来说,就如同艺术的创作素材,城中村的各种物象(objects)甚至已经转换为2016年"深港双城双年展"的独特项目和展品,而2017年的展会更是与当代艺术结合,直接将展场设在城中村。

综上所述,正是通过对旧城区、旧工厂等地点的改造并结合自身资源优势,深圳才造就了如华侨城LOFT创意园、大芬油画村、观澜版画基地、F518时尚创意园区等优秀的文化创意产业园区和基地。其中,大芬油画村位于深圳龙岗区,面积约为0.4平方千米,原本是龙岗区布吉街道下辖的一个村民小组,如今依托油画产业的发展,成为国内外较为知名的商品油画制作交易中心。大芬油画村内画师多达8000人,油画出口额一年最高达4.3亿元,先后被授予"国家文化产业示范基地""文化(美术)产业示范基地""2006中国最佳创意产业园区"等称号。低成本是该村最初成为

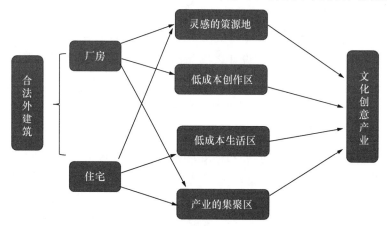

图A-13　合法外建筑影响深圳文化创意产业的作用机制

油画产业第一"落脚点"的原因之一。大芬油画村的核心竞争力在于其低成本运作。

3. 合法外建筑为"草根创客"提供了良好"卧城"——硬价值

城中村还吸引了新一代互联网"草根创客"。"创客"(maker)一族是一群不以营利为目标,拥有独立想法并试图把想法变成产品现实的人。这些人多为年轻人,来自 IT 行业,热衷于创意、设计、制造和 DIY,他们看重的是深圳所在珠三角地区无与伦比的开源硬件和相对完整的创客配套产业链。他们往往具有较高学历,喜欢居住在城市中心临近大学园区、科技园区等办公场所且日渐改善和"可居"的城中村。例如,深圳大学附近的桂庙城中村就集聚了大量高校毕业生,他们或许就在附近的腾讯大厦或科技园工作。城中村的"学生化"成为城中村变迁的重要力量。岗厦也因临近全国最重要的电子商品集聚区——华强北,而吸引了大量青年"创客"。城中村对于他们而言,就是一个简单而便宜的"卧城",他们的工作和社交生活基本在城中村以外的现代化的办公空间或园区内部解决,并不依赖于大多数城中村难以提供的都市外部公共资源。虽然,深圳提供的廉租房也可以提供低成本居住,但因深圳土地供应量的局限,大量廉租房的区位选择往往远离城市就业中心,对新一代"创客"的吸引力远不如位于城市中心的城中村。

图 A-14　合法外住宅影响深圳"草根创客"集聚的作用机制

4. 合法外建筑为产业多元化提供了基本保障——硬价值

由于高、低技能者之间存在着技能互补性(skill complementarity),城市在聚集了大量高技能劳动者之后,还相应产生对于低技能劳动力的需求。大城市的大学生数量更多,也带来更多的低技能劳动者需求。据估计,美国城市中每增加 1 个高技能岗位,就会增加 3 个餐饮服务员、收银员等低技能劳动力从事的岗位。因此,随着深圳产业结构的转型升级、城市功能的不断提升,以及大批高技能人才逐步形成集聚态势,海量低技能人才快速集聚,这就直接产生对不同层次住宅的庞大需求。

深圳城中村住房总建筑面积超过 4 亿平方米,占深圳全市住房数量的 60%。据统计,深圳城中村租赁住房约占总租赁住房 70%,是租赁市场供应最重要的主体之一,提供了大量低租金、户型丰富的适居租赁住房。城中村解决了大量人口的居住问题,成为众多大学毕业生、外来人群来深的"第一站"。同时,从深圳城中村居住用地的分布图可以发现,居住用地集中分布于城市的各种重要交通轴线,大多数城中村区位优越、交通便利。

城中村在深圳不是集中连片分布,而是呈现点状、零散分布态势。深圳全市共有 320 个原行政村、1317 个自然村,城中村在全市基本呈现均匀分布态势,深圳每个辖区都有城中村,这意味着每个区都存在低成本空间。城中村和城市中心区共存且邻近,意味着高成本空间和低成本空间邻近,说明每个区的生产、生活成本在空间上呈现多元化特征。这种空间多元化特征使得打工者无论在哪里上班都能找到廉价的城中村出租屋,从而降低了中低收入人群的居住、交通成本,这不仅提升了中低收入人群的生活便利性,也提高了高收入人群的生活舒适度,最终提高了整个城市的经济活力和城市经济的可持续发展能力。根据调查,约 65% 的福田村居民上班出行都依靠步行或自行车,这不仅节约了居民出行的经济成本,也节约了

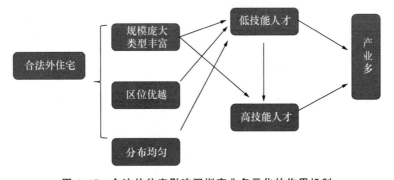

图 A-15　合法外住宅影响深圳产业多元化的作用机制

居民上班出行的时间成本,对缓解城市交通压力起了一定作用。

5. 合法外建筑为创业创新精神提供了发祥地——软价值

相比城中村外部相对干净、整洁、有序和组织化的城市景观和城市生活,城中村存在某种无政府主义的自由文化,类似欧宁对哥本哈根克里斯钦自由城的介绍。城中村作为城市外来人员的"落脚城市"和过渡空间,凝聚着不同的乡音,也是他们的"临时原乡"和"类故乡",城中村最显著的被外来移民所记住的是其早期获得"第一桶金"的创业和奋斗精神,这种精神延续到今日互联网时代的"创客"文化中。城中村是初入深圳的外来人员进入城市的通道和创业平台,"出得了城中村,才能成为深圳人"的说法,获得不少认同。深圳之开拓、创新与创业精神的一部分,主要来自那些在城中村居住过的国内和国际外来人口。事实上,从 20 世纪 90 年代以后直至最近几年,在深圳市政府实施人才安居政策以前便已来到深圳的人们,很少没有在城中村居住过。城中村为一代人和一个城市提供了宝贵的精神遗产,那就是"草根"奋斗精神,在某种意义上,与其后形成的企业家精神以及青年大学生的创业、创新和"创客"文化,具有历史关联性。

专题报告五

粤港澳大湾区深圳城市定位与改造发展研究

戴　欣

粤港澳大湾区规划是我国第一个在"一国两制"框架下的跨行政区规划,是以华南沿海湾区优越自然地理区位和既有城市群为依托的城市群规划,是最具活力、开放程度最高、创新能力最强、吸引外来人口最多的区域,是快速工业化和城市化的典型代表;其人口和经济规模比肩全球著名湾区,是具有全球影响力的先进制造业和现代服务业基地。粤港澳大湾区占国土面积5.4万平方千米。① 2019年,大湾区GDP总量约为1.66万亿美元,初步形成了以香港和深圳为核心、珠江三角洲"二区九市"为主体区域的湾区经济形态,以香港和广州两个城市为起点,初步成长为拥有近7000万城市人口、城镇化率达到86%的世界级城市群。

粤港澳大湾区是由多个优良港湾汇聚而成的城市群,与南海依湾相连,并与东南亚隔海相望,是世界贸易主要海运通道的重要节点和海上丝绸之路的必经之处,是具备较大发展空间和增长潜力的世界级经济区域。粤港澳大湾区对于加快"一带一路"建设、促进国家经济发展、开创我国对外开放新格局、实现世界经济格局的重大转变具有重要的战略意义。深圳作为全球创新城市的后起之秀,与香港联合成为湾区的国际金融中心、国际航运枢纽和国际贸易窗口,人口规模和经济规模分别约占整个湾区的16%和36%,是中国创新能力最强、知名国际大学最多、城市活力和国际影响力最高的城市区。因此,如何在更大的空间尺度上形成区域一体化,

---

① 参见《粤港澳大湾区:"9+2"城市占国土面积不及1%,GDP贡献超过全国12%》,http://www.chinazjph.com/shujufenxi/1073.html,2020年7月23日访问。

促进城市间分工协作共发展,区域的功能定位至关重要,这也是现阶段该区发展的关键。

1. 粤港澳大湾区内城市分工协作共发展

自18世纪以来,工业化与城市化是现代经济增长的最重要特征,高水平的工业化和城市化是世界经济增长的持续动力。过去70年,城市群化已经成为全球城市化的基本方向和主体形态。城市群人口规模巨大,聚集着功能复杂、形态多样的经济活动,其中既包含大规模的生产制造、国际贸易,也有高度活跃的科学技术和产业创新,城市群往往是大学科研机构的密集区。城市群以标志化的核心大城市为代表,充满活力的大城市群是国民经济的空间支撑,是国际竞争力的展现,也是国民经济效率能够持续提升的关键。从单一的城市发展向城市群化的重大标志在于,产业的空间配置不再是以"一城一地"的效率为依据,而是以城市群组合的效率最大化为基本原则。其中包括三点内容:一是产业功能在不同层级的城市以市场竞争效率为基础形成差异化分布。进一步说就是,城市之间产业结构具有同质性,但决定城市特征、竞争力和长期增长潜力的是一个城市所具有的特质。而城市之间产业和功能差异性的本质是城市间的分工。二是从城市化到城市群化不仅强化了城市之间的分工,而且还提升了每座城市优势产业的规模和发展水平。城市优势产业不再决定于城市自身的经济与人口规模,而是决定于紧密相连、分工合作的城市群的经济和人口规模。三是城市群的发展,推动了单个城市功能的专业化和城市群功能的综合化,也推动了城市之间的分工合作。在空间上,城市与产业之间的分工合作与协同创新已经成为一个国家,特别是大国或是大型经济体经济增长的内在动力。

粤港澳大湾区是由多个优良港湾汇聚而成的城市群,而高密度连绵不断的城市群内部是大、中、小城市有序排列的结构,城市之间形成多样化的分工格局,并且城市规模与产业结构相适应。城市群内部城市按照各自优势差异化发展,相互依存。分工协同是城市群持续扩张的内在基础,也是实现城市经济空间效率最大化的关键。城市之间的差异化、层次化分工可以基于AMM(Alonso-Muth-Mills)模型和RR(Rose-Roback)模型给予解释。

AMM模型和RR模型至今仍处于城市经济研究的核心位置。经济和人口规模大的城市会形成城市的中心商务区(CBD)。不失一般性,CBD的人口和经济活动密度是城市最高水平,土地价格、房价与房租也是全市最高的。一般说来,距CBD越远,随着人口与经济活动密度的下降,土地价格、房价和房租也会越低。结果,城市人会面临是在CBD居住,还是离开CBD的选择。在CBD居住并就近上班十分便利,但要付出高房租或是高房价。离开市中心区住,房子价格降低了,但每天要耗费几个小时在路上。如果大城市的房价难以负担,可以选择住在周边的中小城市。① 由AMM模型与RR模型理论可以进一步推出的结论是,单位产出占用土地多少,决定了产业空间配置的成本差异。单位产出需要土地越多的产业,一定距城市中心区或是距离大城市越远;反之,使用单位土地能够创造更多就业和更多产出的经济活动的企业一定会靠近城市中心区或是大城市。

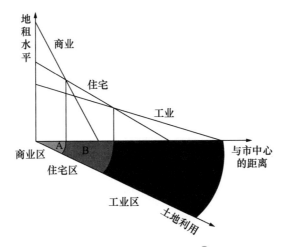

图 A-16　地租分布曲线②

---

① 假设,城市内部收入和城市便利性不变,不同区位的住房与交通成本之和不变,即随着至市中心距离的增大,房价下降,而交通成本上升。这两个模型用于分析不同城市间收入、城市便利性和住房成本之间的取舍,拥有高名义工资和良好便利的基础设施的城市,应当有更高的房地产价格,由此引发人口的空间流动。

② 地租曲线是以交通可达性中心为原点,不同类型的功能空间在时空中呈现静态价值梯度关系,同时形成动态的同心圆式集中—扩散过程。

在城市异质分工的领域,许多学者进行了深入研究并取得一系列可借鉴的结果。杜兰顿对多城市体系研究主要包括两点:第一,m 个城市都具有一个可持续的自然优势行业,有 N 个可移动的非自然优势产业。一个城市的规模决定于自然优势产业加上可移动的行业规模。城市的所有行业,包括第一自然优势产业的创新概率为 D,可移动行业 n 创新概率为 C,互不联系的城市 D>C。第二,若年轻中小城市,创新行业 n 受益于大都市群多样化产业,混合交融增长,就会形成大都市群内部城市之间的协同增长效应。[①] 格莱泽有关人力资本与劳动异质性研究假设高工资代表了高的边际生产率,那么,第一,一个城市单位同质劳动加总后,工资水平高的城市的生产率更高,低工资的城市的生产率会更低,直至达到均衡。由此推论,城市之间工资水平的差别表达了城市间具有差异化的生产函数。第二,高生产效率的劳动集中在高工资的大城市,低生产率的劳动向中小城市扩散,这种城市间工资溢价会自动形成按劳动质量高低排序的城市阶梯,城市之间可能会因劳动的异质性产生城市异质性。[②] 亨德森从理论上说明了专业化和多元化都是极端的例子。[③] 唐纳德则依据劳动异质性和个人效用函数关系,讨论城市的比较优势以及城市结构演变的差异,较大的城市是以技能丰富和专门技能密集的产业为主体,集聚效应使得较大的城市相对于中小城市有更高的生产率,大城市的区位选择也比中小城市有先天性优势。[④] 不同规模城市的全要素生产率不同,小城市最好的区位一般不及较大城市最好的区位,大城市的相应区位更具有吸引力。高技能的人才占据了这些更具吸引力的位置,使大城市具有技能丰富的属性,即最

[①] See Duranton Gilles, Urban Evolutions: The Fast, the Slow, and the Still, *American Economic Review*, Vol. 97(1)(2007), pp. 197-221.
[②] See Glaeser Edward, Maré David, Cities and Skills, *Journal of Labor Economics*, Vol. 19 (2)(2001), pp. 316-342.
[③] See Henderson J. V., Optimum City Size: The External Diseconomy Question, *Journal of Political Economy*, Vol. 82(2)(1974), pp. 373-388.
[④] See Donald R. Davis, Jonathan I. Dingel, The Comparative Advantage of Cities, *Journal of International Economics*, 2014.

熟练的人群更愿意居住在大城市。这等价于大城市有熟练技能的人群更充裕，技能密集型产业因此更加突出地配置在大城市，大城市因此具有较高的就业弹性。大城市具有生产力优势，主要表现为，大城市企业的生产力更高以及大城市职工收入也更高，即大城市职工比小城市和农村职工收入更高。在发达国家，城市规模与职工收入普遍呈现正相关的关系。美国人口规模在100万以上的都市区职工收入水平比农村地区职工收入高30%。法国巴黎职工的平均收入水平比其他大城市，例如里昂和马赛高15%；比中等规模城市高35%；比农村地区高60%。① 中小城市的相对低成本，有利于在城市群范围内与大城市实现有机分工，弥补大城市成本不断攀升的劣势，因此城市群的竞争力要远远高于单个城市。

城市产业分工与城市规模之间存在着系统性的联系，城市的技能分布塑造了城市的比较优势。城市的专业化分工使得城市可以依据自身在多个方面的比较优势，自主选择需要强力发展的行业，在城市群内形成更高效的分工格局，在更大的尺度上加大投资贸易和产业内分工合作，扩大区域经济规模效应，推进城市群经济的健康快速增长。进入新信息技术革命时代，城市产业结构变化会与思想创新关联，知识创新更容易引发行业的集聚，创新增长率与城市的规模正相关。对于创新来说，自然优势会对城市的集聚经济产生影响，这种自然优势表现为研究机构、大学和相似的能产生创新的不变因素。创新会围绕这些因素产生集群，影响城市及城市群的经济发展。

经过40年的快速城市化和工业化建设以及在粤港澳联系日益密切的背景下，在国家和广东省规划指导以及粤港澳经济融合发展的趋势下，城市经济辐射带动大幅增长，创新能力直线上升。粤港澳大湾区城市群一体化发展，需要高度关注将城市内部企业、产业分工演变为跨越行政界限的

---

① See Roca, Puga, Learning by Working in Big Cities, *Review of Economic Studies*, Vol. 84(1)(2017), pp. 106-142.

城市之间的空间经济分工。港深作为世界级的创新引擎,要发挥强有力的经济辐射与区域发展带动能力;广州是全国经济中心城市,拥有坚实的经济基础、雄厚的教育基础,具有强大的制造能力与物流集散功能;佛山和东莞作为制造业名城加上地理位置优势,将与港深穗共同构筑湾区核心发展轴,形成功能互补核心区域。珠海、澳门、中山等城市成为湾区城市群的重要支撑;湛江、茂名、汕头、揭阳等城市是粤港澳大湾区城市群发展的重要增长极,是湾区不可或缺的重要组成部分。[①] 城市间协调联系程度不断提高,要素流动不断加快,产业分工体系逐步成型,形成了东岸以电子信息为主导的高新技术数字化产业、西岸以重型化为特征的装备制造产业的发展格局。深莞惠地区电子信息技术产业集聚特征明显,广州以交通运输设备、化学原料及化学制品制造为主导,佛山、中山、珠海正在形成以电器机械及器材制造为主的装备制造业基地。

在过去 10 多年里,深圳与东莞的空间分工合作成为城市间分工协作的典范并持续深入发展。无人机产业正在成为深莞两市共有的产业。在此过程中,深圳无人机产业技术创新突破的地位不断提升,东莞则不断提升与无人机制造相关的高端制造能力。深莞之间正在形成深圳"创新创意＋创新型制造"与东莞"创新＋规模化制造"相互支撑的空间合作关系。10 年里,深圳与东莞高新技术企业的数量和密度在同步增长。南山、福田与龙华研发创新型企业和数字经济解决方案的企业密度在明显提高,松山湖的信息制造业密度在明显提高。跨越行政边界的合作有效提升了产业内部专业化协同创新的能力。以深圳与东莞为核心的信息产业集群已经具有世界级规模,也将具有世界级的创新能力,而这些的关键在于更加广泛深入地推进空间合作与跨地域的专业化分工。

[①] 参见哈尔滨工业大学(深圳)经济管理学院课题组:《粤港澳大湾区发展规划研究》,载《开放导报》2017 年第 4 期。

2. 深圳改造中各区功能异质发展

在粤港澳大湾区建设的大背景下,深圳作为全球创新城市的后起之秀,除了与香港联合作为湾区创新增长极以外,其自身的发展路径仍是值得关注的重点。从关注湾区发展的大框架下缩至深圳城市发展,微观至各个行政区的功能异质是值得研究的重要问题。如今的深圳土地空间难以为继,导致用地空间不足,城市的经济活动也受到城市土地限制,因为土地制度变革等产生的城中村等历史遗留问题也加剧了土地供应紧张问题。如何在有限土地空间内发展效率高的产业,使得各区发展变得高效并拉动增长,一系列改造方式的推出与执行说明这个问题得到了重视。

对前文所述的 AMM 模型与 RR 模型进行理论延伸,它们对于研究城市内部的区域房价变化具有深刻指导意义。在深圳快速城市化的 40 年内,土地使用面临严重稀缺问题,造成房价极度飞涨,同时城市内部的差异性表现为功能分区,如福田南山属于城市的 CBD,房价会呈现一个沿着 CBD 向城市边缘越来越低的走势,所以区域内的房价并不是一个均衡价格,因此要考虑到城市内部的功能区不同,价格会随着功能区不同而表现不同。如图 A-17 与图 A-18 所示,各区房价与地价均呈现出递延递减趋势。图 A-19 国际大都市旧金山都市区的各县房价分布较为一致,房价与地价均沿着与城市 CBD 的距离而出现下降的趋势。

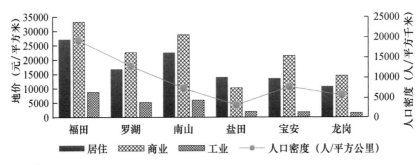

图 A-17　2017 年深圳各区居住、商业、工业地价与人口密度

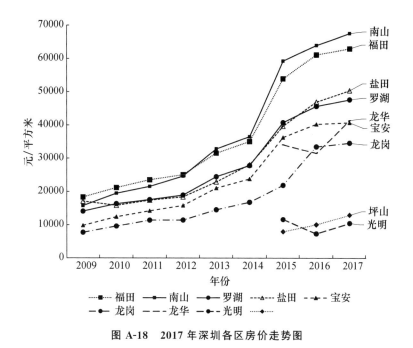

图 A-18 2017 年深圳各区房价走势图

深圳需要有多个功能分区。AMM 模型理论上只讨论了一个中心,但是现实中深圳城市发展必然表现为多个中心。如图 A-20 和图 A-21 所示,除了能够看到市中心福田区的地均价格高于龙岗区之外,还能发现龙岗区中心的价格也一样高于福田区边缘,但总体上深圳房价仍然表现为沿着中心呈现递延递减。无论是从政府层面还是市场层面,都能印证城市空间上差异化地价、房价的客观性。在改造过程中,当很多需求者想要高价补偿而所有供给者想要低价赔偿时,差价的产生就会导致改造项目不能进行,就自然形成了不同功能区域的价值不同。改造中的补贴要与功能挂钩,换言之,即改造过程中需要补偿的地价标准不同。改造不是一蹴而就的,避免该过程中的高成本、高房价等内生问题,是现阶段政府应该着重考虑的内容之一。

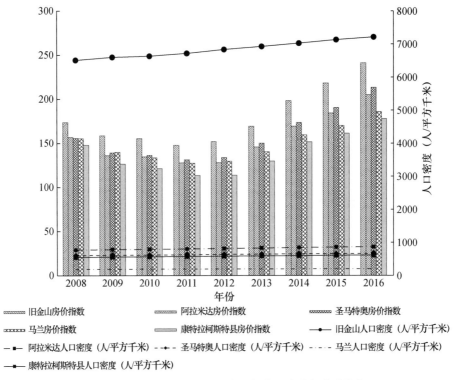

图 A-19　旧金山 MSA 各县市历年人口密度与房价指数

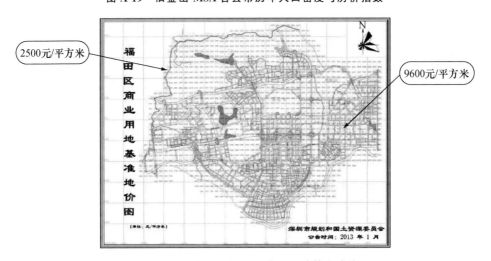

图 A-20　2013 年 1 月福田区商业用地基准地价图

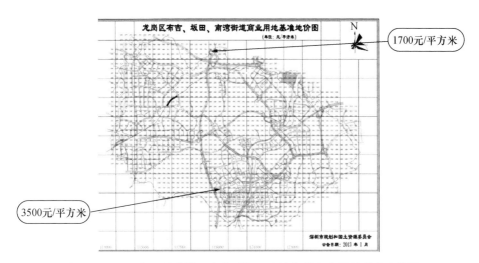

图 A-21　2013 年 1 月龙岗区布吉、坂田、南湾街道商业用地基准地价图

经过改革开放 40 年的飞速发展,城中村等土地制度变革的历史遗留问题成为深圳城市高速发展的产物。深圳市政府在寻求非正规用地向正规用地转换的过程中引入了更多的市场机制,并在这个市场机制下已经作出大量的改造,平衡了居民和城市发展的利益。虽然改造的过程漫长但是至少遏制了违建的蔓延。政府转型升级政策对深圳产生了巨大的影响。在粤港澳大湾区建设的背景下,在改造过程中,深圳市政府积极促进产业转型升级的步调更加坚定。在调整过程中,深圳人口规模与结构也会随之发生变化,过去大规模用地的产业已不再是深圳的选择,传统产业对大规模用地用房的要求降低后会进一步提升城市升级转型的成功率,与周边城市的协同发展、分工合作的模式将会为深圳乃至全湾区内城市的产业发展和经济增长推波助澜。

访谈记录一

历史遗留建筑法理访谈

时间：2018 年 11 月 5 日

地点：深圳市建筑科学研究院 6 楼

受访人员：黄伟文（城市规划与设计资深专家）

访问人员：刘建党、张致鹏、李珏、戴欣

整理人员：陈舒捷、王毅锴、黄琴

访谈背景：深圳在快速城市化过程中，产生了二元土地所有制结构和二元土地使用权结构，出现了大量"法外用地"、违法建设的情况，而城市的进一步发展则需要妥善处理这些历史遗留问题。此次调研希望通过梳理深圳基于二元土地所有制结构、二元土地使用权结构而产生的土地供给市场、不同类型房屋的供给，与实现初级工业化并较快向新型工业化升级、快速城市化和城市功能演进之间的关系，为深圳下一阶段的发展策略提供参考。

访谈内容：城中村在深圳发展过程中起到积极作用。城中村是原村民突破各种法律、政策限制追求自身利益的结果，也是对城市土地被限制为福利用品、压低其经济价值政策的一种纠正，同时赋予了原村民用所剩土地分享城市发展成果的权利。城市需要有繁华的 CBD，也需要富有弹性的生活区、商业区，而深圳的合法外建筑恰恰提供了这样一个多元文化交汇平台。城中村作为相对开放的社区，不同地域、职业、收入背景的人处于同一个生活圈，产生一定的交流与互动，促进城市多元化发展。城中村缓解了深圳保障房建设不足、廉租房需求紧张的问题。

张致鹏(以下简称"张"):2004年政府成立领导小组专门"查违",但网传并没有准确实施,您认为这样的说法准确吗?

黄伟文(以下简称"黄"):2004年的政府"查违"不叫城市更新,还叫作"旧改",从2004年开始强力推动。当时在规划局下面成立了"旧改办",后来叫"更新局",就是"旧改办"这样的机构在推动"查违",至于有无领导小组专门去"查违",我不是很清楚。"查违"是一种间歇性的行为,每次愈是"查违",包括颁布一些政策,愈是刺激抢建,这种过程多次重复。

张:对于"工改"您有什么看法?

黄:深圳能够释放出一定的弹性,工业厂房的空间资源能够发挥更多的用处。比如M0,既满足深圳工业用地需求,又可以让一些升级产业的跨边界功能得以实现。还增加了一部分配套产业,使得一些边缘类产业得以实现。这种盘活资源的方式比较好。

张:深圳近几年的合法外建筑面积有所波动,您觉得从我们已有的合法外建筑面积数据中得出"深圳违建现象趋于平稳状态"的说法是否准确?若准确,您认为可能的原因是什么?

黄:我觉得是准确的。一方面,现在的监管手段是先进的,包括举报、"卫片"、成立专门执法查违建队伍以及利用先进工具形成对违建的高压监控;另一方面,在宣传上,基层的动员、责任的明确等措施都会有效遏制违建。而且这不仅仅是深圳市政府所要做的事,国土资源部也有责任推动深圳去做,否则就要问责。所以,"深圳违建现象趋于平稳状态"是做到了。尤其是去年,国土资源部要求,所有水源保护区要严格清理违建,"查违"已经蔚然成风。

张:您对土地制度的初步评价是什么?

黄:要想对现存土地制度作出评价,首先要看近40年的制度,土地制度设计一开始没有整体设计思路。在1982年之前,《宪法》上并没有规定城市土地由国家所有,国家或地方政府对土地权属的意识还没有那么强烈。1979年深圳进行土地招商建设其实是没有一个明确的标准的。

深圳市成立后,多数土地是属于人民公社的。我采访过刘家胜,他曾经是深圳的国土规划局局长，他说一开始是要通过跟农民吃饭、喝酒来谈征地的，后来征地才逐渐形成了一个标准，比如以农业生产值的几倍再附上青苗以及上面的附属物等作为赔偿，到后来出现了返还地，可用来建设，逐步形成了补偿制度标准。但这里面存在一个很重要的制度盲区：这种标准始终是把土地当成一种资源、一种可以用来提前筹款的商品、一种可以用来返还给农民的福利。在这种情况下，农民只能在返还的土地上建不超过2.5层楼高的小楼自用，而旁边卖给香港商人的地则建成了高大的商品楼，于是出现了两块地仅一路之隔，却存在巨大利益差距的情况。城市规划的失败是当时制度设计最不妥当的一个方面。对两块条件相近的土地区别对待，限制农民趋利化加盖，是不合理的。蔡屋围案以及所有城中村现象特别能说明早期土地制度设计的漏洞。一种土地作为福利、宅基地自用；一种土地作为商品，进入市场。这种二元化的思维把土地界定成两种性质，在同一个市场、在巨额的利益差距下，自然会使得市场自动扭转，农民加盖违建。

张：是否可以作这样一个假设，当年对用地进行了分类，特区外给农民当福利、特区内建商品房，因而出现了这种二元方式呢？

黄：当初特区内外本来就是二元的，这也导致另外一个问题，特区内外的发展不均衡是会随时间逐渐被抹平的。当走向市场机制时，依然应用二元方式，市场就会扭曲，差距会被拉平。特区内有各种优惠政策，特区外就通过一些方式弥补政策差距。假设村民保持建不超过2.5层楼高的小楼，就没有深圳如今的红红火火。因为政府建房容纳不了深圳大量人口，必然影响深圳发展速度，城中村就填补了政府建房的空白。在市场上，土地不能以两种方法被区别对待，但是当时的认知导致无法把土地当作统一性质的商品，于是获得开发权的香港公司与留作自用地的村集体同时进行开发。明明已经走向市场经济，可是对主体还作区分，这就是根本问题所在。后来导致了问题的堆积和复杂化，最终要靠推倒重来"重新洗牌"，也就是承认村民开发商地位，使城中村合法化。

张：原本二元村集体用地和香港开发商用地，在当时规划的时候是否设计为属性不同?

黄:通过城市规划可以规定村集体与香港开发商拥有的权利,但是这个权利必须有解释、有依据。当解释不清楚依据,只是看主体不同来区别对待时,从城市规划上就说不通。土地开发的用途和密度应该来自基础设施的支持,相邻土地基础设施相同,也没有航空限制,没有站得住的理由,就无法解释这个权利,无法说服村民,无法说服规划的人。

张:深圳这些年的违建有没有出现过重大的安全事故?

黄:没有出现安全事故,反而比想象中还要安全。村民自己建房比政府建房更关心结构安全,因为房子是他们自己的资产,建造过程中不会偷工减料,因为要建得牢固以方便扩建。所以从产权机制上看,自建房是保证安全的。凡是用来生产、赚钱的房子,就好比下金蛋的鸡,一定会建得牢固。

张:在政策方面,您还有什么检验政策实施的好建议吗?

黄:应该重点强调最开始的设计是存在不足的。之前政府没有意识到设计存在的不足,用"打补丁"的方式缓解问题,是治标不治本的。政府往往是加强查处,逐步让利,村民的自建房从不超过2.5层楼高,即240平方米加一倍到480平方米,就是个博弈。240平方米是自用,那480平方米还是自用吗?政府其实就是逐步承认自建的房子可以用于出租。

张:自建房为什么是480平方米呢?放宽为什么不一步到位?

黄:我推测在1999年深圳农民房能建5—6层,在源基地建5—6层,大约是480平方米。对于逐步放宽的问题,是因为政府思维还停留在福利地块上,没有对土地失灵进行反思。之前没有做好,只能承认既成事实,没有料到480平方米的标准也会被突破。在市场的推动下,村民自建房数量再大也是符合市场需求的。在每一步放宽措施中,深圳政策制定者没有做到全面的反思,没有在整体上改正。实际上,政府一步步的退让,对土地制度没有太大帮助,只能算是一定程度的缓解。

张:深圳市政府是否在通过城市更新确权呢?

黄:城市更新就是通过另一种方式承认这个事实,通过重建来确立这些建筑的合法性,这也算是一个解决方案。很多村民也在期待通过城市更新承认产权,因为可以获得更多的利益,但同时这种方式对深圳的可支付住宅带来了巨大冲击。深圳市场更需要中低档的物业,而目前的中低档物业都是由政府提供的,但是政府所能提供的中低档物业有限。中高档的物业在2010年前很少,所以当时深圳有一半的人住在城中村里;而现在深圳已经提供了很多可支付住宅,但是可支付住宅趋于高端化。城市更新虽然解决产权问题,但是带来了社会问题。高档化的过程对城市来说其实更致命,因为这影响了深圳发展的动力与可持续性。

张:如果不通过城市更新去确权的话,还有没有比较好的方式?

黄:周其仁老师带领的北大国发院团队给出的结论是开放部分确权。但是目前来看这可能没有吸引力,吸引不了村民去确权,因为不能给村民提供利益。不确权,村民的住房没有年期;确权就有年期了。确权和土地整备挂钩的话,利益不足。承认村民的权利,地卖给政府作为土地整备,相较城市更新村民获得的利益少了很多;而村民自己收租年限是无限的,获利也多于确权。周其仁主张,承认这个事实,使其合法化,变成可交易的社会资产,就可以盘活。但是近几年没有较大的成效。

张:土地整备是不是大片土地容易整备、小片只能城市更新而收入又少,是这个意思吗?

黄:不完全是,这些年,政策制定者看到城市更新是利益最大化和合法化的方式,他们普遍期待城市更新。而土地整备是政府去收购这些土地,价格普遍低于开发商要价。从政府角度,更愿意选择大片的、物业较少的土地收回。对于村民而言,土地整备没有吸引力,除非有交换条件。城市更新也是交换过程。总的来说,我们应该从头检讨这些政策,必须承认农民有权利开发土地。至于土地是作农业用途、自住还是商业开发,是土地政策和产品规划方的定义。对农民来讲,他们是东道主,拥有土地开发模式的选择权。

张:最早广东省出台《广东省经济特区条例》,条例第1条写的是政府允许合作开发,但政府没有界定哪块是合作方的,哪块是政府的。这个情况在当时属实吗?

黄:对土地制度影响最大的是1982年《宪法》,它把农村土地以外所有土地全部宣布为国家所有。中国土地只有两种:一种是现有农民手里的地,由村集体所有,另一种是国有,等于非私有。集体土地是一种半公用,而国有土地是一种全公用,非私人所有。这比土地改革造成的影响还要巨大。此法为这40年的城市化打下了一个非常好的基础,有利于政府强力推动城市化进程。之后还有一个规定:城市建设只能使用国有土地,村集体用地只能用作农业或自用。城中村的概念就是这样来的,哪怕一个村被城市包围了也不能承认它是城市土地,但实际上从一些方面来看城中村已经完全是城市了。城中村与城市在名字的概念上还是不平等、二元化的。从一开始土地的观念就是双轨的、二元的,后面只是政府与村民间的一种博弈、退让,但并没有根本改变。根本改变的是政府承认建成区域里、规划里原有的主体有权利参与城市开发建设。

张:不管土地是集体的还是国有的,都可以一起开发吗?

黄:对,地是村民的,政府宣布这块地是城市,村民就有权利参与城市开发建设。政府不能要求村民在交出土地的同时否定其开发权,却只给村民很少的补偿,然后把土地转给开发商去开发。

张:想请教一个关于"480平方米确权"的问题,基于现在"查违"的高压状态,可能也不能在"480平方米确权"的基础上再建。有可能的一种结果是农民盖的现在已经存在的这些建筑最后都会被确权,可以参与到土地市场。那么它带来的效用除了土地参与市场激发经济的发展之外,还带来了一个负效应,就是生活成本将上升。您觉得是否可以有一种办法有效平衡这种矛盾?

黄:尊重租户的权利,保护租户的权利。房东出租房屋赚钱,不能只是赚钱,而不保障租户合理的居住权。一个城市的发展、一个城中村的繁荣,不仅仅是房东、政府开发建设的功劳,租户也是参与者,租户的劳动、服务也是地区繁荣的因素之一。房东应该在法律上保护租户的权利,所谓"保护",就是有一个明确的租约,而不是随时将租户扫地出门,现在综合整治的情况就是如此。物业升级，可以，但是一定要保障租户的合法权益。诚然在市场经济体制下，个人有权处置自己的物业，但是一切物业升级的行为都要从法律上保障物业内所居住人的合法权益。

这个是至今仍未解决的问题，还有所谓的市民主体的确认也是一个缺失。在理念上，包括习近平总书记在一些会议上说城市规划要市民参与、尊重市民的意见，但就城中村改造来说，应该尊重哪些市民的意见呢？租户有没有被定义为市民？我们尊重房东的意见，就是尊重房东作为市民的意见，但是有些租户住在这里10年、20年甚至安家落户，他们算不算市民？这是一个问题。

在中国，在深圳这个领域也是一片空白。在法律、政策上政府给了这些外来的"深圳人"什么样的权利？如果市民的参与权与对租户的保护这两条在法律上得以保证，那这些来自全国各地的"深圳人"就不怕城市更新，不怕综合整治，也不怕市商化、高档化过程给他们造成的冲击了，因为这两者互相制约、互相协商，形成一个均衡的状态。但现在两边缺失：市民权利缺失、市民身份界定缺失，租户权益保护缺失，这时候开发权、产权一家独大，所以开发权和产权其实是在伤害租赁权和居民权。

张：这是不是又涉及流动人口的流动性问题了？"深漂"们可能在20岁到40岁之间选择在深圳，在40岁之后，在劳动能力下降之后选择离开，是不是相当于深圳一直处于依靠年轻外来人口输血的一种状态？

黄：作为政策这是有问题的。深圳不能够去剥削压榨别人的青春，外来务工人员来深圳为深圳建设服务，那深圳应该给外来务工人员市民权利。至于外来务工人员是否选择留在深圳，那是他们的选择，但上述压榨外来人口青春的现象不能作为一种城市政策。半年常住人口其实都应该理解成市民，外来务工人员交税了，纳社保了，就是市民，但是深圳一直没有明确对市民的定义。在"来了就是深圳人"口号之下，没有具体的政策来保证外来务工人员的权利，这些权利主要就是居住权、租赁权。并且《城乡规划法》中已经界定有参与权，规定利益相关者都有权利参与，但是这方面深圳也没落实到位。

张：那居住权是否涉及"愿意租,但是租金过高,租金上涨过快"这样的问题?

黄：这还牵扯到"社区主体"的概念。社区主体是住在这里的人,还是拥有这个地方物业的人?我们现在承认的是拥有物业的人,但是拥有物业的人一般不住在这里,所以又有一个概念就是"居民",居民是居住在这里的人。城市规划的时候到底应该听取住在这里的人的声音,还是听取拥有这个物业的人的声音?这又是一个概念,就是"在地居民"。谁是在地居民?政府到底要不要更清楚地界定在地居民是否拥有城市规划的参与权?

张：在地居民可以理解为居住半年以上的人口吗?这样实际操作的话人口流动性会不会太大?

黄：有流动性。那些人是不是在地居民?那些人和本地人的关系比房东还要密切。他们中有很多人的下一代都是在村里长大的,那下一代还回得去老家吗?回不去了。如果政府不承认他们的市民身份、居民身份、在地居民身份,城市规划、城市更新只是征求房东的意见,只是尊重房东的利益,那就造成房东与租户间的社会冲突,租户们的利益被忽略了,租户们的声音被掩盖了,这些外来务工人员就走了。而这是目前政策一个特别大的盲区。如此一来,会造成城市运转不便的问题,造成城市经济上的问题,最重要的是交通问题、效率问题。因为外来务工人员在深圳时,为深圳提供了大量中低收入的工作服务。外来务工人员离开了深圳,但市场仍需要劳动力来扫地、端盘子。此时这些外来务工人员因为生活成本问题,生存空间就被挤压到了关外,他们就得整天坐公交车、坐地铁入关上班,政府就要修地铁、修高速路。他们痛苦,城市痛苦,其他居民也痛苦。所以简单的在地居民权没得到尊重的问题,造成损失的不仅仅是外来务工人员,还有整个城市。这是一个合作共赢的关系,因为城市是一个相互关联的系统。尊重居民权其实是一个城市正常、健康发展的基础,当居民不能得到尊重时造成的冲击不仅是社会层面的,还有经济层面的。

张：能不能举出一个在保障在地居民的居民权这一块可以起到一个很好的示范作用的国外的例子?

黄：在国外，在城市居住，缴纳社保，政府会自然认为你就是这个地方的居民。在美国，政府想对当地进行改造，会开听证会让本地人参与，参与者主要是住在这里的居民，甚至包括还在上学的小孩。居民只要拿出交房租的单子，他的孩子就有权利在这里上学，这种权利是自然而然的。经过几百年的发展，他们已经有充分的法规对权利进行保障，而且已经有一个完备的系统认可居民身份。你在一个地方租下房子，就是这个地方的居民，该有的权利都能给你保证。

张：政策制定者当时也没有考虑到流动性的问题吧？

黄：中国在1978年之前是不让人员流动的，当时的人要开证明才可以流动，但如果没有人口流动就不会有深圳。深圳的发展是劳动力解放、迁徙自由的成果，有了迁徙自由以后，深圳的居民认定就成为一个大问题。当时深圳市政府只提出一些空的口号来解决这个问题，比如"来了就是深圳人"，虽然这也算是一种表态，在宣传上有用，但是关于来了怎么成为深圳人却没有具体配套的政策来落实。

张：城中村在过去的40年一直存在，也一直在发展。在这个过程中深圳的经济、产业也在升级，您认为城中村的合法外建筑对深圳的产业发展、经济发展、产业升级有怎样的作用？

黄：我觉得城中村最重要的地位是它是深圳一半人口的居住地，等于深圳有一半的人口必须依赖城中村生存。近年来，我们更加应该认识到"人口就是红利，人口就是竞争力"这一道理。现在深圳有一半的人口没有得到政府提供的住所，他们的住房靠城中村提供。也有很多人认为城中村这些物业对深圳有积极的贡献，实际上它就是深圳的保障房，当政府大量地去拆改这些保障房时，就同时摧毁了深圳一半人口的立足之地。至于物业升级，城中村可以随着产业升级同步升级，它本来就是产业的配套。当前正处于产业升级阶段，还存在着一些问题，一部分城中村升级后开始驱赶其他人，租金的上涨就是驱赶其他人最好的手段。

这时候政府一定要直面这个问题，采取措施，最重要的措施就是保证租户的权利。租赁法规要健全，深圳有租赁条例，但租赁条例并没有太多站在保护租户的角度。现有条例只是想让租赁登记规范化,好让政府监管租赁市场和外来人口。还有个"租售同权"的概念,但是深圳并没有保障租房者和买房者享有同样的权利。租户比买房者所享受的权利少了很多,比如购房才能入户、上学,而租房不能,这就牵扯到权利平等的问题。

张:现在租房的房东要把房收回,会在退还其他租金后再多赔偿一个月租金。签合同之前比较细心的租户会问,假如你无故把我房子收回怎么办?

黄:租户一般是第一年签合同,后面就是口头契约。没有合同保护的话,租户的居住权得不到保障。租赁权、居民权、在地居民身份是用来评判城市更新、城市综合整治过程中非常重要的指标,这些评价标准在法律保障上是缺失的。

张:我们看到好多区里原本叫"土地整备局"的机构,现在叫"城市更新局(原土地整备局)",我想问一下土地整备和城市更新之间的关系,比如职权下放到各区部门的区别?

黄:土地整备其实是政府想从集体、私人那里拿回一些土地。尤其是深圳市政府1992年宣布特区外也开展城市化,相当于同时宣布所有土地都是国有的,但是这些都未经历手续,所以土地所有权实际上仍然是村集体的。土地收归国有有三种方式:征、转、整备。征,没那么多钱;转,没完全转成;这时最好就用土地整备的方式去收购。土地整备是政府想进一步获得土地的一种方法。城市更新的目的并不是获得土地,而是获得新的城市面貌,同时也获得一定的利益,土地地价高的可以作商业用途出让,但是这个对深圳并不太重要。政府主要是想改变一些城中村"毒瘤""脏乱差"的形象,同时也会得到一定比例的公共用地的好处。

另外,从社会学角度,很多东西是不可分的,我们怎么看待这个被城市包围了的农村?如何看待村民的权利、村民的身份?他们不能总是带着村民这样的身份,因为从生产方式来讲,他们已经不从事农业生产了,所以他们不属于农民;并且,在地理空间上,他们已经成了这个城市街区的一部分,所以他们也应该是城市市民的一部分。很多人认为原来的村还在,所以叫他们村民,把该地区叫城中村。首先这些村民应该是被看作拥有土地的市民,其次应该把他们看作拥有土地并且有权利开发建设的主体。

张:就比如说1999年以及2004年的统征统转,当特区内外全部城市化时,政府已经承认这部分人从村民的身份转到市民的身份,给他们交了社保等,这是一定程度上的补足。当时给的赔偿,按照当时地价来说是比较公平公正的,但随后地价便飞速上涨。那时候的土地理论上来说已经国有化了,但是土地上还是建了村民的建筑,然后政府说,这些地暂时给你们管,我先不来拆,等我想来拆的时候再来拆,过了几年之后,地价又大涨了,当年给的这些钱不够了。

黄:这是土地制度设计的一个特别大的失误:没看到市场的规律和变化。如果一个商品产权不清晰,宣布是我的但还在你手里,那么当商品升值了以后,这个升值该属于谁?

张:这是我们国家一直面临的问题吗?

黄:这是制度设计的问题,如果承认村民开发主体的权利,同时城市也有政府的权利,那二者合作开发最为合理。但如果不承认村民开发主体的权利,村民只是暂时用地,开发权仍在政府手中,政府现在不能及时给出补偿,所以房产仍在村民手中搁置。此时市场价格一直在波动,在此期间房产升值,这部分升值的钱归谁所有?所以这个制度设计本身就有问题。当时我国刚进入市场经济体制,政府不太懂这些,可以理解。制度方面政府一定要回到源头去检讨制度设计的开始有什么问题,要从根源上改变,而不是修修补补、不停退让。因为政策在本质上就不合理,再怎么退让也是不合理的。

张:政府在此过程中是否能获得较大利益呢?

黄:能,但是利弊共存。所以为什么不设计一种政府跟村民能共同分享城市所带来利益的制度呢?如此一来可以实现共赢。

张:政府与当地村民间的利益博弈没有一个很好的过程吗?

黄:是的,政府一直没有把拥有土地的人当作一个合作开发者。

张:在此过程中,政府是一直把它当作国家权利的部分吗?

黄:举个例子,修水库、水电站,都是用的农民的地。水电是很赚钱的,可是从来没有一个水电站盈利是愿意和村里分享的。

张:这是否是市场驱动的呢?

黄:是,一定要承认村民的市场主体地位以及开发权,政府不能独占开发权。

张:政府应该把土地的一部分开发权让利出来吧?

黄:对,而且这种让利方式最好是合作开发,最终农民也是和各种房地产商开发合作,那在此之前政府跟农民合作就满足了双方需求。

张:让农民也变成开发商是您认为的最好的办法吗?

黄:这是从根本上解决了利益矛盾。

张:最开始,在土地开发前是应该集合所有利益相关方进行商议吧?

黄:城市开发建设是一个获利的过程,这个获利的过程得考虑利益分配,但当时没有考虑利益分配,而是考虑补偿一部分,但是补偿是不公平的。政府用村民的农业收入作计算,计算 5 年的农业收入,然后将这笔钱补给村民,这是不公平的。土地对农民来说是生产资料,是可以不断有盈利的,但是政府给出的补贴却是固定的数额,不具备升值空间。

张:能否说一下二类用地,居民用地、工业用地等各个用地的变化趋势?是往更商住的方向倾斜了,还是保留了一个原有工业的模式?

黄:首先产业用地是没人敢减少的,因为工业用地有 30% 的要求。但是这种工业用地比例很大,如此一来居住用地供应不够。政府努力供应一些保障房用地,但是这些保障房都比较偏远,所以深圳的产业和居住用地中具有一定矛盾。这个矛盾是可以通过混合叠加解决的,不要把土地看作是一个平面,而是把土地看成一个立体的空间。土地功能并不是非黑即白的,而是可以多功能并存。深圳土地应该朝这个方向改革,这种权属的混合和立体叠加才是大势所趋。

张:您的意思是产城融合吗?

黄:当然这是一种职住平衡,我觉得你叫产城融合也可以,职住平衡也可以。

张：您说的职住平衡是像富士康、华为那样的模式吗？

黄：可以有更密的混合。就居住而言，目前深圳最大的问题是居住用地的供应不足，所以不仅是从产业用地改造，可以在不改变土地类型的情况下有更多种混合叠加；同时其他土地也可以跟居住混合叠加，比如道路也可以和居住混合，就比如在道路上面盖房。在市政方面比如污水处理厂，那些市政工程占了很大的空地，也不是所有地方都盖了房的，所以深圳要创造性地挖掘土地潜力。

张：要融合的话，这个混合会不会影响从业人员的工作效率？

黄：不会，只会提高务工人员的效率。一是刚才讲所谓产城融合或职住平衡的概念。在这个地方工作的人，其实应该鼓励他住在工作的上空。这个工作的年轻人可不可以就住在这上面呢？这上面没有限制，他为什么不可以住在上面？而住在上面缓解了交通压力，反而提高了工作效率。

张：有些专家特别推崇美国职住分离的郊区交通，在我国就比如在深圳工作、在东莞买房，您怎么看待这样的行为？

黄：这是谬论，因为美国这种郊区化是受批评的，是没有任何学者主张的模式。在美国他们认为这是不好的，是基础设施的极大浪费。修路铺得那么开，然后通勤问题又特别严重，大家把时间消耗在路上，城市中心就缺乏活力，这是特别可怕的。如果我们认为上班族可以开车几十千米来上班，那我们就可以把他们安排到东莞、惠州居住，那我们为什么不能安排他们在北环大道上住，把北环大道，把广深高速公路变成一个保障房带？车还是一样走，对不对？

张：您说的这个创新比如从交通用地、商住用地、工业用地上是否都可以设置这样混合的方式？

黄：因为混合同时也在缝补这个城市，城市被这些大马路分割得很严重，这些大马路立交桥下面也是四通八达的立交，而上面是空缺。

张：让它立体化再往上建也不容易建吧？

黄：在几个马路上建个平台再盖房很简单。一个立交桥占很多地，而且那些是无人地带，利用起来很简单。

张：所以新的土地的利用要更加有创新。另外，您之前说的物业会带来租金上涨问题，解决方法又有哪些呢？

黄：保障租户的权益。这作为一个制衡，作为一个补充。住房的产权所有者在房东跟租户之间有一个妥善的解决方案的基础上可以改进自己的物业，这个解决方案要靠法律保障。

张：您之前一直强调多些规则少些规划，我们这个领域里又应该多制定什么样的规划呢？

黄：我刚才讲的都是法律问题，居住权、市民身份、居民身份界定、在地居民身份界定，这些都是法律问题。

张：您的意思是否是先从法律的层面上来保证，然后让他们自然地生长呢？

黄：市场是开放的、相对自由的，这需要一些法律制度来规范。比如现在开发商的行为相对来说是强势、自由的，房东也有更多的自由，而租户没有，所以租户需要法律的保障实现对等公平，这是基本规则。

张：您在2008年说过原本岗厦有很好的改造计划，但是因为某些原因没有实施。那么反对声音里最主要的矛盾点在哪里呢？

黄：那时候更多的是在空间形态上的不同观点，所谓空间形态，还是希望这个发展过程是一个渐进式的，与原有的一些空间机理生活要有联系，而不是全部重来。而这种联系性也能带来社会效益、经济效益，还有环境效益。想要大批量地拆，可以先从改做起来。大批量地拆，整体改是徒劳无用的。

张：那么当时小批量拆却没有解决实际矛盾，是当地居民的原因还是政府的原因？

黄：岗厦是一个特别强的村集体，他们内部是统一的，我不知道他们为什么没改成。他们当时宣称自己有能力改的。

张：合法外建筑在经济方面还有什么样的价值？

黄：经济是主要的，这些住房是面对市场去满足市场需求的，所以它首先具有经济效用；它又是一笔社会资产，是这个城市的资产，也是保障房资产。有人认为属于政府的才是保障房,但其实不属于政府的也算保障房,保障房就是提供给中低收入者居住的空间。所以很多东西都要从经济的角度来分析评估,经济的角度也是多元的,不能仅从现有开发商的角度来认知。从开发商的角度来看最合算、最合理的,那就是最好的吗?并不是。当城市更新给这个城市带来太多的交通负担,降低交通效率的时候,城市更新也是个非经济的行为,是一个很大的经济失误。所以政府也得从经济上去评估自己的城市更新政策、城市保障政策,并不仅仅从社会角度。我们现在在推进六个维度的评估,经济角度、社会角度、生态角度是三个基本的,还有被忽略的空间维度、时间维度和治理维度。空间上是变好了还是变坏了,并不是是否高档就能说明的。空间有活力,也有吸引人的能力,所以空间也有一个维度。时间也有一个维度,时间维度就是它的历史痕迹、历史文化,这也是大部分规划设计会忽略的。还有一个就是治理维度,作为一个整体,是否具备合法性、合规性、法律政策健全性,包括公共参与和社会舆论,这些都是治理的评估,也就是对政府决策、治理能力的评估。要从这六个维度评估。

张:您对甘坑小镇的看法如何?

黄:甘坑是一个不太成功的案例,它最开始是一个生态线里的村落。收购这个村落后,再把别的地方的各种传统民居堆积在里头。首先开发商的建设是违法的,如果从治理角度来看它是在挑战深圳的治理。农民违法情有可原,但甘坑是在治理的土地上,跟开发商在生态线里建这批房子,从法律角度上这是完全违法的行为,占用了生态线;另外,如果在学术、旅游层面看,这些乱七八糟的模仿都是可笑的,但是市民缺少能去的旅游景点,所以也就把它看成一个景点了。

张:是类似于客家古镇吗?

黄:它就是一个大杂烩,一个特别低品质,又特别粗俗,还是以违章、违建为基础的大杂烩。但是老百姓也愿意去看一看,就像看灯光秀,因为老百姓实在没东西看,所以有些特别的地方,老百姓都会去看,但是这不等于甘坑是好的。尤其从法律、学术这两个层面去评估,甘坑小镇都不是一个好案例。

张：南头古镇呢？您觉得是一个好案例吗？它也算是一个城中村，之前双年展也在南头古镇举办。

黄：现在南头古镇还没找到它的方向，双年展也有了一些有关南头古镇的专题和主题，但是没有借这个展览解决南头古镇的问题，不过这个展览本身就很难解决这些问题。如果它取得了政府和基层，包括股份公司、村民的共识，那是能解决问题的，但是最大的一个问题是展览要不要？能不能取得共识？事实上现在还没取得。

以前南头小镇都是五金店、菜市场这类店铺，现在有一些旅店、纪念品店等。其实展览还稍微有些"骚扰"了南头古镇的生活，南头古镇本身就已经是一个自足、充满活力的地方。展览在一定程度上是把人家原来的一些经营活动给强制请走，这个其实也是有一些问题。

张：这个可否带来游客，带来经济效益？

黄：一个地方的改变，首先要看在地居民的参与，注重他们的意愿、他们的利益。不能说做了一件事情只为了好看、专业，能够吸引人，因为这只是外来者的观点。首先要问本地人，要体现在地居民的权利，要在展览上把他们的声音诉求呈现出来。在地居民所想要的就是好的，始终要强调在地居民的权利。因为城市建得好，也是为了居民，如果居民没说好，其他人说好，这是有问题的。所以首先是问在地居民，确定在地居民在城市规划中的权利，这是特别重要的。《行政许可法》《城乡规划法》有相关规定，政府作出任何行政许可或决定，如果有利益相关者，政府要听他们的声音，有需要的话要开听证会。

访谈记录二

历史遗留建筑改造项目访谈

时间:2018 年 11 月 10 日

地点:深圳华侨城甘坑小镇

受访人员:江南(华侨城甘坑小镇总经理)

访问人员:张致鹏、刘建党、戴欣、苗蕾、李珏、白燕飞、陈垒、杨月、陈舒捷

整理人员:李甜甜、刘芮源、黄琴

访谈内容:华侨城甘坑小镇总经理江南首先介绍了甘坑小镇项目发展的历程,包括甘坑村的地理条件、项目采取的整治方案及其土地功能转变的过程。由此可知,在政府、开发商、原住民三方共同开发下,通过土地治理、整村统筹方式推进土地用途转变,是能有效实现三方共赢的。但同时,该过程中也存在着生态控制线、村民"法外用地"等问题。江南指出,城中村综合整治在消除安全隐患的同时,也为原住民带来了更多的公共配套设施,并且城中村土地功能的转变也将带来一定的经济效益。

江南(以下简称"江"):甘坑村是一个大的行政村,原来还是一个老村,有两三百户的客家居民。因为修了平安铁路以后,淹水非常严重,再加上村子的两边没有护坡,下雨天很容易产生泥石流,所以村民们就向政府申请了移居。甘坑新村只是老村的一部分,拿来作移居村民的宅基地。甘坑新村的土地一直是宅基地,20 世纪 50 年代,当这里还隶属于宝安县的时候,曾做过土地登记。但是,政府在一户一栋政策上的早期管控不够严格,这些土地大部分是没有产权的。

2012年,项目通过政府的招商引资入驻甘坑村,政府希望能够和这里的村子形成利益整体,通过旅游产业改善这里的环境。其主要原因是:虽然村民不住在这里,但是有一些商务人员在此居住,而这里又是一个易涝点和地质灾害危险点,政府每年需要派五六次救援人员过来救助商务人员。每年重复这些工作,花费很大,也不能从根本上解决问题。政府希望能跟这里的村委谈成一个统出的协议,股份公司统出每个个体的房产,统一运营,打造成一个定位不高的度假村。

2013年,在有一些规模以后,区政府领导请了宽窄巷子的创始人杨健鹰先生来作指导,杨先生希望这里能够成为龙岗或者深圳的一张名片,要按高标准去打造。所以会后决定找北大的陈可石教授来作规划,整个项目就是从这里开始的。2014年,项目有了雏形,并参加了第10届和第11届的文博会。到2016年5月份,这里作为第13届文博会分会场的时候,我们与华侨城集团、区政府三方签订了一个框架合作协议,华侨城之后就派团队来进行物业评估,又跟我们企业组建了一个合资公司,叫华侨城文创。这个项目整体上属于整治,老村没有太多的合法指标,也不可能有,如果有的话,这个项目就会变成建设高楼大厦。

张致鹏(以下简称"张"):村民统一管理的赔偿标准是什么呢?

江:没有什么赔偿标准。因为这里是荒废的老村,村民没有收益,我们与股份公司和村民谈了一个比较低的租金价格。我们定期把钱转给股份公司,一年大概有几百万,股份公司自己去分配,有股权分红的居民大概有500多个,基本上都是纯原住居民。当时我们租下来的时候签订了一个"15+5"年的合同,因为村委的股份公司跟村民签订的是15年,而有5年到现在也还没定价格,所以还没能作出决定。每平方米的租金大概是20多块钱,迄今为止我们来到这里已经6年了。

张:你们来到这里以后水涝问题和自然灾害问题是怎么解决的呢?

江:因为项目不赚钱,这里位置又很偏,我们就和政府谈了一个条件:这里的公共配套设施由政府完善。因为这里是贫困村,市发改委拨款5000万元来做片区的边坡整治。路是政府修的,大概花了2000多万元进行高压线下地,把原来一车道的黄土路改成了两车道的路。路面按照景区的标准铺上了美观的大理石,而不是单纯的沥青路。至于水涝问题,以前没有路,道路排水不畅,现在则实行分流排水,所以不会再产生积水问题。

张:水涝问题是政府解决的还是你们公司自己解决的呢?

江:有些等不了政府解决的问题只能自己来解决,比如有些属于我们园区的河道,我们对其进行了加宽和整洁处理,从2米变成了6米。由于现在的水涝问题,政府还批准了一个2.3亿元的立项:建设从上游直通下游的雨污分流工程和治水工程,让水流往甘坑河水库。

张:这个边坡工程都在生态线的红线里面吗?

江:有些在,有些不在。因为在划控制线的时候,有些山和居民相隔的绿带是属于控制线内的,但是市政工程可能没有考虑到。

张:现有的这块地,有多少在控制线之内呢?

江:不到1/3。因为都是前人建的,当时还没有"控制线"这个说法,控制线是2008年之后才有的。

张:宅基地或村民的用地是如何转化为商业用地或旅游用地的?

江:宅基地包括现在深圳很多工业用地要改成文创用地,其实都是通过街道办或者区政府进行功能转变,而不是通过规土委进行用地性质的转变。这是当地政府支持社区或者好的企业的一种方式。功能的转变也属于正常事务的范畴,因为现在很多工厂其实已经不适合继续做了,它更适合做一些能耗低的产业,比如文化产业,让收益更好一点,产值更高一点。这个功能的转变是要上报的,只有批准以后才能配置商业消防。在这个过程不涉及规土委的具体工作,但他们是充分了解情况的。因为如果运营得好,五年修编的时候街道办会汇报上去,如果运营得不好,项目失败,原住民就会跑回来居住,规土委也没有权力限制他们的房产。

张:深圳对土地功能用途的改变是支持的吗?

江:是支持的。现在很多工业区,要改成创意园之类的,就是在变相支持这件事,而且工业用地从以前的 M1 转成 M0,也是一个支持的过程。不过 M1 转 M0 在规土上是比较详细的,因为它是一个新建的项目,如果是旧的项目,则只需通过局部整治,解释权在区域层面上解决就可以,没有必要再去市里面调整用地性质。用地性质往往是在土地开发的时候才会发生转变,而土地功能的转变只是说允许有商业功能——可以招商,可以做商业了,按商业消防配置后这些设施就可以营业。

张:甘坑新村涉及土地功能的转变吗?

江:目前正在跟万科新村计划结合,是功能的一个转变。1—3楼是营商,4楼以上全部用作长租公寓,这种就是功能的明显转变。城中村综合整治其实是为了消除安全隐患,然后再让城中村的原住居民能够享受到这些公共配套设施,或者是消除了安全隐患之后带来的一些经济上的政策。现在新的政策不能报城市更新,单元的项目也不能换城市更新,这是有几个方面的考虑的。一是刚毕业来到深圳的人,不可能支持得起均价五六万的房子,租都租不起,城中村可能成了大家来深圳的第一站,是一个过渡;二是这也是一个变相鼓励,为了鼓励更多的新企业来深圳,或者让更多的创业人士来深圳,这也是深圳长期以来的包容文化,深圳也是依靠这个发展起来的。在城中村里面,能够符合条件的,就像城市更新一样,要有60%的合法产权,或者说有50%的简易确权,它涉及很多行政部门的审批,两三年都有可能批不下来。说是简易实则不易,60%的成熟项目都已经被开发商拿下来了,剩余的其实是一些模棱两可的项目,一直也没有什么动静。深圳开放城市更新很久了,到现在有一些应该已经定型了,有一些则根本没办法改,村民们想改,但是不允许改,而且这种项目往往拖得越久浪费越多。城市更新就算有六成的可能性,到最后拆迁主体确认的时候还是要100%的产权去确认,这个事情是很难做到的。三联有个招商项目,5年前已经规划好了更新单元,但是到现在好像还有4栋没有谈妥,已经拖了太多年了,要不是因为这5年房价上涨的话,光算过渡资金都亏本太多了。

张:几家没谈妥,可以动工吗?

江:不行的,主体没有确认完的时候,更新局是不能把东西移交上去让你开工的,没有这种可能性。所以现在很多人大代表在呼吁,很多专家也在呼吁,是不是应该把 100% 调整为 90% 或者 95%,由绝大多数来代表。益田还有一个木头龙旧改项目,10 年了,原住居民想回去住,但是房子有些已经被拆掉了,也回不去了,这就是一个巨大的社会安稳问题。因为每次城市更新就会拆出很多千万元户、亿元户,所以大家都抱着暴富的心理,都想要更好的条件。但是条件也不可能随便变,一变前面签的合同统统都要重来。这是让开发商很头疼的一个问题,强拆深圳又不允许,不可能这样去强拆。深圳的土地制度、各种城市更新,都是国家赋予地方的一种行政法规,它并没有很统一,自由空间比较大。很多制定政策的部门往往都不属于自己要承担责任的那一领域,比如谈拆迁都是基层部门去做,包括政府修路也一样。这几年路稍微好修一点的原因是,拆迁房子的时候,将其捆绑到周边的城市更新项目中去了。

张:在赔偿方面如何确认?

江:政府没有资格去收房,只能赔现金给你,但国家的现金补偿很固定,4000 元、5000 元、6000 元这些标准不够赔,所以就通过城市更新,让开发商来做。政府把开发商的转移量算一下,再稍微调高一点容积率给开发商,开发商一般是愿意去做这个事情的。现在很多项目也一样,在很大的更新单元里面,同时会有四五家开发商,政府可能会让这些开发商共同去负责附近的一条断头路,根据一定的比例来划分。

张:那么开发商的好处是什么呢?

江:政府能给更高的容积率,这就是好处。政府不允许村民盖违建,只能通过开发商来改造,而抬高开发商的容积率是合法的。现在还有个 2016 年兴起的政策——整村统筹。这种项目其实特别适合我们原来的甘坑。当时区政府在华侨城开会的时候,其实是想推整村统筹的,但我们这边的领导没有很认可,因为整村统筹是新东西,没有成功案例,不太敢推行。这个方法特别适合一些无法进行城市更新、合法指标比较低的项目,如一些老村。这些老村原来在划控制线内、政府又没签订补偿协议,这种土地相对来说比较有自由度,现在整村统筹留用地好像已经达到 55% 了,一开始是 40%,政府拿到 60%。给村委的留用地基本上都是商住用地,工业用地给政府。开发商赔完村里面要的面积，自己也可以再赚一些。政府参与其中，谈判率就会高很多，成功率也会高很多。

另一种是政府对没有产权的房子给予 2500—3000 元/平方米的补偿，而这个补偿开发商往往会给到社区，让社区拿去腾笼换鸟用，应付一些租金。对政府来说，收储了六成的土地，公共配套就会更好落实了，可以让工业区和居民区有一个明显的分割线，这样也不会污染到居住区。这样一来，社区所有的违建、违法问题都能一次性解决，也就是说这个村以后就是合法的，所有都是规范的。政府一直在推广这个政策，听说现在留用地已经给到了 55%，我觉得特别好，尤其是当你的合法指标有 35%，又没有到 50%、60% 的时候，政府再返还给你 20%，加起来就有 55% 的地可以留用，这按道理来说是很吸引人的了。

张：55% 的留用地相当于政府公共配套拿到多少？

江：45% 都是政府的，可能有公共配套的用地。但是如果 45% 全部用来做公共配套，也是有可能的。公共配套剩余的如果是工业用地，政府有可能会进行收储入库，再进行招拍挂，再基于这个社区缺少的产业，将其引入进去，收储空地。政府其实是更需要工业用地的，商住用地对政府来说没有用处。因为工业用地产生的 GDP 是商住用地的 4 倍，是商业用地的两点几倍，所以政府肯定希望要工业用地。而且大工业区用地也有 30% 以上的限制，是为了避免开发商把土地全部都做成类住宅项目或者其他项目，这样对政府来说会是一个损失。

张：这个项目大概有多少合法呢？

江：17%，我们当时进行整村统筹，完成后有 37% 的留用地。很多村子里，只要政府没有赔钱给村民，没有签合同，没有完成手续，哪怕现在不能开发，村民认为这还是他的地。所以如果留用地面积太小，村民就不愿意和企业谈。这是一个趋势，理解起来也很简单，留用地是给开发商的，拿来做开发项目也好，工业项目也好，全都是正儿八经报建的，其实也是国有出让，等于一次性把集体土地全部收为国有土地。这是一个好的现象，是深圳向其他城市学习的结果。深圳是靠早期在集体土地上管控不严发展起来的,如果没有这些社会资本的进入,深圳不可能发展得那么快。正是因为这些地方为深圳外来人口提供了廉价的居住环境,所以才会有这么多外来的打工人员。当时城中村那些外来人口来深圳都是买一套住在里面。

张:这种现象是发生在什么时间?

江:2010年以前,当时很多人不会去买深圳的商品房,因为深圳商品房不值钱。2008年的时候,南山区商品房一平方米2万元不到,很少有人会买,除非在那里上班的。龙岗的房价更便宜,可能一平方米才六七千元,买了也没什么投资价值。但是有些人会去买农民房,因为农民房更便宜。

张:他们买来以后是居住还是改建呢?

江:居住。违建是2010年之后才开始提的,真正的落实是在2015—2016年期间。2008年以前政府是鼓励去建房子的,只是后来控制不住了,因为太多人盖了房子拿去卖,又引发了很多司法保障不了的局面。现在深圳中院有一种案件是不接受的,就是小产权房,这类是立不了案的,因为法院没法去衡量这个。现在不仅商品房增值,农民房也可以增值,这跟地块和区位是有关系的。

张:没有"红本"和"绿本"①,权利不受到地方保护吗?

江:是的,不过后来深圳就出台了"两规"去补这些证。罗湖、福田地区早期有钱的自然有钱去补,而龙岗、宝安去补的不多。他们当时不愿意去补,是有几个考量的:一是原来是集体用地,不受年限,而补了"绿本",就有了一个70年的时间限制,村民这个思想一直转变不过来。另外,还有贫困村没有实力去补,他们觉得还是贵。这两方面造成了现在开放的"三规",但不针对城中村,不针对功能用途是住宅的土地。也就是说甘坑村想去报工业区,是可以的,只要补完了钱,产权是可以给出的,但是村民们想把自己现在居住的房子变成合法的则是不允许的。

张:这个是相当于"转公"了吗?

江:不能叫"转公",在2010年以前建的,属于历史遗留问题,那些是会

---

① "红本"指房屋所有权证,"绿本"指房地产权证。

给补偿的,其实是变相支持我们现在的项目。我们也在跟村委谈,希望他们去补偿,到时候我们这些开发商可能会补偿回来。因为村委补到六成的时候,工业区就可以改造了,而现在只有四成多的补偿,还是差一点,所以还是希望能补够。补够就可以进行拆除重建,再跟村委完全按照国资委集体资产平台分配利益,该七三就七三,该怎么样就怎么样。

张:旧工业园区可以长期更新吗?

江:可以更新,政府也鼓励更新。因为在这种更新的项目上,政府很关注产业导向和产业用途,以及一些希望未来引进的企业,还有开发商本身具不具备运营的能力。

张:这块地可以转成新兴的M1吗?

江:转不了,这是需要市规土委调整的。

张:功能的转变和信息的转变有什么区别呢?

江:市规土委某块地用地性质的转变是不可能实现的。而功能转变则是使用用途上的转变,是管理上的问题,当地的区政府就有这个权力转变。举个例子,像万科搞的"万村计划",就有商业和长租公寓,是一个功能转变的过程——允许底下几层用作商业,上面还是满足居住的要求。所以长租公寓也属于租住,只是租给白领或是其他人了。

政府实际在进行城市治理的时候,没办法让所有主体都规规矩矩,按土地性质来管理。但是政府在审批这类事务的时候,首先是考虑能不能满足消防,有没有质量检测,还有功能转变会不会影响到周边,不是随便批的。

政府在治理的过程中会综合考虑各个方面的问题,使用功能上的转变很常见。比如工业区周边的路口,有一些已经不太适合生产了,原来的工业企业已经搬走了,房东或者村集体想出租,政府就认为可以,但是不能搞污染严重的产业,而是搞一些文创之类的产业。文创之类的产业则需要配备一些商业区域,所以说政府该调整还是会调整的。

张:我们留意到一些项目是"工改居"或者"工改商"的,您清楚是怎么回事吗?

江："工改居"和"工改商"是土地性质的改变。"工改商"是指土地现在的功能用在工业上，要改成商业。这很常见，很多集体用地在上面还是矮房子的时候，就被拿来作为商业用地了，但是政府还是会在用途上定位的，而且原则上是以图则来判定的。"工改商"的话，就面临着图则改变的问题，要去申请图则改变，这是另外一个过程，很复杂、很慢。如果不涉及图则改变的话，那工业用地就应该单纯搞工业，假如其中实际含有商业用地成分，但主体仍然是做工业，土地性质也是工业用地，这就存在概念上的模糊。假如现在有 M0 性质的用地，在关外可以给园区配建 20% 的总面积，还有百分之十几是商业成分，这是很正常的。毕竟上面办公的全是白领，要吃饭，那总要引进一些餐厅做外卖服务之类的，甚至现在一些高端的园区，还要考虑托儿的问题，要做托儿所。

张："工改商"或者"工改居"一般是自上而下的还是自下而上的？

江：自下而上的，由区报给市，市再根据市规土委的技术中心判断它是否可行。这个个案调整的流程会很长，一般人、一般企业基本上也改不了。我们现在讲的这个功能的转变都是行政部门、政府部门在进行城市治理时候的方式，而用地性质的转变比较复杂。用地性质的转变要调整图则，要符合总规划的原则，图则上调了一部分的东西可能要在其他地方调回来，作一个平衡。原则上现在工业想改商业或者改居住，市里和区里面都没有说不可改，但是如果申请的话只会批准 1/3 的面积。也就是说，原来工业区是 3 万平方米，改成居住区后就给你 1 万平方米，其余 2 万平方米的土地政府拿走，自己要计算一下利益是否均衡。

张：后期你们设计了一个更大的开发方案，那会触碰到生态控制线吗？

江：有触碰到生态控制线，但这还不是最让我们头疼的问题，我们最怕的是往里开发会碰到二级水源保护区，这个水源保护区是我们不能碰的，这是我们最大、最头痛的问题。我们现在有一块占地 4 万多平方米的工业用地，区划里面有二级水源保护区。从 2017 年开始，环保督察组开始查一级水源保护区，所以连同二级水源保护区的所有项目报批上都存在困难，环评报告难以通过。

张:后面的规划大概有多少百分比土地会碰到二级水源保护权?

江:绝大部分,我们对这个事情也提早作出了部署。今年5月份,我们找了一家水利机构,出了二级水源保护区调整范围的两个报告,已经从区政府层面上交给市政府,现在已经交到省委去了。我们在等能调整的时间,因为这个调整会给甘坑片区带来较大的影响。当时二级水源保护区是可以建造东西的,没有问题。但因为现在这些情况,那边入驻的很多生产型企业都没有拿到环评。没有环评第一不能扩大面积,第二不能成为华为的供应商,来我们这块的企业很多是想成为华为供应商的,因为离得近。

张:最开始的时候你们是自己主动进来的,还是政府邀请的?

江:政府邀请我们的,也有一些项目是村集体找到我们的。当时来的时候我们已经是第6个老板了,政府邀请了6个老板。

张:像这里17%的合法,那剩余的怎么办呢?

江:我们公司来这里主要是把厂房进行改造,原来村民的房子基本上都会保留,不去动它,同时做一下加固,加固是为了更好地使用。我们的钱主要投在公共配套上,做广场这些设施,有一些不具备古建筑风格的,我们就进行连廊修建,或者做一些瓦顶,把它"穿衣戴帽"搞起来。因为这里原则上并不符合很多城市改造的政策,所以也就以整治为主,政府也允许做一些整治。

张:村民们很早以前已经建好这些东西了,那他们有取得产权证吗?

江:他们建得太早了,大概在20世纪50年代建成的,没有产权证,因为当时还没有《土地管理法》。这里的房子,一种是有基地土地使用权证的,另一种是有地契的,这应该追溯到他们的爷爷辈了——之前去宝安档案馆调过,是用毛笔写的。但我们现在头疼的问题是,像这种地契法律上是不承认的,这就对我们租赁有影响,现在也在跟法院沟通。在沟通之前,我们有几个案子,商户经营不起来,跟我们要索赔,说合同无效。这是没有产权产生的纠纷,所以现在我们把地契和土地使用权证给法院做一个参考。不过变化太快了,像这种老宅子,当年也不会给它办房产证,因为它存在很久了,有100多年的历史,就像故宫一样,你不可能说它违建,那个时候连"违建"的说法都还没有,也就不可能把人家祖屋给拆了。这在城市更新里面还比较好解决,因为房地产商都会认祖屋,按1∶1.5来赔。这就看法院怎样去认定,当时也是他们提出来去调一下那些资料,如果是50年代建的话,那时候有做过地契,当时的政府有做过统计。

张:咱们公司刚入驻的时候,涉及三方,这三方的关系是怎样的呢?

江:其实现在村委会已经没什么价值了,都叫作股份合作公司了,股份合作公司董事长还保留着村委会的一个章子。这样也就变成了两方关系,第三方其实是政府,他们会投一笔资金过来进行公共配套设施建设,自己招标,帮我们修路。这些全程是政府在监管。

张:您能详细介绍一下整村统筹的政策吗?

江:整村统筹是指假如你有100万平方米的土地,且满足全部指标,按地皮政策来算,政府给你的留用地是40万平方米。这100万平方米肯定是有建筑物的,政府会要求全部拆除,但是40万平方米的留用土地就给村里了,村民的安置房也全部在这40万平方米的土地上,然后村集体股份公司就可以用这些土地,通过政府监管的集体资产平台去找企业,找开发商合作。这样一来余下的60万平方米土地就收归政府所有,但原则上政府要问过村里的意见,协商决定这60万平方米土地的位置,而政府也会告知村里公共配套的预计位置,大家相互协商。位置是大家都要选好的,在这一点上双方要谈好。也就是说,在城市更新单元里面,当立了项,整个单元里面的商业便围绕着法定图则设计,性质是不能改变的,商业用地的面积也不能改变,但是允许腾挪,可以把它挪到离大路近一点的地方,这样商业好做一点,开发商更有优势一点。而这40万平方米的留用土地里面,要保证所有被拆迁户的权益,还有房地产商自己的利益,这样才能合作成功,不然就没有人来投资了。

张:这里的40万平方米包括什么呢?

江:包括村里面的集体物业,全部都要在这40万平方米的面积里消耗掉。政府会给一个容积率,由村里自己消耗掉,当开发商引进时,村里要算个账,做得过就做,做不过,这个项目就不可行。

张：那容积率是一个什么情况？

江：容积率现在政府已经很明确了。在 2017 年的时候，一区、二区、三区的容积率不涨，而四区、五区这些关于水源的区，会稍微降低。容积率的计算，是当地的基准容积率乘以道路修正系数，包括地铁修正系数和其他各种修正系数，然后得出初始容积率，再加上转移量，也就是拆迁的转移量，最后得出最终容积率。查资料就可以知道这个基本算法。以前道路修正系数是整数，而现在会以 0.8 出现，因为很多项目开发完之后，门口的路支持不了产业，支持的话，政府可能会无数次地上涨容积率。还有一些深圳的小地块项目，因为很多都是要发挥商业功能，所以它的容积率很高——商业的上限是 12，工业是 6。在广州等地，只有商业用地才能盖写字楼，而不能用工业用地。

张：关外的写字楼会以卖的形式去筹办吗？

江：是的，像天安云谷这些。天安数码城也不能算 M0，那个是早期的 M1 用地。纯 M0 大部分是以卖的形式为主。基建费用、补地价费用为什么那么贵？因为需要补分割地价，就是为了要卖，租金回报不够。但是科技园不一样，每平方米租金有 200—300 元，根本就不需要补分割地价。分割地价那么贵，是按楼面地价来补的，也就是按建筑面积，还要按这几个地块附近成交的平均值来估算。

访谈记录三

北京大学国家发展研究院访谈记录

时间:2018 年 12 月 17 日

地点:北大朗润园

受访人员:李力行(北京大学国家发展研究院教授、长江青年学者)

访问人员:张致鹏、戴欣、苗蕾、李珏

整理人员:张进鹏、陈嘉熠

访谈背景:深圳是我国第一个通过统征统转实现全域土地国有化的城市,但在土地商品化尝试初期,由于管制水平的不足与价格补偿机制的不完善,导致了"法外用地"等历史遗留问题。这些问题需要依靠完善的市场机制解决,而解决这一矛盾的关键是顺应经济规律,引进市场开放主体,鼓励权利主体自行与市场主体合作实施,实现政府、开发商、村民三方共赢的局面。同时,城市的升级更新也会引导新的产业布局,促进生产要素在区域间的高效流动,因而探索既能保证城市升级的需要,又能更好地保障城市功能供给的土地制度成为深圳城市增长极竞争中领先的关键。

北京大学国家发展研究院于 2012 年对深圳土地产权制度改革与历史遗留建筑问题进行了深入研究。本次访谈希望通过提供现有研究成果,促进思考与研讨。

访谈内容:张致鹏博士先介绍"法外用地"及处理情况的主要概况。即以城市更新为切口,政府、开发商、原住民三方开发,三方获益,三方共赢。同时,通过"工改工"竞价、城市更新到综合整治竞价、租金统租的方式来进一步完善市场机制。在产权虚置下,小产权房与大产权房两个市场的价格可以相互连通。进而以城中村为例,侧面反映深圳的城市多样化。李力行教授肯定了"法外用地"在降低人力生产成本方面的历史价值,为深圳的制造业打下基础,进一步指出大深圳与小深圳的区别,在湾区一体化的背景下,深圳可以带动周边城市的协同发展。

张致鹏(以下简称"张"):深圳原特区内城市化的地区,包括盐田、南山、福田、罗湖 4 个区,它们在 1992 年全部完成了统征,全国首创的土地竞拍拍卖大会也在深圳举行了。1987 年,市场有偿转让第一个国有土地的使用权,打开了中国城市化、工业化的土地之门,同时也为深圳后来以 3000 万元原始资本撬动 70 多亿元基础建设投资资金奠定了一个巨大的基础。2004 年,特区外完成统征是深圳全面城市化的标志。在这个快速完成城市化的过程中,有一个巨大的历史遗留问题,就是存在大量统征统转的地,虽然通过文件说明它已经国有化了,但是上面建的还是农民的房,没有办法全部拆除,产权讨论不清晰。在 2004 年到 2014 年这 10 年里,深圳一直在初步探索如何解决这个历史遗留问题。我们按照 2014 年、2015 年的居住类违建普查数据倒推出来,2004 年大约有 2 亿平方米的违建总量。其中,原关内占 0.4 亿平方米,关外是 1.6 亿平方米。为什么说在 2014 年全面得到控制了呢?因为违建数量、合法外建筑面积在 2014 年达到 4.28 亿平方米的峰值。原特区内在 2004 年到 2014 年这 10 年之内,合法外建筑面积仅增长 0.15 亿平方米,可以说基本上得到有效控制,也可以说已经无地可用。而原特区外是大量的增长,合法外建筑面积从原本的 1.6 亿平方米增长到了 3.7 亿平方米。

我们根据这些数据初步得出的一个结论是,违建的蔓延跟该区域的城市化或者说工业化的水平是基本相符的。按照 2014 年的峰值,以目前的"消化水平"来看至少需要消化 30 年的时间。深圳市政府不断地尝试探索解决这个历史遗留问题,近年的效果显著。之后,我们就深圳如何处理历史遗留问题的各类文件,进行了归纳整理。"工改"就是工业改工业,将原本的传统工业改成了新型产业用地,是符合深圳产业升级转型的大背景的,同时可以大幅提高土地利用效率。政府对此制定了很多标准,比如说最早农民私房的标准是 3 层楼,人均 40 平方米,3 人以下不超过 150 平方米,3 人以上不超过 240 平方米;① 后面在博弈过程中不断地扩大,最终在 2001 年达到一户一栋 480 平方米的确权标准。② 超出的地方需要补交地价才可确权,标准以内的地方可以在合理的手续范围内免费确权。

近几年,深圳更加关注也更加重视解决历史遗留合法外建筑问题,并对其进行了更详细的规定,也对其处理办法,比如哪类可以转正、哪类不能转正、需要补交多少地价等,提出了更为详细的规则和说明。

城市更新是一个重大的切口,通过二次开发,一是可以确权,二是可以大幅地增加单位面积产出,三是可以进行综合整治。城市更新确权是在不断探索中逐步完善的,城市更新最早要求的是所有的用地全部合法,它的初衷是希望原住民全部先确权完之后再来找政府"更新",让土地的单位面积产值可以不断地提升。但后期执行的时候发现相对来说不太可行,所以出现合法用地比例相对较低的现象。城市更新政策是两年更新一次,然后逐渐放宽。但放宽的同时,需要交纳的土地税,即交回政府的土地整备的比例也会增高,相当于政府帮你"更新",提升你的面积产出,但是政府不承认你不合法的用地,不合法用地需要交给政府来土地整备,再次进行招拍挂。但是这种利益还是巨大的,因为原本的单位面积产出可能只有 300 元的土地,"更新"完之后单位面积产出可能是 10 万元。龙华区坂田的天安云谷项目是一个典型的例子,改造前后存在明显差别,包括中间的年产值、税收、股份公司的收入、人口结构等。其中一个关注的点是改造前后的容积率,改造后的容积率会比改造前的提高近 6 倍。它的产值在改造前后也实在不是一个数量级,改造前是 200—300 元/平方米,改造后是 15 万元/平方米。

"工改"的改造收益明显,但是其中的一个小问题是它的可复制和可推广性相对不高,因为这个项目属于深圳市"十三五"重点规划,由深圳市科

---

① 参见《深圳市人民政府关于进一步加强深圳特区内农村规划工作的通知》。
② 参见《深圳经济特区处理历史遗留违法私房若干规定》。

技创新委员会扶持。该类型改造需要的成本巨大,一部分是优惠政策,一部分是资金,开发商需要"进来",政府需要批容积率,这都相当于将原本的公共利益推向了"头部人群"。

土地整备和城市更新之间的区别,以宝安区三围社区的土地整备和福田区岗厦园区的城市更新为例。三围社区开始的时候信心满满,到最后其实结果并不满意,而另外一边岗厦的建设一开始经历了困扰,但最后的结果大家都特别满意。三围社区项目原本是30多万平方米的,到最后只谈妥了5.7万平方米的整备,其中5.3万平方米都用于落实深中通道了,相当于偏离了它的初衷。而福田区岗夏园区的城市更新,虽然从1998年开始一直没有落实,但最后完成了所有的赔偿,福田区政府补贴了开发商大量资金,因为并不希望向开发商补贴容积率(涉及深圳天际线问题)。通过补贴的方法,三方开发、三方获益。政府获得了一个更新后的社区,并且拥有适当的公共配套;开发商赚取了一定的利益,还获得了政府补偿的差价;原住民也获得了巨大利益。城市更新突破了国有化才能城市化的模式,政府适当转变职能,包括确定公共和配套设施的提供。

在持续改造中,深圳目前最主要、最核心的是租金收入比。根据我们所获取的数据,现在深圳正规住房的租金收入比在50%左右,城中村的租金收入比大约在25%左右,而国际公认的租金可承受警戒线大概是30%。但是有关目前收入的统计口径仍然存在争议,普遍的说法是,统计局统计的人均可支配收入是偏低的,不能充分说明深圳的人均收入水平,所以拿它跟正规住房去比较,这个50%并不太准确。它跟城中村的比较反而是比较准确的,说明深圳大概是在25%的租金比的范围内,没有超出国际警戒线。

城市更新现阶段仍受多种客观条件的限制,在短期内无法消化多数"法外用地"。近期是通过综合整治的手段进行规范,引导推进城中村住房规模化的统筹改造,充分完成原特区内的改造建设,防止大量更新项目内存推高房价。另外一个观点是,我们希望在产权虚置的前提下,打通两个市场。原本小产权房和大产权房是两个市场价格,通过控制租金的价格和出售的价格之比，达到一个正常的标准。同时为未来的"先租后售"模式奠定一定的基础，维持合理的租金价格，防止租金超过警戒线。

合法外建筑的历史价值，主要体现在容纳人口和降低产业成本这方面。城中村以深圳16.7%的空间，容纳了深圳45%的人口，因为深圳的廉租房仅针对户籍人口，但深圳有大量的外来流动人口，是没有办法申请到保障住房的。其实城中村帮深圳市政府提供了廉价保障住房的功能，完善了整个生态链。深圳的地价占房价极高的比例。国际上比较通认的标准是地价占房价比应该在30%左右，深圳现在大概在50%左右，还是比较高、比较贵。但我们的地价监测样本也存在一点问题，就是它是来自中国地产网的数据，偏向于原特区内，地价统计相对较高。

可以看到地价的变化幅度与GDP增长、常住人口增长和固定资产投资增长基本呈现相关的趋势。针对深圳土地使用情况的统计，原特区内、原特区外基本相符，除了工业用地的比例相差比较大以外，其他差不多，这从侧面说明深圳同城化完成得比较好，原特区内外基本没有太大的落差，包括国标和深圳市的工业用地比例，这也是我们的课题未来希望可以解决的一个问题。关于深圳工业用地比例现在分为两派：一派认为居住用地占比过低，深圳大概是23%左右，而国家的标准是25%—40%[1]，因此要增加居住用地；而另一派认为需要保留产业用地或者工业用地。

最后请您看一下我们简单的总结：深圳合法外建筑的产生不是历史错误，而是历史的选择。通过引入市场主体，可以明确政府赔偿标准市场价，因为原本通过政府是很难进行这样的博弈的。未来少拆多修，允许将合法外建筑纳入正常经营管理范围，包括政府的廉租保障系统。从之前的"工改工"竞价城市更新模式，到综合整治竞价租金统租的模式，进一步完善市场机制，在产权虚置下，大小产权房两个市场的价格可以相互连通。深圳逐步完善土地市场博弈机制，维持合理差异化地价，避免改造过程中内生推高房价。

---

[1] 参见《城市用地分类与规划建设用地标准》(GB 50137—2011)。

李力行（以下简称"李"）：我估计深圳是中国做土地改革做得最成功的城市之一。深圳在改革开放初期就是一个小镇，那时候土地不值钱，现在深圳跟北京的房价几乎一个样，这就是因为它创造的价值大，地价才能起来。我上次去看过，原来"三来一补"的厂，等改造完了变成高档的，一下子就产业升级了。改革总是有很多困难，有很多问题，关键是要动脑筋把这问题化解掉，怎么做出双赢？合法外建筑也发挥了很大作用，如果政府强拆激化矛盾，很多问题就出来了。怎么形成一种妥协的方式？你刚才讲博弈的方式，在双方共赢的情况下，怎么能把这个问题解决掉？这需要很多的民间智慧。我觉得深圳在这方面做得特别好，有很多招不是书本上的，而是大家在实际中做出来的。所以未来要解决土地问题，还是应该像你们课题组这样，跟各方面多讨论，多调查好的解决方案。我听了你们的介绍后很感慨，这里有很多创新，比如怎么解决"工改工"的问题，还有合法外建筑处理、小产权房，你刚才说想持久解决问题，必须是双赢，甚至三赢的，这样才能把它做下去。

戴欣（以下简称"戴"）：在一个城市群内，大城市有更有效率的产业，其实也就是创新，还有技术密集型的产业，然后周边的小城市可能会更适合发展大规模制造的这类产业。这就是一个更大的空间尺度形态下的产业分布、产业布局。我们也接触到这样的观点，深圳其实是一个比较特殊的城市，它可以兼具创新和制造。我之前认为，深圳可能是以创新为支撑，之后的制造可能会挪到周边的城市，以此发展它们的产业。但是城中村或廉价的工厂房给深圳的制造业降低了成本。有了低成本，就有利润可以做，所以会兼具创新产业和大制造产业。因此，深圳未来的发展方向可能是创新加制造双强的一个城市。像我在做论文的时候，都会对标美国的硅谷，或者其他比较有名的湾区城市。这些城市的产业可能比较具有创新性，像硅谷没有制造业，纽约也没有制造业。那么深圳到底是按照硅谷的方向发展，还是因为存在城中村这样的特色要素，使得未来能够向创新加制造双强的方向发展呢？

李：创新产业和制造业有可能是矛盾的，关键是发展阶段。毕竟深圳还没到硅谷的水平,如果整个深圳和硅谷一样富,肯定制造业不可能在深圳。因为制造业是利润最低的,最后肯定要转移到劳动力比较便宜的地方。这时,深圳小微企业就注重两端,一端是研发设计,另外一端就是销售。现在暂时来讲,如果城中村土地价格比较低,劳动力住在那租金比较低,还有一点的空地,在一段时间内也许制造业还有一定的生存空间,但我觉得这是阶段性的。根据经济理论,劳动力工资太高,土地地价太高,在城市里就不可能做工业。20世纪50年代纽约还有工业,但现在它的工厂都改造过了,变成高新企业,深圳跟它一模一样。纽约有一个特别有名的区,原来都是加工业,可以加工肉类等,后来破落得一塌糊涂。一直到十几年前都还很破落,沿着河岸废墟一片。后来当地想出一个特别好的主意,把原来上面的铁轨变成公园,高架起一个人行道,有几千米长,改造之后,周边立刻变成最时髦创新的企业园区,大家把工厂变成这种创客空间了。

张:我们还想与您探讨一下,深圳未来能不能向硅谷学习?深圳有深圳的特殊性。深圳既是创新之都、创新研发中心,又是制造强地,这是它的优势。如果它未来摒弃了制造这一块,只留创新,可能反而没有国际上的优势了。

李:关键是怎么看深圳,你说的是小深圳还是大深圳?如果把深圳周边包括东莞都算为深圳,深圳很有优势。你在深圳中心画个点,半径100千米以内几乎能买到世界上任何配件。做任何制造业首先都要打模具,人家之所以愿意来深圳,就是因为在这里打模具的成本是最低的。有任何想法立刻就能实现。就算在美国设计,实际上还得到深圳来打模具。我们要做的是一体化,深圳要做好的话,也得把周边带动起来,发挥周边的优势。如果做配件、做模具、做各种材料的都在一二百千米之内,深圳还怕什么呢?深圳有吸引力,人们愿意去,慢慢地就会形成一个合理的布局。但也别把深圳定死,深圳有些区域还是比较偏僻的,做制造业也行。粤港澳大湾区也是这个道理,几百千米之内整个制造业的产业链越完备,制造业越不会离开。城市圈要有活力,必须打破边界,美国几乎没有边界,从纽约到华盛顿特区,几乎看不出什么区别。要素流动必须打破阻隔,这样要素配置才是最有效的。

张：是的。那一体化之后跟税收是不是有一部分的矛盾？因为毕竟各地企业还是追求利润最大化。

李：如果做好了，在税收方面是双赢的。你说得对，所以就要协调，避免形成空壳企业、异地经营，防止税收恶性竞争，也需要大家协调。深圳已经有例子，前海注册了很多空壳企业，签完以后给税收优惠，企业在这注册，政府给大量的政策优惠，那企业就驻在前海，但它不在那经营，跑别处去。别处也这么做，这样就是恶性竞争，谁都没得好处，企业也花好多精力来做空壳。大家要协调起来，不能去做这个事。上海也出现这样的问题，很多企业注册在舟山，但是在上海市经营。中国企业创新创业调查在北京郊区的调研发现，有许多企业的门是锁着的，全是空壳企业，实际上是到市区经营，等于政府白损失几个点税收。这导致有很多钻空子的小企业能活下来，反而正经经营的企业竞争不过这些企业了，进入恶性循环。这就需要几个市区统一把恶性竞争避免掉，比如统一的环境标准、税收标准，这样才行。要素一样，就不会有恶性竞争。

戴：我还有一个问题，接着刚刚您提供给我们的思路，制造走向创新，其实是一个阶段性的变化。结合现在做的这个课题，我们基本的态度就是城中村可以保留、改造，充分发挥它低成本的价值。在这个过程中，可以假设深圳现在是创新加制造，那在它未来走向创新的过程中，城中村的变化是什么样的？或者说它可以依循一个什么样的路径？

李：未来路径我也不知道，比如美国没有这个案例，但原则就是不要急着把人家赶走，一个城市需要很多人做配套服务，如果赶人走，整个城市生活成本立刻就会大大提高。这些改造应该是慢慢进行的，一边改造一边做各种实验，看能不能尽量低成本，改造只是增加它的效率，避免提高太多生活成本，以此作为原则。而不是为了城市美观把人赶走。

张：还有一个思路，保留城中村，是从侧面保留了深圳的城市多样化。在城市规划学科当中，需求多样性可以导致空间多样性，在未来，更有创意、更有特色的城市才能吸引人才。

李：关键是保持城市密度足够的大，这样城市本身就有活力。城中村居住环境不好，要改造它，把公共设施配置提高、容积率提高、环境质量提高，但还让大部分人在这儿住得起。

张：这是最关键的。还有学者提出了未来为顶级企业提供"先租后售"政策的方式，为中等或者低等的劳工提供未来成为中产的可能性。让他们通过先付月供，就是先租，比如在东莞华为松山湖的厂区，员工先是每个月付 7800 元钱房租，付 5 年之后，再付首付，相当于 5 年之后可能补齐两三万元的地价，产权就归他了。您觉得"先租后售"这个模式如何？

李：我不知道，这是允许大家实验，有多样性的。缺点就是，工人有可能就在这个工厂，他如果想跳槽可能跳不了，这肯定限制了人口的流动。按道理，应该是人随时可以流动。如果他们工作稳定，就会买房了，工作不稳定才先租房，所以在一个社会里总是有租房的需要。一个人刚开始工作，不知道自己要落在哪儿，租房更合算，没必要每个人都去买房。如果政府限制只能在那买，人口流动性肯定会受影响。应该给人选择租或买的机会，这种自由是最重要的。还要保持房价，别让房价涨得那么快，要与收入相对应，像美国的房价收入比总是 3 倍或 4 倍，到一定程度都可以去买。同时，房子还有不同类型，有大户型、小户型，价格也不一样。

访谈记录四

历史遗留建筑改造发展

时间:2018 年 12 月 16 日

地点:北京

受访人员:赵燕菁(厦门大学建筑学院、经济学院教授,城市规划设计领域资深专家)

访问人员:张致鹏、戴欣、李珏、苗蕾

整理人员:郑馨、黄琴、高原、陈嘉熠

访谈背景:货币增长假说认为,货币增长不是"中性的",货币增加不会导致通货膨胀,而是带来社会分工的深化和社会财富的增加。赵燕菁教授在《中国崛起的模式,兼谈房地产市场的未来——基于货币创造和土地金融的假说》一文中提出,货币增长假说为理解中国经济的变迁找到了一个新的视角:中国在不经意间创造了以土地金融为基础的资本生成模式,建立起信用货币制度,解决了经济市场化的最大约束——货币不足问题;土地金融参与货币创造,而货币在市场经济中起着基础性的作用,因此涉及"土地金融"的改革(包括农地制度、住房制度、土地指标制度)深刻地影响着经济的所有方面。

深圳已经完成了城市化 1.0 阶段,土地融资作用的重要性大大降低,需要慎重考虑土地制度改革,吸引人才,为企业创造更好的营商环境,实现城市升级。

访谈内容:首先由张致鹏博士介绍深圳城市化过程中法外用地及处理情况的主要概况,即以城市更新为切口,通过二次开发,以政府、开发商和原住民三方开发的模式,有效实现三方共赢。在加强基础设施建设、城市整治的同时，保障原住民的利益。赵燕菁教授肯定了城中村在降低劳动力成本和提高城市规划弹性上的历史价值，认为综合整治将提高深圳对劳动力的吸引力。她进一步强调城市更新应该更多地依靠市场，但要保证利益均衡，并且在过程中要充分保持深圳的优势。

张致鹏(以下简称"张")：现在我们收集了部分资料，主要致力于两个部分，一个是深圳的违建现象。深圳违建属于一个历史遗留的疑难杂症，回顾整个历史，在一开始，我们把它简单分为了五个阶段，最早从1987年到1986年。当时，深圳市第一任市委书记为治理罗湖的水患，花费近20亿元这样一个天文数字进行开发。1987年到1992年是原特区内城市化的阶段，到1992年深圳完成了统征，完成了原特区内4个区的城市化进程，最起码在文件上面是完成了这样的一个举动，原特区在1992年全部转化为了国有的土地。1993年到2004年是全面城市化阶段，就是在原特区外，原本是深圳的宝安和龙岗两个大区，后来又分成了宝安、龙岗和龙华，包括光明、坪山。深圳在快速城市化过程中，在统征、统转之后，土地转为了国有，但是上面建有原住民、有房子，这个就是历史遗留问题。2015年至今是第五个阶段。

我们得出的初步结论是：合法外建筑的蔓延与平缓，与该区域的城市化、工业化的进程是基本相符的，但会有稍许的滞后。后面我们对深圳市的各类政策作了一个查重和分类，把各类政策简单分一下类，包括更改类、处理类，还有其他类。其中有些政策具有比较重要的意义，包括像"工改"类的政策。"工改"政策从2008年开始实施，初期它并不存在实施主体，改造单位也是通过传统的招拍挂的形式。但是在2013年左右，政府完善了细则，真正达到了工改M1转M0的用地更改。

赵燕菁(以下简称"赵")：确不了权的一个原因是合法、非法混合在一起，每家可能都超了，比如你可以合法建200平方米的房子，但大部分人都盖了400平方米，结果都没法确权。

张：其实在范围内可以确权，范围外，可以补交罚款。但这一方面有争议,另一方面手续又过于烦琐。在2014年的时候,市政府出台了一个详尽的关于农村城市化历史遗留违法建筑处理决定的实施办法①。首次对各类违建进行了详细规定,并计划出台试点,但是由于种种阻力,并没有具体实施。2018年10月市政府又出台了一个类似的文件②,新出了一个确权政策,对各类用地都有明确规定:哪些可以确权,就转为可交易的确权;哪些类不可以确权,但是可以转为生产经营类,就将其生产经营纳入合法范围,但不允许进行交易。政策进行了这种各类的明细规定,补交地价。

赵:补交以后,对于转让的限制你们有过了解吗?

张:这根据具体的情况会有所差别,但有部分是可以流通的。在其他的政策中,主要是说明,城市更新是会重点强调的一个点,还有综合整治这两类,城市更新是一个重大的突破口,在确权方面,同时也在实践中不断地探索和逐步地完善。城市更新从2009年开始提出,当时希望原住民先确权,再城市更新。因为城市更新会给原住民带来提高容积率、可进行二次开发等利益。后面将部分的用地更新完成后,发现仍存在大量需要确权的用地。因此,后来逐步放开城市更新的合法用地比例,但是在合法用地比例越低的地方,需要交纳越多的土地税。

赵:这里合法用地比例是多少?

张:比如合法用地是大于60%的,在城市更新下,市场处置80%的土地,20%是还给政府的,相当于那20%就变成整备土地了。如果合法用地是在50%—60%之间的话,村民只能留75%的土地,交给政府25%。虽然说是逐步放宽,其实也是通过这种方式给政府交税,这种土地税,真的是把土地还给政府。政府收回来的20%土地,说是税,其实是政府收回来的利益,就是土地的权益。

赵:你这"合法比例"是按占地面积还是建筑容积率计算?

张:是按土地面积,这样收益最大,所以大家会有动力去完成这件事

---

① 《〈深圳市人民代表大会常务委员会关于农村城市化历史遗留违法建筑的处理决定〉试点实施办法》。

② 《深圳市人民政府关于农村城市化历史遗留产业类和公共配套类违法建筑的处理办法》。

情。我们从城市更新历年的一个立项数目可以看出，从2009年开始颁布《深圳市城市更新办法》到2010年，大家信心满满，全市立项92个。《深圳市城市更新办法》于2009年出台之后，它的实施细则基本上每两年更新一次，一直在持续不断地更新。很多地区的"法外用地"比例过高，合法用地比例过低，这样与政策不符，没有办法进行城市更新。因为政策的初衷应该不是希望通过城市更新去确权，而是先去确权、补地价，再来更新。但是因为手续烦琐和各个部门衔接的问题，很难去实施，所以就一揽子全部放到了城市更新里面去一次性完成。

赵：非法部分也一起合法化？也不用补地价，一次就按20%交换？

张：对，反正你按20%补地给政府了，不是补地价，就是把地补给政府。我们调查了一个"工改工"的典型案例是天安云谷，我们从改造前后的照片上就能看到一个巨大的差距。改造前后企业的情况有了很大变化，包括年产值，差了很多，不是一个数量级的，还有税收等。而且天安云谷的改造实际上分为6期，但现在我们能看到的也就是它已完成的，其实是第1期。所以在这个基础上可能还要有4—6倍的产值和税收。村股份公司收入也大量提升，容积率提升了6倍。

赵：开发商绕开招拍挂，直接跟农民谈？

张：对，就是这么一个手续，然后就进行城市更新。

赵：当时它拿这个地是合法的吗？

张：当时有大量的外资企业过来建工厂。而旧的工厂，在深圳的需求量已经不大了，带来的产值也不够了。大量的厂房处于低效利用，或是闲置状态，于是就在它原基础上进行了这样的一个改造。这个项目虽然由于深圳市政府大力支持，得到了很多优惠政策，又因为它同时是"十三五"重点规划项目，由科创委扶持，但它是整体拆除重建的，所以成本较高。综合来看，它的可复制性、可推广性并不高，因为不可能所有项目都花大量的成本去改建。截止到2018年上半年，"十三五"规划中深圳的"工改工"项目，除了宝安区、南山区之外，其他各区完成率皆不足50%。改造成本很高，拆除重建成本也很高。

赵：改造的成本谁出？政府还是农民？改造后产权归谁？产生的收益政府和村集体怎样分配？很多农民在这个过程之中致富，是吧？

张：对，他们村股份公司集体会一直分红，每年都有分红。后面是确权和二次开发的路径，这个其实是比较有意思的。一个案例是宝安区的三围社区的土地整备。当时，土地整备是由政府主导，政府和村民直接谈，一开始土地准备启动，信心满满，大家都很开心。土地整备是由政府出面直接跟原住民或者社区去沟通，补足公共利益用地之后，扭转土地性质，从非法变成合法，提高容积率，配一些公共配套服务。三围社区旁边是深中通道，这个准备的初衷其实就是为了深中通道的进一步扩张。

赵：按常规政府应该收开发商的地，因为开发商本来应该通过招拍挂拿地，现在没通过招拍挂，而是直接从农民那拿，为什么开发商愿意从农民那拿地呢？因为政府同意增加容积率。如果政府只允许维持原来的容积率开发商还会干吗？赔农民都不够！理论上，只要容积率够高，没有不赚钱的，开发商去赔偿农民的钱都是从容积率里来的。为什么容积率值钱呢？如果在一个荒芜的沙漠，给你多少容积率你都不会要。容积率值钱，关键是政府要做基础设施，要提供服务的。容积率越高，它给城市带来的压力就越大，提供服务的成本就越高。现在政府把土地收益都给了开发商赔偿农民，拿什么去提供公共服务呢？开发商会提供交通、学校、治安这些吗？

张：对，岗厦园区就是"从哭到笑"的过程，从一开始的赔偿之争，到后来开发商、政府和原住民三方开发的模式，最后达成了三赢。一开始主要是土地整备，政府的赔偿标准、弹性比较小，政府追求公共用地和社区追求的留用地难以达成一致的原因，使得效果不太理想。最后只有三方的开发模式才能明确政府的补偿价格，不管是补偿容积率还是补偿现金，能明确政府的补偿价，才能有效推动这种二次开发，由于原本的历史遗留问题一直存在，加上深圳长期面临土地空间难以为继的现象，深圳的公益土地长期不足，所以在未来，这种方式也是不可行的。从城市更新项目的分布情况，可以看到关内和关外的分布基本相似，我们也发现原关内的"工改商住"比例比关外高了很多,城中村改造其实差不多。原关内的"工改工"比例比关外也高出一些,原关外的"工改工"的比例强度较高。

赵:城中村改造靠的就是拆了以后容积率提高。

张:是的。同时我们也通过大量法案证实,深圳市政府在解决法律问题上进行了大量的尝试探索,其中部分城市探索是有效的,主要以城市更新为切口,通过二次开发,厘清产权路径,在实践中不断地完善。"工改工"政策在符合深圳产业升级转型和保障用地的大背景下,释放土地空间,提高单位产出。城市更新突破了"唯有国有化,才能市场化"的模式,政府适时转变职能,集中于确保公共和配套设施的提供,将赔偿标准交由市场来决定,进行多轮的博弈。

赵:深圳现在"工改工"实际上都是"工改办"(办公楼),冲击的是办公楼市场。大规模"工改工"的后果一定是办公楼供给过剩。

张:对,政府发现这个问题之后,近几年有一个回改的趋势,在我们收集到的特别是2018年上半年政策中,要求不能是纯的M1改M0,即工业用地改成新兴产业,而是要进行混改。比如原本全是M1,也就全是工业用地,改成新的可能是20%的M0和80%的M1。这些限制就是防止部分开发商钻这种空子。那么"工改工"现在是改什么?我们发现一个是改成产业园区,其实它也有配套的办公楼,是产业园区研发中心。

赵:原来工业用地为什么便宜?因为为了降低产业成本最终从税收里收回来。现在改办公用地,原来工业地价比办公用地低,房东赚了工业地产和办公地产之间的差价,政府却损失一块税收。正规办公用地出让反而因低成本工业用地转变变得过剩,正规办公用地出让双方都间接受损。这是变相向改变用途者转移财富。

张:而且像您刚刚说的,这些地应该是挤兑了原本的招拍挂获得的,现阶段实际上主要措施还是城市更新和土地整备两大类。防止套利这个可能是我们不足的地方,我们还没有在这个问题上深入探究。

赵:好的规划不是什么都不能改。城市提升就是要从低价值土地转变为高价值土地。这其中关键是要看土地价值是谁创造的,升值的好处归了谁。增容、改用途,资产价值提高,这个价值是业主创造的吗?其实这些都是公共投资带来的。如果价值是公共创造的,升值至少要和政府分享,不能将公共部门创造的价值转移给少数人。分享的途径可以是一次性补交地价,也可以是税收增加。政府可以把不同用途的税收(租金)标上不同的价格,需要公共服务多的用途价格高,交税多的用途价格低,由物业自主选择。这和其他国家的财税异曲同工——新的用途和容积率带来更高的价值,财产税也随之水涨船高。

张:深圳现阶段的主要措施有两个,一个是城市更新,但是您刚刚已经说了城市更新有很多不利的地方。

赵:不要靠政府,要靠市场,这些理念都是教条的。政府不是市场的对立面,而是市场的一部分。容积率的价值哪里来?因为政府提供公共设施配套,是有人付出代价的。容积率不是市场给的,而是政府给的,政府通过对容积率收费,支付公共服务的成本。不要用"政府—市场"这种范式去研究改造问题。政府给容积率和给钱是一样的,表面上看,容积率不用花钱,实际上钱已经在公共服务支出上花掉了。现在送容积率,今后的政府就要给送出的容积率提供服务。这都是钱。政府为什么按照容积率收费?这就是假设容积率和实验基础设施成正相关。

张:另外一个是今年比较提倡的综合整治的方法,近期出了一个规划,就是《深圳市城中村(旧村)综合整治总体规划(2019—2025)》,整个规模达到99平方千米,规划内的是55平方千米,城市更新的"十三五"规划是30平方千米,可以看出这个数量级的差别。

赵:旧改研究,首先要区分利益主体。第一个是政府、第二个是房产所有人、第三个是租户,这三者的利益如何分配,是旧改是否成功的关键。政府旧改政策应该把利益尽量给租户,而不应该都给房产所有人。如果旧改后房屋租金大幅上升,以外来务工者为主体的租户反而会在旧改中受损;反之,如果不旧改,集体产权房子只能出租,出租屋供给充足,房产所有人无法抬高租金获益,则有利于租户。综合整治看似堵住了房产所有人的致富之路,却使租客获得红利,从而吸引更多劳动力。对政府而言,缺的不是厂房，而是劳动力，只有较低的租金才能留住低成本劳动者。

张：新的规划思路提议是福田区、罗湖区、南山区的综合整治区不得低于75%；通过统计的方式部分纳入政府保障性住房体系中。政府统一改造、统一管理，然后与房产所有人分红。

赵：事实上万科已经按照这个思路在做了。万科进行综合整治，改善居住环境之后提高了租金，但对于城中村的租户来说，他们对租金更敏感。万科综合整治后提高租金虽然是合理的举动，但只有控制住住房成本，综合整治后的房屋才能进入政策性保障住房体系。政府旧改补贴的是地主、企业或是租客，市场效果是完全不一样的。资产价值的量是恒定的，问题的关键在于利益的分配。房产所有人没有亏本，那谁占便宜了？保障对象。保障对象占的便宜哪来的？来自政府补贴。政府补贴从哪里来？来自保障对象通过企业的纳税。分配关系搞清楚，才能判断旧改成功还是失败。有些旧改看似光鲜，实际效果和城市利益南辕北辙。这其中的关键是管控改造后物业的租金。其中一个办法是政府需要按市场价从房产所有人手里长期整套租房，房产所有人不需要承担转租空闲期的租金损失，所以价格可以稍微降低一些；然后政府旧改，寻找符合条件的人进行补贴，这相当于替房产所有人打开了市场。无论政府有没有找到租户，政府都需要付给房产所有人房租。所以在这个过程中政府必须要补贴，补贴当然不是无条件的，前提是政府低租金要和租户给城市的贡献挂钩。只要补贴对象给政府带来更多税收，政府就还是合算的。

张：我之前初步认为这个政策是学习了香港公租房、廉租房的概念。

赵：香港的廉租房一开始就是政府建的，政府本身就是房东，可以控制廉租房的价格。深圳通过限制城中村流转，迫使其承担廉租房功能。政府把城中村改造后，就会存在改造后租金的问题。深圳当然可以学习香港政府、新加坡政府主导提供廉租房，但原来的房产所有人怎么办？他们愿意把地交给政府作廉租房吗？政府不增容能负担得起旧村拆迁的成本吗？这些都是旧改方案要具体分析的。

张：下面的问题和您刚刚说得有点类似，是关于持续改造中深圳的现状。我们现在收集到的数据大约有34%的房屋是配套较好的商务公寓或保障性住房。深圳会面临一个长期的持续改造。持续改造中的深圳现状主要分为两点,第一点是"好的房子"大约占3.5成。

赵:什么是"好房子"?

张:商品房、保障性住房、单位自建房、质量和配套较好的这种住房;"不好的房子"是城中村住房和工业区的配套宿舍,大约占6.5成。

赵:与其按照"好""坏"分类,不如按"大产权""小产权"进行分类。大产权房包括商品房、改造后的原单位分房、各单位拥有的房屋。小产权房有这样几种情况:一类是工业区内配的住宅,它的用途是工业的,被私自改成住宅;一类是农民只能用于自住的房屋,却违章搭盖增容进行出租或出售。小产权房的拥有者拿到的产权证不包括全部价值,和真正的流通土地性质不同,只能通过租的途径获得收益。

张:明白了。第二点是全市的出租住房占存量住房的70%,深圳2000万实际管理人口中,有超过80%的人群长期租房,全市的房屋租价比例呈两极分化状态,正规住房的收入比大约在50%左右,城中村的收入比大约在25%,国际公认的租金收入比警戒线大约是30%。

赵:这个数据很重要,它隐含着课题中的一个主要观点。有了这些数据就能明白为什么要慎重进行城中村改造。一旦改造成为正规住房,租金收入比就可能从25%升到警戒线上,甚至达到50%。从而给80%的租房者带来更大的经济压力。与上海、北京相比,深圳的竞争力来自何方?这就是我们这次课题的核心。我认为深圳会成为全世界独一无二的研发和制造俱强的城市,因为深圳的房屋有两种:正规商品房和城中村房。正规商品房是土地未来收益的贴现,相当于城市政府的股市。如果深圳没有商品房,深圳市政府就没有足够的财政收入。深圳的商品房特别贵,地价特别高,融资能力强,深圳市政府可以通过土地收入加强基础设施建设,补贴高新技术产业。补贴后企业开始盈利,形成税收。但其后果,就是劳动力成本上升,大量依赖低成本劳动力的产业就会外迁甚至消失。

为什么深圳如此多的低价制造业仍然能生存?还有华为、大疆等具有代表性的制造业企业？因为70%—80%的人住在城中村这种非正规的住宅里。所以深圳房价虽高，但依然可以获得低成本的劳动力。如果我们把城中村改造为正规住宅，深圳的这个优势就会消失，深圳就会变成北京、上海这些没有制造业的城市。也许有人说城市升级变成硅谷、香港有什么不好？在全球经济脱实向虚的今天，拥有强大的制造业符合国家的整体利益。这也是深圳在国家战略分工中的价值所在。

深圳能不能既有创新产业，又有制造业，关键就在于能否保持现在这样双轨制的住房供给制度。和深圳类似的既有高技术又有强制造的城市，就是新加坡。新加坡能够做到这一点的原因也是成功建立了双轨制的住房体系。新加坡房价虽高，但80%以上的人口其实是住在政府按成本价提供的"组屋"里。只有双重的住房供给，才能形成资本密集和劳动密集共存的双重城市。

实际上，比城中村更先进的低成本住房制度已经在珠三角出现。最成功的，就是深圳附近的东莞。东莞通过给华为职工定向提供成本价住宅用地，把华为手机终端部门迁移到了东莞松山湖。华为把房子低价租给职工，并承诺出租5年后可以购买，吸引了很多在深圳原本买不起房子的职工。使得企业在东莞能够获得更廉价的劳动力。

张：改造后的房屋纳入合法经营，就流入市场了。

赵：对，正规住宅和非正规住宅的差别，就是前者既能炒，又能住；后者不能炒，只能住。改造后的房子可以用来炒，价格就上去了；改造前的房子由于只能租，不能流转，无论区位在哪，市场估值都会折减。这也就是为什么非正规住房可以起到廉租房作用的原因。北京现在就是这样。关闭地下室等非正规住所后，社会所有行业的运营成本都提高了。因此，城市的住宅结构特别重要，在政府提供替代供给（比如组屋或廉租房）之前，不能全部变成大产权房。

张：这样整个城市结构就有问题了。

赵：与上海、北京、香港、硅谷相比，深圳的城中村降低了劳动力成本和整个城市的运营成本，使得企业可以盈利。企业的盈利带来了税收和现金流,深圳形成了一个正向的循环,拥有在激烈的全球竞争中不落下风的制造业。可以模拟假设城中村不断被改造,我相信,企业就会不断减少。如果税收也随之减少,城市公共服务怎么维护？美国城市制造业衰退为什么还可以保持正常运转？这是因为中国与美国税收特点不同,美国是以直接税为主,个人所得税和财产税占了很大比重,只要有房,就必须交税,不存在小产权一说；而中国直接税很少,个人财产税比重更低,正规住宅与非正规住宅的差异,就是有没有付过地价。政府通过卖地融资补贴企业,企业才是政府税收的终极来源。政府的税是从企业来,一定要留住企业就必须像新加坡一样提供大量的保障性住房,帮助企业形成生态。因此,正规住宅为政府基础设施融资,补贴企业资本（地价）,非正规住宅补贴企业劳动,降低企业成本,两者共同服务于企业,为城市带来税收。

华为为什么搬到松山湖,而不是珠三角？因为上下游产业链还在这里。中国只有长三角、珠三角两个地方形成完整闭合的世界级产业链,京津冀都没有。香港、北京和上海的高科技远远领先于深圳,为什么不能产生华为、大疆？因为制造业跟不上。这就是深圳的优势。深圳不能变成硅谷,但硅谷依靠深圳,所以深圳可以与硅谷抗衡。换句话说,长三角、珠三角之所以强大,不是因为上海、香港,而是因为苏州和深圳。京津冀之所以比不过长三角和珠三角,不是因为北京、天津差,而是因为缺少自己的昆山和东莞。

我们的课题应当把重点集中在怎样降低企业成本,保持制造业的全球竞争力上。这是深圳在国家战略中的角色。那么能否通过打压房价来降低企业成本？我的观点是不能。制造业的成本有两个:一个是资本,一个是劳动力。两个成本都低,才能有完整的制造业产业链。如果资本昂贵,制造业的前端,比如研发、创新就很难在本地产生；如果劳动力昂贵,制造业的后端,比如生产、物流就很难在本地成长。仔细看中国的制造业,以前都认为是廉价土地、廉价劳动力带来高增长,但都是拿来主义,加工别人的产品。2008年以后,房地产大爆发,高房价地区的创新能力开始挑战美国、日本、韩国。为什么？因为我们的房地产使得中国的资本变得非常廉价。中国历史上第一次出现大量资本追逐少量资产的局面，资本成本急剧降低。高科技产业都是资本密集型的，没有 2008 年之后飙升的房价，根本找不到新的商业模式需要的大量资本。现在我们耳熟能详的商业模式创新，网上支付、共享经济、无线通讯、高铁等都是烧钱项目，基本上都出现在房地产大繁荣之后。正是由于房地产这一比肩美国股市、日本债市的巨大资本市场的出现，中国人才开始抢以前只有美国人才能干的活。深圳和硅谷之间也不再是简单的垂直分工。这都是短短 5 年到 10 年内发生的事情。也正因如此，美国人才急了，中国高科技制造业实际上和房地产密切相关，如果没有房地产，我们的股票市场、债券市场根本不能和美国资本市场拼。反过来讲，如果我们打压房价，摧毁了房地产市场，中国的资本就会瞬间枯竭，丧失产业升级的动力。

但高房价给制造业前端带来好处的同时，却极大地提高了制造业后端的成本即劳动力。近些年，劳动密集型的制造业企业不断迁出高房价地区，就是这一成本飙升的体现。深圳之所以侥幸留住制造业，就是因为房价飙升并没有显著抬升以城中村为主的非正规住宅的租金。现在东莞又发明了 3.0 模式，"先租后售"，低价租房再卖给租户，不仅降低劳动力的居住成本，还可以助其获得正规住房，成为新中产。这一模式如果推广，将对深圳制造业带来巨大威胁。因为深圳现在虽然有低房租，但城中村的房子是不能卖的，虽然比其他一线城市成本低，但还是竞争不过东莞的松山湖模式。假如深圳像东莞一样扶持顶尖企业，也"先租后售"，华为还会走吗？当初深圳靠低成本超越了香港，现在东莞就有可能依靠低成本超越深圳。深圳唯一正确的对策，就是采取和东莞类似的做法，帮助企业降低运营成本，让劳动者通过劳动获得资产，成为永久的深圳居民。

研究住房对制造业的影响，分析不同的住宅供给模式带来的好处，不能只看一个阶段，而是要看全产业链。要能同时满足制造业不同阶段的成本特征，就要提供不同的住房，建立新的双轨制。

城中村还有一个好处，我们以前很少谈到，就是增加城市的规划弹性。我在中规院深圳分院工作时就住在城中村（蔡屋围），当时我就发现城中村没有"用地性质",其土地用途、建筑功能不受城市规划的管辖,完全依靠市场需求决定。这样灵活的土地利用方式在其他的地方是不能实现的,这使得深圳的土地供给非常具有弹性,城市需要什么功能、短缺什么土地,城中村就可以创造什么功能、提供什么土地(很像美国创新经常出现在车库)。在企业孵化早期,这一点非常重要,这是人才和企业进入城市的第一个台阶。很多企业都是在这样的环境里先孵化出来的。深圳有很多这样的台阶,不能把台阶撤了。城市规划确定的城市用途分类和相互比例,不是市场真实的需求,而是规划师的"猜测",真实的用途比例必须随着市场需求变化不断调整。在规划用途管制下,土地用途40年不能变、70年不能变,要更改用途需要重新报批甚至再征用,调整往往成本很高。但在深圳的城中村里却非常容易实现,一切按市场需求随时变动。可以说,无序不见得是坏事,城中村实际上起到了规划功能与市场需求间误差调节器的功能。

总之,我们的研究可以顺着成本这条路,从资本成本和劳动力成本几个不同的角度论证,说清楚房地产、城中村和制造业之间的关系。

张:深圳是否应该把制造业进行分类,制定政府补贴的标准呢?

赵:看深圳成功的经验就知道了。深圳同其他城市最大的不同,就是不靠人来筛选哪个产业,甚至哪个企业能成功,深圳没有任何一届政府做过产业规划。大疆、华为、传音,这些企业都是名声在外之后才被政府知晓。华为在早期也不是做什么高科技,而是倒卖香港交换机赚差价的。深圳的高科技产业链也是无意间发展起来的。华强北的电子工业部垮了,厂房租出去从而形成了全中国最大的电子产品走私基地。当时本来想整顿,但后来发现被我们封锁的东西在国外很多地方都能找到。深圳工业就是在那里从"山寨"开始,一步步发展起来的。城中村之所以能孵化出伟大企业,就是因为没什么需要政府审批的。

政府只需提供企业生长的环境,生长出来什么企业却是未知的。不仅深圳,硅谷也没有产业规划。我听说,中国人到波士顿问人家怎么做的产业规划,人家说千万别做产业规划,让市场去寻找,最后生长出来的东西往往和想象的完全不一样。如果政府提供好的条件,企业赶也赶不走。富士康出走实际上给了深圳一个警示，说明深圳在劳动密集产业中已经开始丧失竞争力。结果表明，富士康搬到郑州后，提升了整个河南的竞争力。

张：城中村缺乏公共配套的问题如何解决呢？

赵：城中村和城市的差别是什么？为什么城中村是"小产权"？"小产权"就是因为没有为公共服务付费。村内公共服务的提供主要依靠自治，大家一起凑点钱，就像小区物业管理一样。这管得其实也挺好，城中村的犯罪率比有些城市地区还低。政府可以想办法让这些自治组织合法化，让居民交一笔钱，像物业费一样。当居民有公共安全、消防安全、环境卫生等方面要求时，可以向政府购买。居民交这笔钱是不亏的，因为环境改善后租金也会上升。居住环境达到一定水平之后，其实和"大产权"是没区别的。

城中村不一定会衰落，很多是可以被慢慢改造的。只要产权稳定下来，居民就不指望拆迁了，就会认真改善居住条件，加大维修投入。欧洲城市的住房密密麻麻，那不也是城中村吗？当年也是脏乱差，现在都变成古迹了。给城中村一个类似的机制，让它慢慢改，最后会成为有特色的城市街区。日本市中心也有一些拒绝搬迁改造的街区，被专卖店或特色店看中，重金装修，形成了很有特色的城市街区，店家能够收取非常高的租金。住在城中村里的人不会永远是穷人的，城中村也许会变成游客云集的地方。因为人们对规划出来的高楼大厦厌倦了，会希望去有特色的地方。城中村代表了城市的一种多样性，是未来的"四合院"。城市的需求是多样的，空间也必须是多样的，制度也应该是多样的。好的规划不是死板的规定，而是灵活的规则，让城市根据区位和产业的需求自己发展，市场会发现一些我们想象不到的产业。厦门有个地方叫曾厝垵，是一个海边的村子，我们之前差点拆了它。后来很多文艺青年去度假，因为房价便宜，就租下来改造，开了很多民宿，最后形成一整条街的民宿，村口是美食街，非常有特色。我当规划局局长时，上海一个时尚杂志采访我，说到了曾厝垵，我才知道有这个地方，之后厦门市政府帮助他们改善了公共设施，铺路修电线。现在那里像第二个鼓浪屿一样，这是我们根本不能规划出来的。

张：是长期交钱吗？

赵：由于存在违章建设，里面许多商业活动在工商登记、税收、消防等方面还存在障碍，政府之所以不去限制，还加以扶持（市政环卫等），那是因为它通过旅游给城市其他产业带来机会（酒店、航空等），减少了鼓浪屿、南普陀等传统景区的压力。

张：这笔钱是一次性交还是每年交？

赵：应该是不同的服务，有不同的付费方式。交给村里的，就相当于物业费。在性质上，这些房子还是集体所有的，实际上就是小产权房。但没关系。想想看，如果推行旧村改造，拆了之后盖高楼，这些特色街区我们能规划出来吗？就算能，也一定比市场自发形成的缺少烟火气；不改造，反而能在一种独特的产权状态下发展出一个特色旅游地。深圳的很多城中村应该能变成有趣的地方。当然，这些自发的街区也有它的问题，政府需要的是提供不同的治理方法。

张：城中村有特定的历史价值，为城市提供了大量廉价的居住空间，是快速城市化的助力，也有很大的未来价值。

赵：我们要记住一个明晰的主线，就是产业和住房的关系。城市为什么需要多样性？因为要留住人。有创意的人不会住在枯燥的城市里。经济发展到一定水平之后，大家都能制造研发。到了这个阶段，人才选择居住在哪里才是关键的问题，他们会选择有品位的城市。改革开放以来我们有很多高楼大厦，但没几个有品位的城市，留下的特色建筑已经非常少了，可人家欧洲几百年的古迹还在。到了一定阶段之后，人才也不在乎哪里工资高了，城市风景、城市特色也是竞争力的一部分。记得有一个欧洲城市的市长就说：我不担心中国产业的竞争，因为发展到一定阶段，决定城市竞争力的就是人才。届时，城市本身就会成为竞争力的一部分，没有人愿意住在乏味的城市空间里。深圳解决了劳动力成本的问题之后，还要留下多样化的空间。城中村是规划的死角，但却最有可能发育出多样化的空间，深圳的城中村可以变成几百个曾厝垵。深圳的老旧小区之所以衰败，不是小区本身不好，而是其机制设计有问题（比如公摊制度），无法自我更新（任何改造都要经过全体住户同意），更新过程非常困难。城市需要的是设计一个自我更新的路径，有了路径，这种空间和载体自然就会在城市发展成有价值的空间。我们现在嫌弃城中村，是因为在现有制度中，它有"小产权"的缺陷，但其实补充上公共服务就可以了。

张：但深圳面积小，留下城中村就不能增容了，这和扩大土地供应是有矛盾的。

赵：城中村的人口密度其实已经很高了，增容之后面积或许变大了，但容纳的人未必会变多。城中村其实是用最小的面积容纳了最多的人口。改成成套的房子之后，面积增加了，但套数减少了。如果有人要住成套的房子，可以去买非城中村的住房，在城中村就是要用最小的土地容纳最多的劳动力。

张："先租后售"的模式不能用在福利房上，是不是就不能应用在城中村里？

赵：对，城中村和"先租后售"模式不兼容，所以"先租后售"只能由政府去做。要留住顶级企业就是要用房子套住员工们。我当时和政府建议对于这些顶级企业的员工，"先租后售"应该全覆盖，保证每人都有。现在没有足够的土地，那就优先把华为留住。因为一个生态中最重要的是顶级的那个企业，顶级企业迁走了，生态体系就垮了。现在华为去了东莞，生态体系的其他部分就也去了东莞。要留住顶级企业，就要给职工们一个不能跑的理由。承诺留在深圳10年就有房，那他们无论如何也会坚持10年。他们把最好的年纪留在深圳了，也把孩子养大了，孩子又在这里，企业也就留住了。过去30年，是哪里有企业，哪里就有人口；今后30年，是哪里有人口，哪里才能招来企业。

张：您有篇文章说到计划经济时代其实就算"先租后售"的模式，为什么后来没有继续这种制度？

赵：1998年"房改"[①]后，基本就不允许单位建房了，必须由市场解决住

---

① 参见《国务院关于进一步深化城镇住房制度改革加快住房建设的通知》。

房问题。但是现在回头看,其实"房改"就是通过市场解决。"房改"就是用很低的价格把房子卖给居民,以后政府再也不管了。结果没料到的是,房价一直上涨,有房的中产阶级的财富迅速积累,这些人再靠租金交按揭,又买两套、三套房子,我们国家才有了房地产市场,否则根本没人买得起商品房。这样的置业过程造就了中国最大的中产阶级,成为中国消费主力,这批人的规模相当于日本人口的两三倍,基本和美国人口一样多,消费倾向和美国人差不多,他们在全世界消费。而其余的中国人无法像上一代城市居民那样从"公租"这一渠道进入住房需求市场,也就没有了"房改"的机会。他们因高房价被排除在这个阶级之外。

中美贸易战其实比的是谁的中产阶级多。美国加关税之后,是美国把中国排斥在外,还是中国把美国排斥在外？这一问题的答案是看消费市场谁更大。美国人现在制定标准,引领潮流,向世界输出产品,是因为他们是世界上最大的消费市场,他们能决定谁可以进入美国市场,也可以决定把谁关在门外。我们只要再创造3亿中产阶级,就比整个北美的人口都多,美国再关门就是把自己关在门外了。中国现在就在这个坎上。深圳如果把租住城中村房屋的这批人变成有产者,创造出大批的中产,就有核心竞争力了。现在我们看看中国老3亿城市人是怎么变成富人的？不是靠工资上涨,而是靠房价上涨。房改在一代人的时间里把一批赤贫的人变成了富人,完全可以用同样的方式再造一批。"先租后售"就是这样的一个机制。这是城中村所做不到的。

张：深汕合作区、盐田区本来没有产业,面临着很尴尬的境地,在第一个台阶底下,这部分人怎么办？

赵：开始富起来的人不需要台阶,可以直接买商品房。要吸引的是刚进入社会的人,这些人去哪里,企业就会去哪里。人是最重要的。杭州成为高科技重镇靠的不是阿里巴巴,而是一大批摩托罗拉、斯达康垮了以后留下的人才。所以企业不成功没关系,补贴给人才也是值得的,这些人会为了房子坚持留在这个城市。

张：房子不跟着企业走吗？

赵：企业跟着人才走，人才跟着房子走。房子是诱饵，人才是鱼，然后才有企业。由于你要交够一定年限房租才能获得完整产权，因此你就必须留在城市，企业就会因这些人才留下来。

张：因为这个其实不是租金，是月供。

赵：对，"先租"的本质是按揭，最后再交"首付"。国家开发银行非常愿意给这类长周期、现金流（租金）稳定、有超额抵押的资产（住房）提供贷款，它唯一的条件就是不许提前还款，因为它需要持有资产信用良好的现金流。这是银行一个非常好的业务。现在农民工的劳动是临时性的，劳动力无法贴现估值，也没有任何抵押，拿不到贷款，买不起房子；但如果"先租后售"，以房子为抵押，情况就不同了。如果人违约了，房子任银行处置，这个人就绝对不会违约，哪怕借钱也会交月供。"先租后售"就相当于城市的期权，必须在城市贡献足够多年限，你才能兑现。这和当年"房改"本质上是一样的。

张：深汕合作区在解决空余土地少这个问题，盐田也有一批保障房租不出去，就可以办"先租后售"。

赵：深圳每年还在拍卖土地、卖商品房，这些收益如同股票，都是为了资本性投资融资。现在深圳大型基础设施已近完成，再卖更多的地已经没有意义。应该全转为"先租后售"，全力留住核心人才。创造新的中产阶级，就是创造以后的税源。

张：第二次分配基本是通过更好的基础设施实现房价上涨，依靠资产升值创造中产阶级，如果这部分做好了，下一个阶段的财富应该怎么分配？

赵：房子是一个资产，现在美国的房子依然还在升值。房价是城市公共服务的函数，只要城市发展，它的价值就会通过住房外溢。比如深圳修一个机场，这个机场会让全深圳的房子都升值。基建是一直在改进的。可以说住房是参与城市财富二次分配的主要途径。而二次分配的社会财富，要远大于一次社会财富的分配（也就是工资）。当然，城市也有垮掉的，要赶紧离开那样的城市。比如日本东京房价还在涨，其他地方都衰落了。选择好的城市住房和选择好的企业股票本质上是一样的。

张：就是不靠土地资产了，靠其他资产。

赵：未来真正保值增值的，很可能会只剩下几个超级城市群。就像有的股票一文不值了，有的还在继续涨。人们要做的事情就是投资估值可能上升的那个城市。这个时代会淘汰很多城市、很多人。美国有多少过去名震全球的伟大城市今天也衰落了。看美国社会的分化就能知道，即使城市化水平到了很高阶段，发展还是会分化。城市公共服务和手机、汽车是一样的，当初几百家企业，现在只剩下几家了。对城市而言，未来首先要抢的就是人。看过去5年的事情，发生得太快了，我们都没有感觉到就发生了。近年来东北经济陷入困境，之前想得到吗？东北最好的城市沈阳，GDP是厦门的两倍，我问学生毕业后愿意去厦门还是沈阳，没人愿意去沈阳。其实改革之初，即使是我们这些规划者，也想不到深圳有今天。

张：还有一个问题，我们去中科院时收集了法定图则的数据，图则规定了用地比例。现在市里有两种观点，有人说要提高居住用地比例，有人要保持产业用地红线。

赵：争论这个没什么用。规划的比例只是大概的参考，最后是一个市场随机形成的结果。如果招不到企业，规划那么多工业用地有什么用？全中国城市千差万别，竞争力不一，用地怎么可能只参考一个标准？大致参考下就可以了，实际上的比例一定是变化的。城市发展的第一个阶段可能工业用地多一些，第二个阶段就会慢慢减少。现在纽约工业用地百分之二点多，首尔也不到9%，但人家的工业都很发达。英国伦敦的码头区，最后都变成高楼大厦了。城市用地的合理比例，是随产业变化的，关键是城市能否创造产业生存的条件。用地比例只是结果，不是原因。用地标准不会对产业发展起到多大作用。

张：我们是不是需要把演进的过程说明白？

赵：好的研究只解决一件事，我觉得现在居住结构和产业的关系这条线做得还不够。通过和北京、上海、新加坡对比，来论证清楚这一点就足够了。

结论可以先有，然后寻找佐证。结论就是，深圳城中村不能大拆大建。

大的背景，就是走向工业转型。当城市转向 2.0 阶段时，现金流变得比资本更重要，企业税是中国城市现金流（税收）的主要来源，因此，城市第一件事就是把劳动力留住，留住劳动力才能把企业留住。而住房在留住劳动力中扮演关键作用。厘清这个逻辑关系，再论证。想把中国的事情说清楚，要通过和其他国家，比如美国，进行对比才可以。因为很多人提出的政策，就是参考发达国家。不把中国和发达国家的差异说清楚，也就说不清楚为什么其他国家要消灭非正规住宅而中国则可以利用非正规住宅。比如税收制度，美国通过对个人财富征税，覆盖公共服务支出；中国通过征收企业税覆盖公共服务支出。在美国，非正规住宅就是逃税，贫民窟享受城市设施但不付钱，所以必须消灭；中国则不同，非正规住宅不存在逃税，非正规住宅是在用低房租降低企业成本，而政府是从企业收税。因此，非正规住宅在不同税制下，有着完全不同的经济含义。不理解税收，就不能理解城中村和贫民窟的差异。

张：总结一下就是两条线，"先租后售"和城中村改造，对吧？

赵：我们放下"先租后售"这条线，首先围绕城中村这一件事论证。首先，房地产不排斥制造业，它能提供廉价资本；但企业创业之后进入制造阶段，要依靠低成本。这时就需要低成本住房。论证这一条之后，核心成立了，就是记住房子的价格在不同时期的不同影响。深圳能有今天的地位，靠的不是创新的能力，而是实现创新的能力。这离不开低成本。现在，深圳要创新能力和转化创新能力并重，就需要双轨住房制度，这不仅有助于实现创新，还能把研发变成产业链，转化为产业。这样的城市，全世界只有几个。在这个背景下，才能说清深圳城中村的真正价值和意义，才能提出正确的改造对策。

张：但我们现在猜想，能做到这件事是因为城中村的存在，有廉价劳动力。

赵：对，否则深圳也不会有强大的制造业，就算有了，也会搬走。深圳的成功和住房有什么关系？我猜想是超高数量的、以租为主的城中村降低了房租，留住了企业。与北京对比，北京也有城中村，但看看它们占的比例和租金差异就知道深圳的住房结构是多么的不同寻常。深圳大多数房租低于世界其他地区平均水平，城中村在其中扮演了关键的角色。

深圳还形成了为制造业服务的生态，饮食、出行成本都很低。正是因为城中村，才保证了高房价的深圳同时是一个低成本运转的城市。北京人要创造出东西，首先去苏州昆山问谁能造出来，没有人能造，就要去深圳、东莞，如果还没人能造，基本全世界也就没有人能造出来。这里的"造"是指低成本、大规模工业化生产。硅谷能创新但不能制造，要造也要来深圳。但深圳和新加坡一样，又能创新、研发，又能制造。举这两个例子，把这几件事情结合起来讲清楚。

这个研究之所以很有价值，是因为大家没想到深圳的城中村还会有它独特的作用，这是我们研究的一个立论点。现在全中国都在"旧改"，都在拆城中村。违章建筑确实不好，但是要改进它，而不是销毁它。不是要把它变成"大产权"，改成正规住宅，而是要完善"小产权"的特点，增加公共服务，尽量不提高租金。城中村有多样性，能进行自我修复、自我更新，有些在城中村之外无法解决的东西恰恰是城市变化发展的过程中需要的东西。城市创新时需要特别多的随机性，能低成本生存的地方才有创新创业的环境。美国的很多创造就是在车库里产生的，赚了钱之后才搬进大楼里。创新需要一个"车库"，北京的地下室、深圳的城中村就相当于美国的"车库"。

张：从城中村到"先租后售"，这两条线怎么连接？

赵：城中村的缺点是，住在城中村的人不能通过拥有住房，分享城市的二次财富分配。虽然生产成本降低了，但消费却很难升级。深圳几乎所有方面都超越广州，唯独社会零售总额低于广州，一个重要原因，就是没有自己的住房抑制了消费的升级。靠个人非财产性收入致富速度极慢，"先租后售"模式可以迅速创造出一批中产阶级，有房的人和没房的人完全是两种消费方式，经济增长要依靠消费，高消费带来的市场需求扩大是税收的来源，要让深圳变成消费的中心。办户口是留不住人才的，就业才有用，劳动就能提供现金流，就该有福利。让劳动者在城市里变成中产，就能享受城市的升值，经过一代人之后就没有穷人了，社会阶层上升的通道就打通了。可以说，"先租后售"是城中村的升级版：城中村解决劳动力生存的问题，"先租后售"解决劳动力致富的问题。消费市场的大小，决定企业竞争是在主场还是客场。消费是未来中国竞争力的核心，深圳应当在其中有所贡献。

张：一直有人聚集在深圳，又不断有人进来当新的中产，这个城市的密度该有多可怕？

赵：用不了不久世界就会见证人口上亿的城市出现。不是深圳，也会是其他城市。要为我们以前不敢想象的世界做好准备，害怕是没有用的。

张：深圳这么小的地方怎么容纳这么多的人口？

赵：所以要搞粤港澳大湾区。你看东京面积不大，但东京湾区据说规划要发展成为7500万人的都市圈[①]！你敢想象吗？要知道日本总人口才一亿多，其他城市基本没人了。这就是全球城市竞争的结果。像京津冀如果一味排斥外来人口，不形成自己的制造业城市，就不能应对这样的竞争，在东北亚就无法立足，很可能连首尔都竞争不过。

张：这个可以延伸出来，给粤港澳大湾区的建设提供一个支撑。

赵：其实粤港澳地区还是有很大空间的，南沙都空着。广州不向南移，就会失去地理价值，一定会被边缘化，因为舞台的中心在南沙。而深圳在珠江口地区应该获得更大的空间份额，这虽然和广东利益冲突，但符合国家利益，就看决策者的意志和决心。习总书记在《推动形成优势互补高质量发展的区域经济布局》一文中提出"要破除资源流动障碍，使市场在资源配置中起决定性作用，促进各类生产要素自由流动并向优势地区集中"，其中，最主要的资源就是土地。中国有很多城市，但能参与顶级竞争的只有几个，一定要培养出顶级城市，其他城市的成败就不会影响大局。深圳的空间问题一定要放到这个大背景下研究。把深圳的动力引向汕尾甚至更偏远的地方，看似带动区域均衡发展，实则是对国家资源的浪费。珠江口才是扮演世界级角色的舞台。

---

① 指日本第二次《国土形成计划（全国计划）》。

致 谢

本书的前身,是哈尔滨工业大学(深圳)经管学院课题组承担的"深圳土地制度变革与城市发展"研究项目。本书是在课题报告的基础上,经多次修改而成的。感谢多位专家对本书的意见和建议,特别感谢深圳市决策咨询委员会高振怀常务副主任、刘忠朴委员、杨建和委员、厦门大学赵燕菁教授、北京大学国家发展研究院李力行教授、王敏副教授、张晓波教授、中国(深圳)综合开发研究院宏观经济研究中心刘宪法主任、未来＋创意总监黄伟文老师、华侨城甘坑小镇江南总经理对本书的指导与支持。

特别感谢刘建党博士、苗蕾博士、陈垒同学、陈舒婕同学、杨月同学对本书的贡献。